U0817412

知识生产的原创基地
BASE FOR ORIGINAL CREATIVE CONTENT

颉腾商业
JIE TENG BUSINESS

大地上的中国

刘子——著

生活·讀書·新知 三联书店 生活書店出版有限公司

图书在版编目（CIP）数据

大地上的中国 / 刘子著 . -- 北京 ：生活书店出版有限公司，2025．3．-- ISBN 978-7-80768-524-1

Ⅰ．F320.3

中国国家版本馆 CIP 数据核字第 2025NG3839 号

选题策划 颉腾文化
责任编辑 欧阳帆
特约编辑 貌晓星
装帧设计 王建敏
责任印制 孙 明
出版发行 生活書店出版有限公司
（北京市东城区美术馆东街 22 号）
邮 编 100010
经 销 新华书店
印 刷 文畅阁印刷有限公司
版 次 2025 年 3 月北京第 1 版
2025 年 3 月北京第 1 次印刷
开 本 710 毫米 ×1000 毫米 1/16 印张 16
字 数 236 千字
定 价 79.00 元
（印装查询：010-64052612；邮购查询：010-84010542）

总有一种力量把生命与生命连接

一

1976年，36岁的孟加拉国吉大港大学经济学系主任穆罕默德·尤努斯到大学附近的乔布拉村，走访一些贫困的家庭，想看看是否有办法直接帮助他们。吉大港是孟加拉国最大的港口，尤努斯是从美国留学归来的知名教授。

1974年，孟加拉国爆发了一场大规模饥荒。尤努斯在自传中这样描述当时的情景：饥饿的人们涌遍全城，他们一动不动地坐在那儿，以至于无法确定他们是死是活。他们对我们这些衣食无忧的城里人毫无要求，只是静静地躺在台阶上等死。人有许多种死法，但是饿死是所有死法中最让人无法接受的。在这个物质丰富的世界里，就那么任由一个还不理解这个世界之奇妙的小婴儿，得不到生存下去所需要的乳汁。她哭啊，哭啊，最终睡了过去。第二天，她可能再没有继续活下去的气力了。

“过去，向学生们教授那些高雅的经济学理论，总是令我感到快慰，我以为那些理论应该是能够医治各种社会问题的。但是在1974年，我开始惧怕授课了。当人们在人行道上、在我课堂对面的门廊里将要饿死的时候，我的所有这些复杂的理论又有什么用呢？”于是，尤努斯走进了贫困的乡村。

在1976年的这次乡村走访中，尤努斯和同事发现，一些农民如此穷困，并不是因为他们愚蠢或懒惰，他们整天从早干到晚。他们穷，是因为这个国家的金融机构不能帮助他们扩展经济基础，没有任何正式的金融机构来满足穷人的贷款需要，这个缺乏正式机构的贷款市场就由当地的高利贷放贷者接管了。尤努斯由此走上了为穷人特别是贫困妇女提供小贷服务的道路，1979 年在孟加拉国国有商业银行内部创立了格莱珉银行（Grameen Bank，意为乡村银行），1983 年格莱珉银行获得政府的银行牌照，开始正式独立运营，之后为成百上千万的穷人提供贷款，还款率在 98% 以上。

2006 年，尤努斯和格莱珉银行共同获得诺贝尔和平奖。

二

坦桑尼亚原首都达累斯萨拉姆，一个棚户区的蜿蜒土街上。54 岁的农民赛迪·辛巴和他的两个妻子已经生了 20 个孩子，但已死了 5 个。这里的棚屋建在沼泽地上，污水经常流到井里。十几岁的男孩在街上销售饮用水，30 美分一大水壶。但辛巴拒绝把钱花在这上面，他习惯了免费从井里取水。他可以选择把水烧开，但那要花大笔钱买煤油或木柴。

当他 18 个月大的女儿塔图出现严重腹泻和发烧时，他把她带到当地的传统医生那里，并把 20 美元“巨款”，连同一只鸡和价值 8 美元的“魔法布”一起交给医生。医生把塔图放在床下，让她母亲蹲在上面小便，把孩子淋得湿透。然后，医生焚烧大象的粪便，让孩子呼吸焚烧产生的气体。

“通常会有帮助。”辛巴很沮丧。但这次不行，因为塔图死了。辛巴为失去第 6 个孩子而痛心，但仍继续为家人提供同样的水。“我们不喜欢喝井水，但如果我们没有其他水，我们会喝的。”辛巴说。

……

这是 1997 年 1 月 9 日刊登在《纽约时报》头版一篇报道中的描写，题目是《在第三世界，水依旧是致命的》（*For Third World, Water Is Still a Deadly Drink*）。文章指出，许多第三世界国家的人正饱受水污染的困扰，每年有数百万儿童因感染疟疾等疾病死去，造成死亡的一大罪魁祸首是“轮状病毒”，它是儿童严重腹泻的首要原因。

文章作者、专栏作家纪思道（Nicholas D. Kristof）若干年后在接受奈飞（Netflix）

采访时说："孩子们正在死去，而造成死亡的原因是完全可以避免的，只是因为他们出生在尼日尔，而不是纽约。"

清晨，有一个读者读到这篇文章后，不相信是真的，他觉得报道中每年死于疟疾的孩子数量被多加了一个零，就打电话到报社核实。他很震惊，报道确实是真的。

这个人是比尔·盖茨。他认真地做了思考，决定把更多精力用于解决社会的问题。2000 年，他辞去微软 CEO 的职务，2008 年结束在董事会的日常工作，全身心投入慈善公益。盖茨基金会成为世界规模最大的私人慈善基金会，而且为实现人类可持续发展目标做出了具有开创性、创新性的贡献。

三

我专访过穆罕默德·尤努斯和比尔·盖茨，能够体会到那种身处同一个星球，生命与生命之间的同理心。我更感佩的是，他们都是积极的行动者，用行动之手把另一些生命牵住，给予其在一个文明世界中理当享有的权利，激发他们与生俱来的追求和创造美好生活的热忱。

我在 2015 年创办了微信公众号"秦朔朋友圈"，发刊词的题目是《用希望连接生命与生命》。虽然这是一个偏重于经济和产业的小小平台，读者也以经济发达区域的城市人为主，但我们一直在报道和"三农"有关的内容，我本人也走进过许多县域和乡村。这不仅是同理心使然，更是在大地上学习的机会。不懂农村，就不能更深地了解和理解城市与中国。

在很长时间里，我们习惯于一种说法，即经济发展在某种程度上就是城市化的进程。然而，随着对农村了解的加深，我们会明白，没有城乡之间的协同、互动、相融、共进，我们的心不可能真正安放，中国的经济和社会也不可能有阳光普照、春风和煦的明天。

我已经忘了刘子最初和"秦朔朋友圈"结缘的细节，但一直记得他说过，他是在 2019 年得知叔叔在江西老家县城一个小化工厂的爆炸中遇难并返乡帮助处理善后事宜后，开始重新思考人生，思考城市和乡村的关系，以及乡村和乡村人的命运的。那一刻，他的心情，和尤努斯看到孟加拉国饿死的婴儿，和比尔·盖茨看到因感染疟疾而死去的第三世界儿童的报道，大抵是类似的。他当然远远没有尤努斯和盖茨基金会的力量，但他也选择了行动。

他放弃了在上海的物流供应链金融公司的工作，转向乡土，转向关于乡村的研究与写作。几年来，他走访过很多省份的乡镇、村庄，访问过数百位一线乡建实践者，写了大量作品，记录下足迹和思考的印记，并在乡建领域逐渐建立起自己的影响力。

在美国汉学家、芝加哥大学历史系教授艾恺的著作《这个世界会好吗：梁漱溟晚年口述》中，有这样的对话：

艾恺问："您认为您生活中最重要的大事是什么？"

梁漱溟答："大事一个就是为社会奔走，做社会运动。乡村建设是一种社会运动，这种社会运动起了相当的影响。"

今天，民间对于乡村的关切与实践，正在展示出新的活力。刘子采访报道过的很多人的努力，都是实实在在的证明。

我赞赏并支持刘子的工作，这些工作源于一颗对乡建的诚笃之心。在他的努力成果即将陆续出版之时，我由衷地感到高兴，并希望更多人读到他的文字，并透过这些文字，从乡村视角看到中国前行的力量，看到其中的复杂性、艰难、奋争与希望。

秦朔

中国商业文明研究中心、秦朔朋友圈发起人

他们值得被世人看见

说实话这是一本很难读的书，我甚至不知该如何写好这篇推荐序。受邀拿到样稿后，我认真读了两遍，但还是很困惑：这本书的读者会是些什么样的人？这本书会如何被归类？读者看完后会是什么感受？迟迟没有下笔，不是我没读懂此书，而是刘子通过大量调研和访谈，在字里行间描绘出一个现实大地上极其复杂的“中国”。

我作为扎根大地上在县域城镇化和乡村振兴领域深耕十几年的专业人员，刘子在书中讲述的事与人，大多和我有所关联或是我所熟识的，我想这大概是刘子邀请我写序的原因。我也试图沿着书中的脉络，重新审视并勾勒出他心中“大地上的中国”。

本书是一份关于县域城镇化、城乡融合发展和乡村振兴三个领域交织在一起的复杂的调研报告，包含专业的学术研究和理论，但它又游走在宏观理论和微观叙事中间，夹带着刘子在调研访谈中对城乡发展进程中的丰富感知和洞见，也暗藏着他对很多城乡发展问题的原生情绪传递。本书很难归纳，刘子用记者采访的视角和语言叙事来表达极其复杂的城乡发展历史进程，在宏大叙事和微观陈述间试图用这样的表述引导读者从他的视角切片里看到复杂的中国“大地”。

这些年来，刘子这样一个“高大上”的财经类专业记者常常混迹于我们“乡建圈”，除了常来找我“喝茶”（主要是为了起底乡建领域各种隐秘的难言之痛），他还组织起一个行业小有名气的“乡建者小会”，他和政府官员及行业里的学者、企业家、艺术家、文艺青年、公益人等交朋友，数年来深入这个复杂的群体，收集了各种各样的乡建问题和答案。正是基于这些丰富真实的案例和素材，才有了本书鲜活、复杂和多元的呈现。

本书中的很多表述里隐隐透露着乐观的悲观主义，其根源或许在于，刘子敏锐地意识到发展中的中国面临的大问题是城乡割据的鸿沟短期很难消除，还在于他来自偏远的农村而居于繁华上海，这条鸿沟一直是横在他心里最深的沟。

本书之所以复杂，就是因为记述了许许多多我们大地上的这些平凡的小人物，他们抬头看向这些大大小小的窟窿，从来不畏困难，努力尝试用一己之力去补上这些繁华之下的窟窿，我想作者最最重要的目的就是把这些平凡人的努力和经验记录并表述出来。因为他们值得被世人看见。

朱胜萱

乡伴文旅集团创始人、董事长

“云”和大地与《大地上的中国》

按：2021 年 5 月 22 日，我写下这篇文章，启动了思考已久的乡村振兴与县域经济发展领域的调研、写作工作。当时我就决定，日后这个系列成书，就拿这篇文章作序。

今日得偿所愿，唯有感谢。

一、大地之子的挽歌

其实跟许多人一样，我已经很久没关注袁隆平院士了。朋友请我看电影《速度与激情 9》的过程中，媒体群弹出来他去世的消息，又马上有人辟谣，而我在心中暗暗祈祷他去世的消息不是真的——此前也出现过几次类似的“新闻”和辟谣。

电影散场，新闻确认，朋友圈开始刷屏。一声叹息，那个写在我们读书时的课本上、偶尔出现在电视上的老农民式的人，终究没经受住岁月的缓慢消磨。

前不久我在写一篇文章时，还引用了他说的那句话——“我们辛辛苦苦地钻研来提高水稻产量，每亩提高 10 斤、5 斤都是很难的，提高了单产之后呢，又浪费了，‘谁知盘中餐，粒粒皆辛苦’，浪费不但可耻，更是犯罪”，如今想起，甚为感慨。

一是这句话很“农民”、很“土地”。今天，我老家的奶奶、父辈看到小孩吃不完饭要倒掉，还时不时说类似的话。只有在夏天的中午下过地、汗流不止、被晒得头昏眼花的农民，只有在旱灾、洪水面前曾欲哭无泪过的大地子民，才能体会到他说这句话时的痛惜，甚至可能的激动。

二是这句话很沉重。所有粮食、食物最终都来自土地。土地很慢，越贴近大地就越知道这一点。在这个越来越习惯和赞美“速度与激情”的时代，“每亩提高 10 斤、5 斤”，显得那么的缓慢。而这个“缓慢”背后需要多少人、多长时间的汗水浇灌，已没有多少人关心。

这个老人简朴、执着、真性情，因为贴近大地而光辉灿烂。尽管他拥有着许多无上的荣誉，但“在更多时候，他愿意说自己是一个普通的农民，为了实现自己的梦想而奋斗”。

他是奋斗着的大地之子，如今只是回到了母亲的怀抱。

希望这个习惯“速度与激情”的时代，能把他记得再久一些。

希望这个习惯赞美“更高、更快、更强”的时代，能重新看见他所站立着的大地。

二、流量与重量

作为一个观察和思考乡村、三农的作者，我刚刚开始运营一个叫作《大地上的中国》的专栏。我给自己列了一个调研、采访名单，但由于自己只是一个寂寂无名的小小作者，所以暂时没敢把“袁隆平”这个名字加上。但他的故乡和工作的地方，离我老家都不远。他的故乡九江德安县，还有我一个亲戚，我在心底暗想过或许还能蹭个“老表”的近乎，哪天准备好了再去调研和采访。可惜已经没有这个机会。

遗憾的是，我对袁隆平院士和杂交水稻的研究还不深，并没有独家或深入的事情可以讲。那就还是去讲我们熟悉的“大地”吧。

毋庸置疑，这是个需要流量的时代。每个时代都会有其鲜明印记，刚刚过去的十年，总体属于移动互联网的十年，若要评选一个关键词，那么非“流量”莫属。从互联网、移动互联网巨头发起的流量之争，到各种共享经济、电商拼得你死我活的流量争霸，再到各种自媒体、短视频前赴后继推动的“热点”、流量大战……人们见惯了太多烧钱换流量、挟流量以令市场（乃至社会）的企业，一夜爆红或垮台的流量明星，以及许多被新流量遗忘掉的人和事……我们既是见证者，也是流量本身。

幸于遇见一个不追流量但追事实的写作平台。没有调查就没有发言权，秦朔老师和我们许多作者（多是非专业记者，都有自己的主业），时常在调研的路上。每受到一次热情接待，秦朔老师都要先言明，我们是来学习的——既是谦逊，也是给接待者降降温，我们不打算写与事实无关的事情。

再往前的十年，笔者从事的是营销、广告行业，我所亲身经历的，是这个行业的核心，慢慢从分析问题、解决问题的专业、审慎、头脑风暴、众智集成，演变为讲故事、造流量、关键意见领袖（Key Opinion Leader）、关键意见消费者（Key Opinion Consumer）、各种网红一统天下。甲乙方逐步达成共识，一个不会讲故事、造流量的营销人、广告人是要被唾弃的。至于故事背后的事实、逻辑、责任，既来不及全部写出来，也不重要——谁叫它们听上去就有点沉重呢。

现在也是个需要重量的时代。近几年，可见的是为了攫取流量，缺乏事实依据、缺乏逻辑、不负责任的瞎说越来越多。要命的是，瞎说真的能获得流量。

重量就像河流中的一块大石头，它并不影响河水的流量。即便河流干涸，它还会在那里。你不去触碰它，它就永远在那里，永远是个问题。

三、浪潮与思潮

并不是说都像袁隆平院士一样去研究土地才叫贴近大地。对大多数人来说，我们生活的这个时代，就是我们共同的、时间上的“大地”。

有什么样的土壤，就会有什么样的时代。大热的电视剧《觉醒年代》，开宗明义就很高级：革命是“觉醒年代”可见的浪潮，很多人跟着喊，也一腔热血地跟着干，但只有少部分先觉醒者才能看到，浪潮下更重要的是思潮。

人们热衷的，多是可见的浪潮。今天，它有很多现代同义词——风口、热点、热搜、网红，它曾是房地产、互联网 +、电商、共享 ××、虚拟货币，也是前赴后继的首富、巨鳄、大佬、大 V……民众和媒体乐于仰望，把他们的故事背得滚瓜烂熟，还要不停地添油加醋。

对一个时代和民族来说，时代浪潮与思潮、“怎么样”与“为什么”同等重要。日本人在他们的钱币上印着他们的思想家和教育家、植物学家和生物学家，美国人则将发明家、创造者列为他们的“偶像”。

1999 年，新世纪来临之际，美国《洛杉矶时报》在全美进行了一次“20 世纪最伟大的美国人”的评选活动，结果发明晶体管的肖克利和发明集成电路的诺伊斯、基尔比这三个人（我们大多数人都没听过）并列第一，亨利·福特排第二，罗斯福总统排第三。美国人崇敬的是发明创造和推动浪潮的人，而不是站在浪潮之巅的“偶像”，即便放宽到今天，他们也不会选史蒂夫·乔布斯和比尔·盖茨。

肖克利的晶体管开创了半导体时代，尽管他的独裁、暴脾气导致他的创业公司早早关张。从肖克利公司“叛逃”出来的诺伊斯、基尔比，创立了著名的仙童公司，投入集成电路的研发、应用，开启了全球科技新时代，顺带开创了硅谷。有了他们，才有了后来抓住计算机时代浪潮的比尔·盖茨和将科技创新时尚化的史蒂夫·乔布斯。

没有半导体、集成电路，就不会有后来的微软和苹果。但没有比尔·盖茨和史蒂夫·乔布斯，一定会有其他茨和其他布斯。

所以假如你已看到浪潮下的时代潮涌，就无须把浪潮看得太重。

四、“云”和大地

小时候，我读高中的叔叔告诉我，每时每刻都有信息、信号穿过我们的身体，只是我们看不见。这个说法太可怕了，害我做了很久的噩梦。

时代越来越以人们看不见的方式影响每个个体。不光看不见的信息穿过我们，不知道在哪里的资本控制着我们，未来我们习惯的硬件、软件也将消失不见，它们都将变成“云”。假如一个昏迷十年的人醒来，恐怕会觉得云里雾里。

信息时代正在成为过去式，迎面而来的下一个时代，有人定义为智能时代，有人定义为数字时代，也有人定义为科技云时代。

以前的科技还让人看得见、摸得着，以后的科技就将是一串串数字。它能不断裂变，推动经济，不断标准化，却很难解决人本身的问题。因为人的问题在脑子里、在精神里、在文化里，它们无法标准化。它们在大地上发生，无法搬上云端。

科技浪潮推动时代飞速发展，而发展掩盖了许多问题，譬如大地上的广袤乡村。

1964 年年底召开的第三届全国人民代表大会第一次会议提出，要在不太长的历史时期内，把我国建设成为具有现代农业、现代工业、现代国防和现代科学技术的社会主义强国，即“80 后”以前的数代人耳熟能详的“四个现代化”。今天，我们的工业、国防、科学技术都已顺利实现现代化，唯有农业始终处于工业化、城市化附庸下的“半现代化”境遇。

当然，广大乡村的生活质量也跟随工业化、城市化和科技进步有所提升，但现实中，城乡差距并没有缩小，贫富差距在逐渐拉大。它不只是生产粮食问题，如笔者在文章《中国乡村振兴的五个根本问题》中阐述的，乡村留守老人的悲凉、留守儿童的悲伤、乡村解放的生产力与落后的乡村治理之间的矛盾、中央集权与地方政府公司化之间的难题、破旧未立新的文化断裂矛盾，以及意识形态与市场经济双重唯“物”主义糅合下对乡村的压制等问题，并未随着科技的进步而获得广泛的社会认知和相应的解决。

许多人都觉得乡村问题与自己无关，或者简单地认为城市化就是解决乡村问题的答案。事实上，乡村问题不过是社会问题在市场和社会双重弱势领域中的投影。很少人能永远保持强势，所以类似乡村问题的问题或多或少、或早或晚也会成为你的问题。而这些问题，不可能仅靠科技进步或者城市化解决。

乡村振兴，必然是新型县域城镇化—乡镇复兴—乡村振兴一体化的振兴，几十年来，它们作为“大国大城”式城市化背景下的虚幻场景，除了偶见的“下沉市场”“×× 下乡”之类的表述，一再被忽视。

老实说，我曾悲观地看待这些问题，但在这几年的走访、调研中，我看到大地上有许多人也在思考，更在默默地努力和前行，于是我的心中开始充满力量。

一个豫北小县的县委书记曾经是美国一流大学的博士，选择摈弃工业化、城市化、房地产的政绩模式，转而拥抱大地上的传统文化。他从省城重要岗位主动要求“下放”，扎根乡土 7 年之久，从乡村“娃娃美育”出发，从乡村党建美学、田间地头的建筑美学入手，直至构建出县域美学经济理论体系，才逐渐获得中央和社会舆论的广泛认可。他的“岁月让人从理论走向实践”的微信签名、“让乡村孩子野性而高贵”的口头禅、为乡村喊出的“王侯将相，宁有种乎”，令我感动和敬佩。

一个从县里到镇上来来回回调动的地方干部，从老杭大青年才俊到最终只混个副镇长退休，一腔热血，始终冲在一线，敢想敢做。从发动乡建者引进“国际生态村”并大力支持，到反对将村庄变卖给开发商搞度假村，再到自己退下来创业继续点燃“星星之火”，让我看到乡建的不易和坚韧。我问她：“你的工作就是天天下乡跟老头子老太婆吵架，有意思吗？”她回答我：“挺好的啊，以前只听说过干部欺负群众，现在一个乡下老头子也敢指着县长的鼻子骂，这是时代的进步。”

一个 60 岁的村支书，从外来的上门女婿，到管理、建设村庄 20 年，将一个并不富裕的山区小村建成国家级文明示范村。他在 60 岁的年纪还与钉钉平台一起搞乡村数字化，推出了接地气、体系化、可推广的乡村治理数字化平台——乡村钉，讲解起来俨然科技潮人。我们问他，这个地方的基础好，搞乡村振兴没问题，如果调你去西部贫困山村，你有信心搞得起来吗？他叹了一口气说：“要不是年纪大了点，我还真想申请去管一个贵州山区的村子（地方对口）。”

成都蒲江县，一个看上去年纪老大的乡建者，实际年龄不过 30 岁出头。他本是市政协下派锻炼的驻村干部，干了一年，上级要给他升迁，但他干脆辞去公职留在村里。从帮助村民建社区营造中心，建立社区发展中心理事会，组织年猪祭活动并打响地方品牌，到引进新村民，建设乡村创业孵化器，帮助每个新老村民创业者实现从 0 到 1 的发展。五年来，他亲力亲为，成为每个村民都信赖的伙伴。

我问他在这里的理想是什么，他的回答是告别“007”的生活方式——临别的前天晚上，他又忙到凌晨一点，第二天一早六点又和团队一起，带着村庄的文创产品赶去成都参加推介会。

事实上，他们团队的生活都困难。2021 年是他在村庄的第五年，他觉得要开始跟村庄谈钱了，并且想向乡村传达“公益服务虽然是公益的，但并不是免费的”的理念，“不然我们就搬到别的村”——其实团队乃至村里都知道，就算不给钱，赶他走，他还是不会走……

从袁隆平院士这样的“大地之子”，到这样的县委书记、副镇长、村支书、乡建者，以及众多NGO公益人、社会企业家、乡村研究者等，他们在广袤大地上思考、探索、实践、前行，他们和浪潮之巅的企业家、科学家一样，也是时代的脊梁！这些大地上的人，他们的困难、努力和经验，也应当并且值得被世人看见。

因为“云”和大地（两种中国）二者相加，才是一个真实又可爱、完整又健康的大地上的中国……

目录

壹
县·城

贰
乡·镇

壹

县·城

01

乡村振兴，首要是县委书记的振兴

一、乡村振兴一大经验教训

电视剧《县委大院》让观众清晰地看到县级工作的复杂和不易。的确，笔者在近年的调研中，深感许多想为、有为的县委书记、县长之繁忙，实非大家所想象，各种会议、接待、社会活动、重点工作、检查督促、行政管理、突发情况……使得他们常常是一县工作到最晚的人，常年无休也不足为奇。

“郡县治，天下安”，正是许多勤勉的县域主政者稳定着这个国家的基本盘。

中共中央办公厅、国务院办公厅印发的《乡村振兴责任制实施办法》，就明确省、市、县、乡、村五级书记抓乡村振兴，党委和政府主要负责人是区域乡村振兴工作的第一负责人；其中，**“县级党委和政府是乡村振兴‘一线指挥部’，县级党委和政府主要负责人是本地区乡村振兴第一责任人，应当把主要精力放在乡村振兴工作上”**。乡村振兴终于明确了主心骨。

长期调研中，笔者也深感，乡村振兴的关键的确在县委书记的“振兴”。

其一，县级党委和政府是施政的关键枢纽。经过长期行政改革，乡、村两级管理主要定位为执行者，好的一面在于，基层行政得到较好规范，有利于乡村的休养生息、社会流通；不好的一面在于，财权、人事权、制定和解释法规条例等权限上收，乡、村管理缺乏足够抓手，资源少、工作量大、责任重，往往只能确保不出错、不出事，许多工作流于形式。

资源主要集中在县级党委和政府，由县委书记、县长集中统筹。因此，只有县级党政一把手直接负责，乡村振兴战略才能贯彻落实下去。

其二，县级党政工作庞杂，上、下，里、外，发展与稳定，思想与宣传，计划与执行，汇报与被汇报……县委书记的注意力往往是县域工作的“首要生产力”。以往县委书记不对乡村工作直接负责，通常委派给分管副县长，这就导致乡村振兴失去关键生产力，效率大打折扣。

其三，我国十分注重对县级党政负责人的培养、选拔、锤炼。尤其在中西部地区，除了行政管理能力，县委书记的眼界、才干、外部社会关系与资源，往往是一县的佼佼者。只有调动他们的能力、资源、创造力，乡村振兴才能不被任务化和“模式化”。

国家、省市再重视，制定再多法规、制度，投入再多资源，没有县委书记、县长的活化、再创造，乡村振兴也难免陷入教条和形式主义。这或许也是多年乡村振兴实施过程中的一大经验教训。

二、乡村振兴的创新空间

近年来，随着我国推行领导干部年轻化，多数地方的县域治理水平都有了较大提升。比如，即便一些偏远山区县，县委书记往往也是知名高校的博士、硕士，且经过了充分历练，有眼界、有干劲、有想法、思路清晰，令人欣喜甚至敬佩。

但客观地说，目前我国县域主政者的知识层次、水平、能动性还存在较大参差。譬如，一些主要从基层缓慢磨炼上来的主政者管理能力强，平衡感强，但创新不足，较为保守；一些主政者过去重心围绕城镇化、工业化、房地产发展，存在思维和工作惯性，对乡村振兴的重要性、体系和新方法认知不足；一些年纪较大一些，或者面临退居二线的领导，政治前途明确，比如“等着调到市里担任人大或政协副主席”“升个副厅退休就好”，能动性相对欠缺，等等。

因此，明确乡村振兴的新要求，以及县委书记担任一线总指挥并负总责，有利于解决城乡统筹、乡村振兴工作因人而异的现实矛盾。

宏观上，当下我们正处于“百年未有之大变局”，许多事物都有待重建或正在重建；中观上，我国县域之间的县情千差万别，更不用说更末端的乡村差异，不像搞城镇化、招商引资、房地产、土地金融一样有成熟、标准的模式可照搬，乡村振兴只能走出自己的路；微观上，乡村振兴领域尚没有成熟的理论和实践体系，大家都还在摸索。这些都使得每个县委书记在客观上成了乡村振兴工作的探索者、奠基者：一方面，这是挑战；另一方面，时代和国家也给予了巨大的施展空间，而这样的空间并不多见。所以，县委书记作为县域党政思想、发展战略、乡村振兴工作的主心骨，首先自己应该就是创新者、改革者。

在河南省修武县，扎根地方7年之久的县委书记提出“县域美学”“美学经济”的思路。多年前，他从基层党建美学做起，调动自身资源，邀请哈佛大学、清华大学等高校的年轻的优秀建筑设计师前往乡村改造、设计美学村委会。

党建美学综合体

乡村之所以难以振兴，一大症结就在于凝聚力的丧失，使得物理形态分散的乡村人心同样散乱。凝聚乡村的任务，曾经由乡村党支部、村委会承担，但在长期的市场经济发展和基层治理改革中，村委会建筑往往日益破落。

这些走向乡村的年轻设计师热情高涨，乡村又为他们提供了大展拳脚的空间，他们就将一个个村委会改造成既美观又实用、既时尚又接地气的“党建综合体”。譬如，根据村民需求设立健身广场、网红球场、党建书吧、阶梯教室、儿童活动区、AR教室等，使之成为村民乐于前往的乡村文化活动中心。此后，政府再将邮政、快递、银行、商业等乡村服务功能汇聚，并在周边发展民宿、游学、电商等基础文旅产业，美学开始在乡村聚集起美学经济雏形。

这个县委书记继而进行城乡统筹，将美学经济扩展到特色农产品、旅游、工业、城市建设等方面，一种“县域美学经济”就得以架构起来。他还长期关注国风潮，几年前敏锐地捕捉到汉服经济热潮，并结合地方文化特色，抢先发力，将这个不知名的小县打造为“汉服之都”。

凭什么只有大城市美而家乡不美？凭什么美学只能在城市展示而不能在乡村发展？他说，其实他要做的“县域美学”，核心在美育，他要让全县的孩子在家门口就能接受到世界级的美育，让他们“野性而高贵”……他的治理故事，你会在下篇文章中看到。

这些变革润物细无声，或许并不能像招商引资、实施重大工程、搞房地产那样快速产生 GDP、出政绩，但人的面貌、审美和主观能动性的改变，或许才是最深刻的振兴。

这个县委书记是个海归，起点颇高，但也曾备受质疑，直至这场春风化成雨，成果终为人所见。七年任期届满，他又遗憾地不得不在不舍中被调离。

虽然远离这个县，但他被调到更大的舞台，而且无论工作多么繁忙，他都一直在背后默默地调动着自己的资源和能量，以期让这场造福一方、极具探索意义的“县域美学”变革能够延续。

三、山区小县的新玩法

这样的例子还有不少。

浙江省松阳县过去因为交通不便保留了大量山区古村落。十年前，时任县委书记并没有套模板搞搬迁、做大县城，或简单地建旅游村搞“集中爆破”，反而邀请知名设计师深入各个村落，在保护的基础上进行古建筑改造。

无独有偶，当知识分子重回乡村、重识乡土时，同样迸发出巨大的能量，许多等着被自然侵占的夯土民居焕然一新，成为精品民宿、书店、工坊、剧场……这些知识分子一时间获奖无数，吸引建筑设计行业、媒体和文化学者等外部关注，游客亦纷至沓来。墙外开花墙内香，随之，本地村民和本土力量陆续参与进来，一场古村落保护、开发运动如火如荼地展开。

这座县城的中心有一片老街，被誉为“活着的清明上河图”。多年前，这位县委书记顶住彼时如日中天的房地产建设压力，将其原封不动地保存下来。有赖于他的保护，今天我们进入老街，依然可见百年前的街巷布局和传统民居，居民生活在其中，传统的铁匠铺、裁缝店、面馆、茶馆、小吃店散发着久违的人间烟火气，街上的理发铺剪一个头只要 5 块钱……恍若时光穿梭。同时，本地居民和一些外来艺术家基于这里独特的人文进行有序的改造、提升，而且从政府到居民，都没有想着去搞旅游、商业开发讨好外来游客，因而呈现出一种“世内桃源”的稀缺属性。

这种不搞大拆大建，不集中开发搞旅游村、样板村，反而在关键点位撒胡椒面式的布局，被建筑设计行业誉为“针灸式建筑脉络”。一栋栋古民居改造完成，散落在茂密的大山中，璀璨如繁星闪烁，政府再通过交通、旅游规划，将这些亮点串联起来，最终整合形成全域旅游格局。这种由点到线到面的保护式建设，不仅为县域经济、人文、环境的和谐发展找到一条可持续之路，也为中国传统文化保存了一座宝库。

可惜，这位县委书记同样在任期届满后被调离，加之为疫情所困，政府转而急于变现。这场曾经引发各地政府参观学习、建筑师和艺术家广泛赞誉、媒体广泛关注和社会好评的全域旅游变革难再升级。

闽北屏南县地处国家级传统集中连片贫困地区，同样是保留了大量传统夯土建筑的古村落，其中光“中国传统村落”、历史文化名村就有 30 多个。原本这些古村落、老建筑要耗费政府大量资金去维护，且由于远离大城市，点位分散，很难搞旅游开发，所以看起来完全是政府财政的“累赘”。

对农民来说也是如此，似乎只有远离故土、走出大山才有出路。但走不了的贫困户、“386199 部队”①，以及搬不走的这些老房子呢？

尽管新能源电池逐渐成为地区产业亮点，跟随发展就很好，但当地始终将乡村保护与振兴列为核心工作。2014 年，县委县政府正式将保护传统村落定为县域重点工作，并决心将传统村落保护、脱贫攻坚、乡村建设进行整合，走古村特色文创之路。

文旅文旅，文在旅先。这个县即便在文旅或乡建圈，至今也不太为人所知。因为它既没有做得很“文旅”，也并不“网红”。十余年来，它始终坚持文化导向，因此细水长流，缓慢变化。

我们需要反思，老百姓需要的到底是怎样的振兴？它跟主政者想要的“振兴”有什么不一样？如果它们并不能形成漂亮的数字、政绩，还要不要搞？这个山区小县的古村特色文创之路虽然并没有引发太多关注，却是我认为的县域振兴最佳案例之一。

为何？你在后面的内容里也能看到。

---

① 指农村留守的妇女、儿童、老人群体。

四、县委书记与产品经理

最后再举一个例子。

秦岭大山中的留坝县，距离西安五个多小时车程，人口仅有 4 万多一点。他们缺乏农业用地，由于水源保护的需要也无法发展工业，一年财政收入只有几千万元。他们要人缺人，要钱没钱，要资源没资源，2022 年却毅然从 7000 万元财政收入中拿出 1000 万元，邀请一家当时还不算特别有名的建筑设计公司给全县 200 名村民的住房做民宿改造设计。

这是因为县里主政者深知，除了文旅，全县没有其他产业出路。十年磨一剑，这场全域乡村文旅振兴运动已经到了“群众运动”的关键阶段。其中关键又在于发动、组织农民将杂乱无章的自建房、农家乐升级改造为符合市场需求的精品民宿，从而将全域旅游推向全民共建。

此前的县委书记扎根地方十年，核心抓一件事，就是建立扶贫互助合作社，壮大集体经济。他将扶贫、集体经济和自然环境、文化结合，建立起文旅兴县的路径和基础，积累起较强的流量，引爆了县域文旅产业。

2021 年，新任县委书记上任。可贵的是，他完全认同并坚定地走老书记奠定的道路，并将升级运营管理、市场化作为核心工作，继而提出“四个一百”计划：发展 100 家精品民宿、升级改造 100 家农家乐、培训 100 名专业管家、带动 100 名返乡青年创业。

一个好的县委书记，往往还是一个好的产品经理。别看这“四个一百”就算加起来也不过 400，一点也不“气魄”，但对这样一个仅有 4 万多人的小县来说，却是最具针对性、最实用的产业提升。所以他才要在财政紧张的情况下，拿出县里 1/7 的收入请一家善于走群众路线的建筑设计公司，并建设民宿学院培训农民，帮助他们提升市场运营和管理水平；同时，他大力建设“两山银行”平台公司为村民和外来企业提供 100 万 ~300 万元的贷款作为实际支持；他还集中推广资源塑造“大秦岭的小日子”……这些动作也许并不那么显“政绩”，却是实事求是、踏实有效的。

今天，秦岭大山中的一间精品民宿能租出3000多元还需早早预订；一户户不愿背井离乡、坚守下来的农民终于可以自主创业；一位位被劳动市场淘汰的四五十岁的家庭主妇也可以升级为民宿管家，大大方方地接待大城市的客人……这些并非什么重大建设项目，也难以登上社会热点新闻，却都是可持续地造福一方的深刻变化。这种变化并不写在面上。

大山中的民宿

事实证明，小有小的好处，大山深处的两任县委书记同心协力，将这个远离大城市、缺乏知名景区和知名度、毫无存在感的偏远小县，打造为一个冉冉升起的区域性文旅强县。

这个例子还有一个值得强调的点，就是两任县委书记的同心协力在当前的中国县域治理中并不常见。更通常的是，前任县委书记经过长期积累，正待出成绩时任期届满，而继任者倾向另起炉灶，即便明面上不反对，实际管理、执行中也将逐渐区隔；碰上开明的继任者还好，碰上想法迥异的继任者，前期成果势必荡然无存。

一朝“天子”一朝臣，下级官员、下游供应商、各种社会资源、基层执行者更严重受困。比如，上一任的重点项目在下一任手上就悄无声息甚至烂尾，上一批优秀合作商转眼就成为讨债者，劳民伤财，还沟通无门……如此周而复始，同一片土地、同一群官员、同一方百姓，翻来覆去地被建设、被教育、被“振兴”，负面影响远甚于看得见的形象工程、政绩工程，这也是广泛存在、隐性又严峻的重复建设！

县域发展和乡村振兴不像城市建设引进几个大企业、搞起一两个产业、建一些高楼那样可以立竿见影，而是需要进行大量的群众组织和动员工作，经过长期的探索和缓慢的积累才能出结果。**如果大家永远在探索新方向，导致多方努力互相抵消，就永远不会有好方向。**

我们的县域治理体制、干部管理也还有优化空间。比如在完善监察制度的基础上，可以给予一部分创新和改革者一定的选择空间，在他们任期届满后，允许他们在给出明确和合理理由的前提下将自己的创新政策继续实施，以助力创新和改革的深入；或者在完善组织体系，满足职称、待遇需求，以及尊重个人意志的基础上，像培养首席执行官一样培养一批“专业”的优秀县委书记，而非缺乏导向性的升迁；同时，完善法制和加强上级监督，确保县域发展政策延续，以及正确的项目、集体决策不因人员调动、个体意志而任意中止；在改革、创新的同时，持续倡导实事求是、开阔胸怀、包容融合的执政观，引导县域治理政策合理传承、延续，并且反对过于主观甚至仅凭个人喜好的思想、路线上的“大拆大建”……

乡村兴则国家兴，在乡村振兴工作的县域“整合”上，国家已迈出了实质性的一大步，接下来还需要在“深入”和“延续”上做更多工作。路漫漫其修远兮，尚需大家上下而求索。

02

一座北方小县城里的中国命运

一、一座北方小县城之美

司机把车开进院子的时候，我反复跟同行干部确认，这里真的是县委？

得到的答案当然是肯定的，他就在这座小院前的办公“大楼”里上班。

办公楼高三层，门口挂着“人民至上，共产党好”的简易牌匾，里面挤着宣传部、团委、妇联等数十个部门。三楼是会议室，在没有会议的时候黑着灯，黑魆魆的，显得抠抠搜搜。出来抬头一看，屋顶还用一些框架加固着。

“大楼”后面的几排平房是县委书记、组织部、党建办等部门的办公室。平房之间有一些小院，装饰简陋，没有名贵花木，也没有景观小品，有些还裸露着土石，素面朝天，在旁边现代居民楼的映衬下，显得颇为寒酸。

县委马路对面的县政府也是如此，让人仿佛在看一部年代久远的老电影。这些办公楼的确建于20世纪60至70年代，跟看门大爷差不多年纪，一直沿用至今。

都什么时代了，连贫困山区都普及了气势磅礴、高大威严的现代办公大楼，若一个地方政府想改善一下办公条件，应当不难实现。

河南省修武县作为一个拥有云台山景区的旅游大县，何须如此“委屈”？

夜色中的修武县大位村党群服务中心

对比之下，乡村基层“党建美学”却是另外一番面貌。修武县的乡村两委办公楼显得现代化、开阔、时尚，多出自哈佛大学、清华大学等大学的知名年轻设计师之手，无不令人眼前一亮。人们认知中可能是严肃甚至古板的乡村党建，为何以及如何跟美学扯上了关系？

我曾在文章中指出，当前广大乡村一个主要矛盾就是解放的乡村生产力与落后的乡村治理之间的矛盾——政府取消农业税，不再靠“三农”吃饭；而农民除了办户口、盖房子等大事，基本没什么事需要找政府，基层治理往往出现真空。

基层党组织也是如此。乡村党员普遍是一些中老年人。一些人或许指望入党可以隔两年参加一次党建旅游团，或搞点其他福利。在修武县，乡村党建却是年轻而“美丽”的。

在大位村、秦厂村、沙墙村等数十个村庄的党建美学建筑上方，都挂着“人民至上，共产党好”的大白话标语。标语前都有着开阔的小广场，村民在上面跳广场舞，小孩在上面玩耍，碰上节假日，挪开花厢、板凳，就可以举办大型群众活动，既时尚洋气，又接地气、聚人气。

更重要的是功能和内涵。这些建筑的独特之处在于进门后都有一个党建书吧和阳光书房，党员和村民都可以自由借阅，放学的小孩还可以在里面写作业。一般还有个“阶梯教室”，是党员和村民开会、集中学习的场所，有些村每周还有固定的节目表演。

大位村还利用阶梯高差设置了一个滑梯，不时有村民领着小孩进来玩耍。孩子们对参观者显然习以为常，大方说声“你好”就自己玩去了。

大位村党群服务中心内景

这些党建美学村委会没有追求整齐划一，而是由各村自己找设计师独立设计，在统一“人民至上，共产党好”价值观的前提下，各具特色。它们一般还有儿童游戏区、村民活动中心、驻村办、调解室等。比如调解室，色彩温馨，简洁明快，令人心平气和，看得出来设计师下了大功夫。二楼往往是村两委办公区，大面积落地窗既与一楼空间融合，又展示公开、透明的政务氛围。

当这些时尚、功能强大、接地气的党建美学阵地成为村民乐于前往的所在，乡村便有了凝聚力和灵魂；当党员从“被要求”到自觉、自豪地佩戴党徽，在工作、生活中亮明身份，乡村党建便具备了强大的示范力与带动力；当乡镇政府有规划地将党员活动中心、服务中心、文化场所、学校、村级医疗所、村级商业设施乃至乡村民宿汇聚到“党建美学综合体”附近，美学就开始带动乡村经济和风貌的全面发展。

此时修武县“人民至上，共产党好”的党建价值观，便具备了充足的说服力和感召力。

从第一代党建美学基地大位村，一年便有50余位年轻人申请入党，到第二代秦厂村做大做强商业化，将剩余商业用房的每间年租金定为4000元都被争抢一空，并计划增设婚庆、餐饮等功能，强大到令隔壁的老牌锦江饭店颇感升级压力，再到第三代沙墙村，村民已经从“要我做”变成“我要做”。

当沙墙村村民看到人气在汇聚、研学 / 参观群体络绎不绝时，他们就明白党建美学已经被市场和民众广泛接受。此时的党建不需要政府投入一分钱，而是由 83 户村民筹集 260 万元建设而成。除了传统办公、便民服务、文化休闲功能，沙墙村党建美学还增加了咖啡休闲、简餐、特色农产品展销等功能，并计划与旅行社对接，党建美学便自然延伸至美学经济。

美学之美，最终还在人们的感知。2020 年 10 月 5 日，修武县郇封镇小文案村人、在上海工作的陶先生返乡办婚礼，就选在大位村党建综合体。

此时，再去看修武县委、县政府老旧的办公“大楼”“大院”，除了“寒酸”，我们也渐渐看出一种务实、亲民、朴素之大美。

就像最美、最有内涵的大学，一定不是那些万丈高楼平地起、气势磅礴的新校园，而是那些拥有被藤蔓覆盖却还在用于教学办公的老房子、校史陈列馆里展示的先贤前辈与理想情怀，以及师生乃至保安保洁言行举止间透露的自信与淡定的校园。

为什么不盖几栋新办公大楼？

县委书记笑着说：“需要吗？”

二、天地之仁，以万物为大美

《道德经》上说：“天地不仁①，以万物为刍狗。”天地仁还是不仁，最终取决于人心。

中国乡村是美还是丑？恐怕还是说丑的多一些。而中国乡村，丑在何处？其实并非物质——许多地处城郊的、有工业基础的、景区周边的，或具有原产地特色农产品的乡村，往往较为富裕，甚至成为城里人艳羡的对象；普通乡村，村民外出打工，只要不在城里买房，往往也有相当可观的积蓄；而贫困村，可以不断接受国家扶贫、上级政府和发达地区的对口帮扶……可见经济问题虽是显性的，倒还不是关键。

① “仁”在这里指偏私、偏爱之意。

乡村最大的问题，在于文化的断裂。

从20世纪梁漱溟等乡建探索者们明确指出“中国问题并不是什么旁的问题，就是文化失调——极严重的文化失调”，到今天广袤乡土全面依附于城市、工业与市场，原有基于土地和血缘的乡村经济、治理、文化体系被全面打破。而要融入城市化、工业化、市场化进程，除了奉献土地、自然资源、廉价劳动力资源，似乎也没有更多好办法。

伴随着被动依附，剥夺感、茫然感、自卑感便成为巨大的文化负担。如此，旧的已去，新的不来，乡村文化的断裂、精神的空洞才是更深层次和更致命的问题。

修武县也曾如此。

修武县其实是不广为人知的文化大县。3000多年前武王伐纣，路遇大雨而驻扎修兵练武，故名“修武”。从此修武县就没改过名字，是被联合国地名专家组与民政部联合授予的“千年古县”。

孔子在此周游问礼，“竹林七贤”在此隐居游学，药王孙思邈在此采药行医，当阳峪在宋代被称为“北方瓷都”……至今尚有中国历史文化名村2个，国家级传统村落6个，省级传统村落10个。

曾几何时，修武县也风光地“融入”城市化与工业化进程，皆因本地矿产资源丰富，煤炭、铁矿、铝土矿、黏土矿、高岭土等资源储量大、品质优，这里曾是远近闻名的“矿产大县”、富裕之地。

20世纪90年代起，修武县的矿产资源开始枯竭，大量矿产企业倒闭，大批工人下岗失业，徒留许多山体千疮百孔，民众唉声叹气。从20世纪90年代末起，修武县开始大力发展旅游业，短短十多年时间，便将云台山从一个区域性普通小景区发展成为位居河南第一、全国前列的大景区，创造了旅游行业的“云台山模式”。

至2012年，云台山旅游发展达到顶峰，随后却又遇到问题——传统观光游增长缓慢，且仅凭旅游税收无法带动全县整体发展。

不光取之会尽的矿产，用之不竭的山水也会显露疲态。无数事实证明，售卖自然资源的路径具有明显上限，且将陷入发展不平衡。修武县，以及类似内地县域，路在何方？

一条被广泛采纳的路径便是招商引资、建工业园，承接沿海淘汰产能，同时启动房地产经济，卖地求发展。

这条路径，或是时代主流，或曾是良策，只是今天再回头去看，被沿海淘汰的产能继续面临被淘汰。而涉及的这些企业之所以愿意来，也大多看重当地的廉价劳动力或原材料，因此多年来，尽管许多内地县域工业园林立，城市建设亮眼，房地产蓬勃发展，但地方工人、农民的收入和社保待遇并没有明显增长，人们还得承受不断高涨的物价。

如此看来，这条路径的意义主要在于城市化、商品化、GDP数字化、发展政绩化得到强化，人民的可支配收入、生活质量、幸福指数往往并未提升多少。“发展”的成本，最终摊到人民头上。

尤其是广大乡村，在上述“四化”过程中，遭受着直接或间接的多重挤压。同时，乡村文化一路丢盔弃甲，除了被拆迁，卖土地（或土地指标），没有办法深度参与时代“浪潮”。

虽然乡村整体的衰落是客观经济规律，但经济要向前发展，向来也“只好如此”。然而一向如此，便对吗？广大农民向往的，真的是城市病越来越多的城市化和工业化吗？

反观修武县的“县域美学”，贯彻“传承和弘扬中华美学精神”“做好美育工作”的要求，从山水之美、党建之美，到建筑美学、工业美学、服务美学，再到乡村美学、农产品美学、营销美学等，多年坚持下来，其美学思想已经深入民心，美学经济已结出硕果。

修武县“县域美学”的核心，其实是美育。近代教育启蒙者蔡元培就主张，“美育是最重要、最基础的人生观教育”，中国人应“让每一个人的心中有美的信仰”。

然而美育见效缓慢又不直接，坚持何其不易。修武县的“县域美学”也曾面临内外、广泛的不解、怀疑。“县域美学”的倡导者，是从焦作市委常委“空降”修武县兼任的县委书记，也曾被怀疑打一枪就走，可他扎根修武县七年多。

从“第一枪”建乡村党建美学，要求党员亮党徽，重塑基层党员的荣誉感、自信心，进而提升乡村凝聚力，到做“美学设计师”“首席服务员”，引入众多知名年轻设计师、艺术家、学者，打造遍布田间地头、山野民宿乃至陵园墓地的美学建筑……这位县委书记说：“美学经济的初心就是，我们修武人真切地认为，自己的家乡是世界上最值得骄傲和自豪的家乡，所以我们当然要邀请世界上最好的建筑美学家、景观美学家和艺术设计师来建设家乡；我们修武人真切地认为，孩子是世界上最有智慧、潜力和爆发力的群体，所以我们当然要在修武孩子家门口的村子里和大街小巷，用世界上最有美学内涵的建筑和平面设计，以及全球顶级私立高中的孩子才能享有的即兴表演培训，让每一个从修武走出来的娃子，都能高贵、野性，熠熠闪光。”

修武县“县域美学”的核心思想，便是这唤醒众生、万物的自信和向上生长的内生力量！

天地之仁，以万物为大美，就看你是否有发现美的眼睛、塑造美的双手和坚持美的恒心。

三、一座村庄的转型方案

一座大南坡，半部焦作史。距云台山数十公里远的大南坡村，便是修武县美学转型的缩影。

在挖矿年代，大南坡村矿企众多，集体经济发达，曾是远近闻名的富裕大村。从20世纪90年代开始，厂矿逐渐关闭，村庄陷入20多年的大倒退，成为省级深度贫困村，一度进入远近闻名的外村姑娘婚嫁“黑名单”。

但是换一种眼光，这里有着大美。当“乡村复兴论坛”的教授来到大南坡村时，他们为这座被现代化“遗忘”的村庄感动不已。这里有淳朴的民风、原生态的环境、保留完整的集体建筑，以及怀梆戏剧、武术等地方传统文化……万物大美，教授如获至宝。

教授改造大南坡村的想法得到了修武县的大力支持，并邀请来国家乡村旅游人才培训基地产业导师陈奇担任大南坡村乡村营造顾问。有了充足的资金、人才、政策支持，耳畔似乎传来挖掘机隆隆的发动声，只待领导一声令下，进场开挖。

然而领导的“一声令下”迟迟没有到来。

所幸，从县委书记到负责项目的文旅局书记，再到驻场执行的股长、科员，都有着高度的审美和清醒的认知——

“乡村建设乡村建设，往往80%的扶助资金被用来破坏乡村。资金一到位，通常是先把村庄开膛破肚，撬开路面装排污管道，给灰墙土墙统一贴上白瓷砖；就像一个乞讨的人，本来就想讨个包子，结果讨到一大块肥肉，欣喜若狂，囫囵吞枣，哪管这块肥肉一口吃下去会不会消化不良、胆固醇升高或者得高血压。”

乡村仿佛只有进行“现代化改造”，才能讨好城里人和外地人，这种做法本身就散发着浓浓的文化自卑。

大南坡村再造的第一项工作极为草根。在陈奇的带领下，“小山村人人捡垃圾”，上至七八十岁的老人，下至五六岁的孩子都加入捡垃圾团队，从开始的每天1小时到后来的每周1次，活动步入常态化，村子变得干净整洁，村民都说：“再也舍不得往地上丢垃圾了。”

一个由下而上的小小举动，唤醒了村民的爱美之心，不知不觉中，群众思想工作也就自然做通。当村庄变得愈发干净美丽，再补上精气神这一课，村庄就有了灵魂。

人民公社时代，大南坡村怀梆剧团就是修武县文化标杆，走到哪都备受欢迎，随着厂矿风光不再、集体经济散伙，剧团已解散数十年。2020年，大南坡村艺术团由村民再次自发组建，并在不久前对外展演。而展演的首场对象，不是领导也不是游客，而是本村村民。随着《穆桂英挂帅》等一出出怀梆戏剧演出下来，村里老人热泪盈眶，连连说“咱村的人气回来了”。

“武教头”出身的村民周慧则成立了少年武术队，节假日义务教村里村外的孩子习武；村庄还设立了“南坡讲堂”，邀请各地乡建人才纷纷前来与村民分享品牌农业打造、民宿建设运营、生态农业发展等方面的实践经验。

一批乡村营造项目同步启动。其中建于20世纪70年代的大队部办公建筑、粮库和供销社等公共建筑，按照修旧如旧的原则进行加固改造，变身为社区营造中心、艺术中心、碧山工销社①、方所第一家乡村书店等，搭建起文化、艺术、商业空间，为大

① 碧山工销社原址是建于20世纪60年代的碧山供销社，2015年被设计改造并命名为“碧山工销社”。

南坡村呵护和发扬着乡土之美。

一批策展人、摄影师、动画师、陶艺师、自然农法和发酵食物研究者也来了，他们实地调研、就地取材，进行文化再创作。比如策展人左靖教授为大南坡村带来一场“乡村考现学：修武的山川、作物、工艺和风度”展，首展在上海，不久后搬回大南坡村长久展示；版画家刘庆元教授则以大南坡村村民为图像精神来源，雕刻出现代大南坡版“竹林七贤”并现场展出，令人赞叹、回味。

“隐居乡里”创始人陈长春说：“为什么只有城市贵？我们要把大南坡村打造为中国最‘贵’的农村。”随着游客陆陆续续到来，村民流转的老宅院被改造成山居院落式民宿，并由隐居乡里专业团队负责运营，村民通过培训上岗后变身“大管家”，实现了在家门口打工的愿望。

一些在外打工的年轻人乃至硕士生选择留下来创业、建设家乡。一些外村、外地、外省的年轻姑娘也被招聘至碧山工销社、民宿上班。大南坡村再次充满年轻的欢声笑语。何为乡村振兴？有年轻人走来走去，才叫乡村振兴。

修武县“县域美学”，不是给乡村涂脂抹粉，而是尊重乡野和传统，唤醒人们的爱美之心，融合现代元素发掘、重塑万物本身之大美。经过美学重塑，大南坡村被正式命名为“河南省乡村旅游特色村”，并举办“乡村复兴论坛·修武峰会”，发布县域美学·修武共识，正式提出用乡村振兴“美学”路径，来替代“大拆大建”路径。

“天地有大美而不言”，愿跑偏了的广袤乡土，都能像大南坡村一样，被唤醒、被善待。

四、这个时代的三种“中国方案”

今天的中国正处于转型升级的重要关口，问题不少，各种“提案”“方案”也令人眼花缭乱。大体概括下来，其实不外乎以下三条路线。

其一是“崛起”。

从低端走向高端，从跟随走向创新，从低质量走向高质量，迈向更深领域、更高标准，建立护城河，比如“中国制造 2025”、区块链、高科技等。这是“国家大风口”，显而易见。

其二是“改革”。

科技含量不高又高度市场化的行业，往往产业过剩、大而不强、有效供给不足。需要通过供给侧结构性改革，矫正要素配置机制，扩大有效供给，或者产业转移、淘汰落后产能，或者去杠杆、去债务，或者进行供应链整合等。

这些行业如传统制造业、化工、房地产等，尤其是其中的民营企业、中小企业，被“看得见的手”和“看不见的手”两手抓着，近些年常感焦头烂额。这是发展的必然，做强做优，或者产业转移，经受住、熬过去才是出路。

其三是“回归”。

从“绿水青山就是金山银山”到“记住乡愁”，从生态经济到乡村振兴，从“工匠精神”到“美丽中国”，从“不忘初心”到“伟大复兴”……这条主线，需要的是向内看，从中国文化和文化赋能国人的素养提升中汲取无穷的能量，内省—回归—重塑—复兴。

“科学技术”“人才”“资本”都陆续被称为第一生产力，但科技会迭代、用钱也能砸，人才可以被挖走，资本天生流动。只有文化才真正属于一方水土、一方人，才不会抛弃我们，才从根本上塑造和影响民众和万物。以此观之，似乎文化才是更深层次的第一生产力。

长期以来，挣快钱、快挣钱成了全民文化，如果你想安安静静地打磨一件事情，就会有许多人说你缺乏魄力，或者能力不够。伴随着“快”的是长期分化——城乡分化、区域分化、阶层分化，伴随着优胜劣汰的市场文化导致的畸形审美，又何尝不是出现众多社会矛盾的深层次原因？

在上述三条路线中，真正的高科技、高端制造属于长三角、珠三角、环渤海及一小批大城市；中国大多数区域正身陷第二个条路线，在转型、升级中苦苦挣扎；只有少数地方、少数人，在默默、缓慢地践行、探索第三条路线。

修武县作为一个内陆普通小县，自然难走第一条路线，好在也没有选择第二条路线，走“高大上”“亮化”、土地财政和房地产路线——作为距“新一线城市”郑州仅一小时车程的美丽县城，房价保持在每平方米三四千元水平（与月工资收入之比维持在 1.5：1 左右），算得上是良心价（一个小时车程外的郑州，市区房价普遍在每平方米两三万元以上），百姓的生活压力也并不太大。

试想，地处中原城市群关键区位、拥有云台山景区和良好生态的修武县，如果走房地产、奢华度假村、高尔夫模式，或大肆招商引资承接郑州溢出乃至淘汰的产业，都不失为一种快速发展的捷径——只是这么做，发展的高额收益不外乎被外地老板、政府和利益群体拿了去，老百姓的收入增长缓慢，又得承受着高房价、高物价之苦，地方生态和社会风气难免一再败退……对整个国家而言，最多是多一个金玉其外又庸庸碌碌的小县城罢了。

虽然从现代眼光看来，修武县还不够发达、不够现代，但以“发达”和“现代”为目标的乡村城市化，并不适合所有的一方水土、一方人。自卑自惭，邯郸学步，左右摇摆，或许才是最坏的出路。

虽然今天的修武县还远称不上完美，也面临着发展不平衡、收入有待提升的问题，但今天的修武县之美，已经是由下而上、由内而外、由本及末了。经过时光的沉淀，修武县的发展正在加速——更重要的是，即使再快，这方水土和这方人都能应对自如。

从修武县委“大院”走出来，是修武县老城区的几条主街，一些高楼穿插在低矮的民房和小院之间，大商场旁是简陋的商业门面，整个老城区不过像县委“大院”的升级版。但是街道干净整洁，绿树成荫，百姓从容，小商贩慢悠悠地开着三轮小车沿街卖着水果，也不见城管驱赶。

可见县委县政府没有因为城市形象、政绩工程大拆大建、驱赶商贩。这样的县城像县委“大院”一样，让人初觉简陋，继而感受到一种朴素之美和生活恬静的烟火气。

县委“大院”不远处是修武县新城区的图书馆，可能是整个县城最漂亮、最具现代化的建筑。拐角的一个小广场上，一个地方小戏团在唱着属于这个地方的戏，人们站着围观，还有年轻人带着小孩，小孩不时地跟着大人鼓掌……

不讨好众生，众生自随你而来。万物之美，本该如此。修武县在“县域美学”方面的探索，令人看到广袤中国的另一种希望。

愿这种希望在中国形成燎原之势！愿“回归”和“崛起”“改革”路线一样，被世人理解、重视，从而成为真正的时代主流！

03

山区穷县，还能玩什么新花样？

一、好山好水好寂寞

久居城市的人们恐怕难以想象，便捷、繁华只是中国的一小部分，有差不多70% 的国土（不含港澳台）是相对闭塞、贫瘠的山区，有 55.7% 的人口还生活在这里。

我的老家在赣西北，紧挨着几个山区县。山里有我父亲的几户表亲。

儿时某年暑假，我和堂兄去表伯家小住。汽车停在山脚的土路上，路旁有一座散发着刺鼻气味的草纸工坊和一座水车。我们沿水车旁的小路爬山，反复穿越一条山溪，再穿过一片梯田，大半个小时后，看见半山腰一栋孤零零的土房子前，表伯正向我们招手。

“鸟鸣山更幽”，你听，那是寂寞在唱歌。

我们并不喜爱这“世外桃源”。连绵的大山只有鸟语、花香、蛙鸣，我们想去山里玩，但山里林密蛇多，我们哪里敢去。我们想看电视，但山里信号奇差，大厅里的那台电视机就是个摆设。我们想去找别的小孩玩，但最近的一户村民家，还得往山上爬大半个小时才能到……

第二天我们就想走，奈何通知不了父母。只好吃了睡睡了吃，偶尔到院子里溜达，就像出监狱去放风。

带我们去的表哥显然也不喜欢这里。这个山里少年早早辍学，成天不着家，通常是自己跑到十几里地外的镇上打牌、赌博。表伯看我们实在可怜，勒令表哥陪我们玩一天，于是他叫来同学跟我们一起打“拖拉机”。轮到我和堂兄叫牌的时候，发现一个“主”都没有，原来八张“主”全被他们埋在底牌里。

我和堂兄脸羞得通红，眼皮底子下竟然一点没察觉。表哥和同学两人哈哈大笑。笑完又觉得很无趣，眼神里透着幽深的寂寞……

后来，赌徒表哥带着一家子远远搬到了市里。这个沉默、彪悍的“山里人”成了个职业赌鬼，也渐渐成了附近街道有名的大混混。

我猜城里人都会这么评价：“果然，‘穷山恶水出刁民’。”只是，刁民又何罪之有？

后来，我还去过无数山区，甚至雪山、草原、大漠，那里的人真的热情，因为确实难得见到外人。

你可知山区最难受的是什么？

不是贫穷，不是闭塞，而是那无边的寂寞。

二、山区之路啊

紧随赌徒表哥，山区那几户表亲都搬了出来。那还是 21 世纪头十年，政府还没有搬迁安置，他们全靠自己。

2008 年，我作为一个背包客，敲开锡林郭勒盟西乌珠穆沁旗巴彦胡苏舒木宝音家的蒙古包。这个有着几万亩草地的牧民之家，前些年也搬到了旗（县）里，过起了城市生活。

2011 年，我路过并留宿川西瓦泽乡格桑家。现在女主人已经会熟练使用微商、电商，冬春卖虫草，夏秋卖松茸，生意不错。

城市化、便捷的交通和网络改变了大地上的山区。能进城的进城，不能进城的搬到山下，运气好的能遇上政府整村搬迁，就算留在原地，靠山吃山，通过电商、快递也能把山货卖到城里。走出山区，似乎成了山区的唯一出路。

但是“走”，或许并非最好的办法。许多山村空留走不了的“386199 部队”，时刻牵动着背井离乡打工者的心，而城市的房价、户籍、人才评判等障碍，绝非大多数农民工能承受的，加之中国人的乡土意识，村民往往还是倾向于拼命赚钱、攒钱，再回乡盖房、买车、过日子。

各种“大国大城”的拥趸、站在城市立场看乡村的知识精英，眼里只有城市这一条出路。须知，人们的生活水平根本还是由当下的社会生产力发展水平决定的。

中国不像欧美，更不似澳大利亚等发达国家拥有比我们高得多的生产力发展水平，而且只有两三亿人口，足以把 90% 的人接到城市过“好日子”。

但中国有着 14 亿人口，就算把五六亿人接到城市过“好日子”，也还有八九亿人去不了，或者去了也只能住“贫民窟”。你需要为他们考虑点别的出路！

你倾听过他们的声音吗？

福建省屏南县也是山区县。境内重峦叠嶂，平均海拔 830 米，千米以上的山峰 265 座，但常住人口只有不到 14 万人。

该县古村众多，光“中国传统村落”、历史文化名村就有 30 多个。过去，由于经济落后、交通不便，散落在大山中的它们因来不及拆掉而保存完整。

譬如有 600 年历史的龙潭村，原有户籍人口 1400 余人，但在打工浪潮下，只剩不到 200 名老幼留守。在云雾缭绕的半山腰、连绵不绝的梯田间、穿村而过的溪水畔，大量百年闽北土厝建筑，连同世界非遗木拱廊桥建造技艺，以及国家级非遗四平戏、红曲制作与黄酒酿造等原生文化，摇摇欲坠。

对外出打工的村民来说，坠也无奈。对没有到过这里的旁观者来说，这样的村庄坠便坠了。但须知，城市可以再造，或者有一天你疲倦了想逃离，像这样保存完整的家园和文化，坠了，就真的不会再有了。

如何保存？反正村民没钱。

政府也没钱。

但是这样需要保护的村落，屏南县就有数十个。

三、“人人都是艺术家”

出乎意料，今天的屏南县没有陷于“保护”的沉重，反而人人充满自信、乐观。

送我去四坪村的出租车司机吴师傅，操着“闽普”，热情洋溢地向我介绍各个古村和一位叫作林正碌的艺术家。

2015 年，艺术家林正碌到访屏南县。林正碌震惊于那些完整的古村和文化瑰宝，也看到了乡村的机会，决定留下来实现乡村公益艺术教育的梦想。

这个外地来的画家，号召村民前来免费学画（学费 + 材料费均免），他喊道：“人人都是艺术家”“只要七天，让零基础的人变成画家。”听起来，颇像他老家莆田系的一众“著名商人”。

“人人都是艺术家”，之所以听起来像骗子，是因为人们已经被无数“现代性”洗了脑，仿佛只有受过“专业”教育、业内认可、有头有脸的人，才能叫作画家。

凭什么？

在教过成千上万艺术考生、油画爱好者后，林正碌将目光瞄准了“386199 部队”。

林正碌问漈下村 84 岁的高金美：“您要不要学啊？”

高金美连忙摇头：“哎哟，我怎么学得来。没读过书，不识字，画画，多难的事啊。”

在林正碌不断的“怂恿”下，高金美还是坐到画布前，画下了人生第一笔。从刚开始害羞躲在家里偷偷画，到后来每天七八点钟来到雨廊，在游人面前淡定地画，高金美仿佛返老还童。

她说：“我想画什么就画什么，也没有参考。就是画得开心嘛。”这个自然而然的“开心”，何尝不是现代艺术遗忘了的真谛？

高金美也没有把这事儿当作“艺术”，几百块钱一幅，学画两年就卖了百余幅，“无所谓卖不卖得出去，有人喜欢，卖掉了，开心；卖不出去，自己留着看，也开心”。一个山村老太太凭着她质朴的烂漫，打动了无数游客和网友。

“90 后”侏儒患者沈明辉亦如此。他原来靠在城市扮小丑、卖气球为生，经残联介绍，他也前来学画。带着兴奋和好奇，他画下了处女作《远山》。

他感到绘画并没有那么难，“只要你愿意一直去画……一张画就是你的世界，你想要怎样去创造，让它变得更美好，这都是你的选择”。

热爱加自信，他逐渐摸索出自己的风格，并开了自己的巡回个展，作品还参加了法国里昂当代艺术双年展。

这样的例子还有很多，曾经的脑瘫患者流浪汉、贫困户、家庭主妇，都成为远近闻名的“农民画家”。他们画出家乡之美，通过朋友圈乃至电商销售，许多人光凭卖画，月增收就达数千甚至上万元……

艺术本源于民间，源于生活。在强调分工、专业、职业化的现代理论下，逐渐成为一个狭小圈子、少数人把玩的工具，进而竖起篱笆，“只可远观而不可亵玩焉”。

经过商、研究过经济学和哲学的艺术家林正碌，回归了艺术的本源。他主张跳过素描学习，从心理学入手，引导人们观察世界。喜欢画什么就画什么，想怎样画就怎样画，只要绘满画布，就算完成作品。这颠覆了艺术学院派单一的造型语言。

当然，也并非真的要所有学画者都成为“艺术家”，林正碌的真正用意是，让人们通过画画，发现世界、发现自己、变不可能为可能。人们久旱逢甘霖，他也在这个山区穷县点燃了民间文艺复兴的燎原星火。

不只油画，**技术的进步与灵性的消退，正是许多现代艺术乃至现代生活的一大症结。**人们热衷于科技、商业、传播等各种技术的便捷，在片面追逐技术的过程中，逐渐被技术禁锢，变得呆滞、失神，甚至易怒、不堪重负。

这些低得不能再低的山区穷县“老弱病残”，无疑给现代社会上了一课。

四、现代桃花源记

不止林正碌，著名“三农”学者温铁军、潘家恩在四坪村开设屏南乡村振兴研究院，瑞典籍艺术评论家程美信在夏地村推行“人人都是电影家”的公益教学，复旦大学副教授张勇团队在前洋村开办竹编博物馆，中国美术学院在前汾溪村开办乡野艺校，双溪镇政府开办的公益艺术教育中心“安泰艺术城”等都给这座山区穷县插上了腾飞的翅膀。

今天的屏南县，充满着令人难忘的桃源之美。

熙岭乡四坪村、龙潭村已领先城市实现了真正的“无人售货”。村民、集体合作社将土特产放在雨廊上，晚上也不用收回去，旁边放个二维码，游客自己选好，扫码支付拿走就行。这种低成本的无人售货方式，从来没丢过东西，让现代高科技相形见绌。

四坪村曾是个濒临消失的“空心”村，原有村民600多人，前些年只剩几十人留守。2017年，在已作为屏南县传统村落文创产业总策划的林正碌指导下，四坪村兴修雨廊、引水成瀑、修缮古宅、整饬村容村貌、引进新村民入驻，这座有着600多年历史的“空心”古村再次风华绽放，被誉为“福建最美园林式古村”。

村子变美了，关键还要把乡村的“流人”变成“留人”。传统的做法是搞旅游、建民宿，但这样的市场化路径在这个偏远、规模又不足的古村，肯定要亏血本。

四坪村美景

四坪村不只需要游客，更需要定居下来的村民。

2020年，屏南乡村振兴研究院在四坪村成立，同步引进了北京小毛驴市民农园、爱故乡计划等知名乡建品牌，并组织乡贤、村民成立了“爱故乡生态农业专业合作社”。

“大地民谣”歌者孙恒来到这里，帮助村民完成了村歌《云四坪》的创作。

许多城市青年来到这里，“认领”老屋，开起自己的工作室、小酒馆、小民宿或亲子营地。

其他城市居民也纷纷到来，认领一亩三分地，闲时带上孩子来这里种种地、过过田园生活。

外出打工、经商的本地村民也回来了，开起了小饭馆，搞起了生态种植……

新村民的到来、乡贤的回归、乡建人的助力、社会企业的参与，古老村庄再次焕发勃勃生机。古朴悠远、宁静有为，无人售货、夜不闭户，四坪村成为每个来访者心中的小小桃源。

4 公里外的龙潭村，更是今非昔比。

龙潭村有一条山溪穿村而过，木拱廊桥屹立数百年不倒。今天，这里已经有 100 多位来自英国和中国（如北京、上海、香港等地）的新村民长期生活，其中包括香港导演招振强（代表作《上海滩》《新扎师兄》《孝庄秘史》等）这样的知名人士。

走在龙潭村，明清老宅里的电影工作室、画室、展览馆、博物馆，散落水边、古巷的风情酒馆、民宿、舞蹈房，与村庄的民居、祠堂、梯田，戏台不时响起的四平戏曲融合在一起，散发着“繁华”与宁静、现代与古朴的和谐之美……每个人都能在这里找到理想的停泊处。

新村民不仅在此乐业，更在此安家。

香港建筑设计师 Jack 原计划在上海开公司，但来到龙潭村一看，毅然决定把工作室开到这里。他租下两栋古屋，一栋用作“贪生咖啡屋”，另一栋用作工作室和自住，连带把一行五人都变成新村民。

北京人何素珍将废弃十多年的 17 号院落改造成文创民宿“悠然之家”，还与村民一起零基础学油画。人们问她为什么不愿住在北京的别墅里，她说，北京的别墅是封闭的，而这里是开放的，邻里之间是连接的。她喜爱这完全不同的乡下圈子。

不少新村民还让孩子转学过来。鉴于师资力量不足，他们又做起了不领工资的支教老师。2017 年秋，龙潭小学复办了多个年级，从原来的 1 个老师 2 个班 6 名学生，扩展到拥有 9 名支教老师 5 个班数十名学生的小学。

夏地村先锋稻田书店

龙潭村的变化出乎老村民的意料。一些在外打拼多年的村民，在网上看到故乡的照片、新闻，惊喜地留言：“这是我的老家吗？好诗意啊！”

他乡不易，故乡安好胡不归？陆陆续续地，龙潭村已经有 300 余位老村民回流。在新村民的带动下，老村民经营民宿餐饮，搞农产品加工销售，跑网约车客运，甚至开办黄酒厂、农民画室……他们在家门口实现了乐业。

可贵的是，尽管游客络绎不绝，但新老村民都没有把龙潭村当成旅游景区去“商业化运作”。老人坐在雨廊下喝茶、聊天，一边一块钱一斤地卖着自家树上的李子、桃子，村里戏台不时上演四平戏的排练或演出，游客可以随时走进去听听，各家的老宅、小院、民宿、工作室也大门敞开，只要不大声喧哗影响入住的客人，你尽可以进去随便看看、聊聊、拍拍照……

有人气，接地气，又时尚洋气，世外桃源，正当如此。

这样的桃源，屏南县到处都是。

五、弱鸟如何先飞

回到关于钱的问题。屏南县这个偏僻的山区穷县，哪来的钱改造这么多古村，凭什么能留住这么多人才，又如何实现着产业与人的共同发展？

1988年至1990年，宁德是“闽东老九”，全省最弱。所属9个县，就有6个地处全国集中连片贫困地区。

“弱鸟先飞”理论指出，贫困地区、贫困群众首先要有“飞”的意识和“先飞”的行动。没有内在动力，仅靠外部帮扶，帮扶再多，你不愿意“飞”，也不能从根本上解决问题。

“飞”的意识+打开创新的笼子，或许是弱鸟的答案。

曾任屏南县宣传部部长、政协主席的周芬芳，作为土生土长的屏南人，一直致力于发掘和保护本土古村落及其文化。在她的倡议和推动下，县委县政府将保护传统村落定为县域核心工作。2014年，屏南县将传统村落保护、脱贫攻坚、乡村振兴整合，决心走古村特色文创之路。

第一步是“珍视自己”。破旧老宅、废弃农具、落后的生产生活形态，换一种眼光来看，正是人无我有的稀缺资源。屏南县继而成立古村文创产业指挥部，联合专家，编制“一村一品”规划，杜绝“大修大建”“堆盆景”等景区式做法，确保文创的“文”字在先。

第二步是“引进高人”。邀请来林正碌、程美信、温铁军、潘家恩等艺术家、学者，并充分尊重、授权。如此，“高人”才能真正发挥作用，古村才能实现上述转变。

第三步是“引来新人”。这一步颇为不易：如何帮新村民算账，如何让他们安居乐业，如何保障他们的权益……在小农意识、乡土观念根深蒂固的乡村，解决这些问题并不容易。

屏南方案，首先破解的是农村资产流转自发、无序、混乱的无组织状态。以村委会为主体，建立中介平台，统一从祖居户中流转旧民居。这避免了常见的哄抬租金、权益纠纷等问题，新村民也只需统一与村委会签协议。

每年 3 元 / 平方米的超低租金，迅速吸引了大量新村民入驻。统一 15 年的长租期、村集体的权威保障，使得新村民敢投入、舍得投入。

大量的外部投资，解决了政府和村民投资不足的困难，而 15 年后返还给原居民（或优先续约）的制度设计，又让老村民对老宅修缮期待不已。

其次创新古村修缮模式。古建筑修缮是一门具有本土特色的深奥学问，如果弄得不好，就会劳民伤财又破坏原有风貌，对新村民、老房子都伤害巨大。

屏南县古村文创逐渐摸索出“新村民出资、驻创艺术团队设计、村委会代建”的修缮模式，即新村民只需出装修资金、对接村委会，无须事必躬亲，节省了大量沟通、管理成本，再与驻创设计团队制订修缮方案，确保“修旧如旧”“一屋一特色”。同时交由村委会代建，村委会聘用本地工匠、村民，既传承了传统工艺，又实现了村民增收，一举多得。最后由新村民会、村委会、专家共同验收。

关键还在管理创新！乡村建设工程多见于古建筑修缮、改水改厕、道路修建 / 维护、管网入地、河道驳岸修建等，数量多、金额小、内容多样、事情琐碎，难以标准化。

按传统标准管理的话，一是费时，项目光前期设计、预算、财审、招投标等环节就需 3 个月以上。

二是费钱，项目设计费、预算咨询费、招投标代理费、监理费、税费、安全文明施工费、承包商利润等，就要占总成本的 30%~40%。

三是费人，承包单位为方便管理，倾向于找外来团队、民工施工。他们不懂地方文化、缺乏相关修缮经验，而本地工匠、村民既享受不了好处，又常常看着干着急，容易引发矛盾，最终拖累进度和品质。

四是费力，尤其是古建筑修缮，往往要用到本地工匠、材料，预估价与实际价格通常差额较大，又没有发票，容易成为一通烂账。硬着头皮往下干，破坏时常比修缮多，或超出预算太多，导致返工、重新估算、报批等。如此，往往边干边扯皮，各方身心俱疲。

屏南县熙岭乡政府在总结龙潭、四坪等古村修缮经验中，摸索出一套弱鸟先飞式的“雇工购料法”，完美解决了上述问题。

创新首先是放权。村级项目招采、管理权限均下放至村委会。村委会免去前期流程及中间成本，经村民大会审议、立项，报乡政府审批后，直接雇用本地工匠、村民，采购本地材料施工。

本地工价、材料费用，在本乡本土是透明的，在高效、灵活的基础上，采购、出入库流程管理上又严格遵循相关制度。此外，通过“村务监督小组 + 阳光村务平台 + 村账乡管 +‘三签字一审批一审核’制度 + 不定期监督检查”等多层次监管，基本防止了基层腐败的发生。

如此，屏南县古村文创、乡村建设实现了高效、低成本建设 + 传统建筑保护 + 传统技艺传承 + 村民就业增收 + 舒适宜居的“五赢”局面！

更多创新管理在同步推进。2018 年，龙潭村首批 10 位新村民就高兴地领到了公安部门发放的居住证。领证后，这些新村民将和当地居民一样，享受医保、社保等公共待遇。一个小山村的居住证实验与北京、上海的居住证积分制度同样重要！

这套充满民间智慧、基层活力的伟大管理创新，值得推广。

第四步是“引回村人”。

“小康不小康，关键看老乡”，所有乡村建设，根本的衡量标准还在于村民能否安居乐业。像龙潭村、四坪村这样的许多村庄，村民都在陆续回流。

整个屏南县的就业形势、工资水平也大为进步。即便返乡进厂打工，工资也可达五六千以上。出租车司机吴师傅一天去乡下好几趟，月收入轻轻松松破万。在这样一个山区穷县，这样的收入、生活环境和生活节奏，实在让人羡慕。

接下来要解决的是村民返回后的子女教育和看病难的问题。当然，这是个全国性的难题，龙潭村、前汾溪村这样的村庄也在探索。我期待屏南县能继续为全国的山区穷县探索出一条路径。

我还期待，我们的社会能富者有仁，穷者思进，大家携手走向共同富裕。正如费孝通先生所说，“各美其美，美人之美，美美与共，天下大同”，这才是我们期盼中的美丽中国！

04
大北京的乡村“小事”

一、大北京还需要农村吗？

我站在长安街63层的酒店窗前眺望，西面是天安门，北面是央视总部大楼。华灯初上，居高临下，远处无尽的繁华景象在薄薄的雾霾中有些不真实地若隐若现，让我感叹……首都真是座繁华的大城市。

十年前，我曾在北京工作过一年，当时就对北京之大和拥挤头疼不已。对于北京的繁华，一个小小上班族还真没太多体会。今天作为一个访客，我才领略到它有些熟悉又陌生的硕大和繁华。

人们来北京多半是开会、出差、看天安门，我却是来看它的乡下。朋友们一脸疑问——北京还有乡下吗？

这个问题像极了久居大城市的人一脸困惑：中国还需要乡村振兴吗？

当然。比城市更大的，是广袤的乡土。比京城更大的，是城外更广阔的乡村。

二、京城民宿标杆是怎样炼成的？

从国贸到延庆山区的下虎叫村，不堵车的情况下也足足开了三个半小时。

下虎叫村已成为北京知名的民宿村。2000多元一宿的价格，入住率高达70%；节假日的价格高达6680元，还得提前数月预订，即便放到全国，也并不多见。

但在6年前，在外当兵、经商长达27年的张有旺回村做书记时，这里还是一个“破烂村庄”：

徒留老幼，是典型的空心村，除了行政区划，跟繁华的北京看上去没半点关系；

倒是有山，但不稀奇，况且还在封山育林，靠山却吃不了山；

也有点地，但都是山坡地，连不成片，种地压根不可能有出路；

还有点山楂，但都是野生品种，个头小，品相一般，费老半天劲采一斤，能卖个5毛钱……

怎么看，这都是一个无风景、无风貌、无产业的典型“三无”村庄。没有天分，老百姓又没有钱，怎么改变？

政府也没有提供特别的支持，在张有旺的软磨硬泡下，领导给支了个招：“你去找一个叫陈长春的人，他有办法。”张有旺继续软磨硬泡，开始了执着的“三顾长春”。

被打动的文旅人陈长春，决定在这里实验他“隐居乡里”的构想。村集体收了4栋空置农宅，张有旺再拿出自己的2栋房子，陈长春自掏腰包出钱改造，几栋混杂在民宅中的“山楂小院”就建成了。

人们要来这个小院，需要下高速，沿七拐八拐的乡村公路开上一个多小时。开到你怀疑是不是早已出了北京时，导航会指示你在一个小山村前停下。村子平平无奇，甚至不知从何说起，还得再穿过好几条狭窄的村巷……

整个过程令人怀疑——就这么个普普通通的小村子，凭什么卖我这么贵的价钱？

果不其然，2015年冬，小院上线后，通过线上预订到来的第一个城市家庭，就大为不满：普通农家小院，普通酒店硬件，没有配套，周边没有景点，服务员还是村里的阿姨，我花市中心五星级酒店两倍的价钱，就来看这？

城里客人顿觉受骗，大发雷霆，立马要求退款。

这阵势又把管家阿姨吓哭了，对陈长春说，培训的时候你说城里人素质高，咋一上来就骂人?

陈长春和管理人员一商量，决定立即给客户退款。但时值冬季，城里来人饥肠辘辘，总不能让人家饿着肚子走吧?

管家阿姨去到厨房做饭，服务人员倒上几杯山楂汁。在大雪纷飞的山下小院里，陈长春坐下来跟城里客人谈在乡村隐居的理念，恳请他们提出改进意见，并邀请他们来年再来“验收”。

岁月静好，农家质朴，饭菜可口，孩子们在院里荡起秋千。冷静下来的城里客人逐渐被这样自然、散淡又温暖的乡村氛围打动。老人责备起挑意见的儿子儿媳，一家人决定在此住下。

在管家带领下，孩子们还去到山上，在雪地里认出山鸡、黄鼠狼的脚印，高高兴兴地收获许多城里学不了的知识……后来，这家人成了小院经理的至交，又介绍了许多亲朋好友同事前来。

山楂小院的口碑，就这么一点一点好起来了。

山楂小院

张有旺的房屋第一年就分红 22 万元，村民都看在眼里。同时，城乡生活节奏的差异也呈现出来，比如村民白天劳累，习惯了早睡，城里人习惯晚睡。随着客人的增多，村民渐渐反感起来。

带动更多村民加入、分享收益，是山楂小院成长的第二步。

陆陆续续地，有数十户村民将闲置房屋拿出来，陈长春、张有旺将大家组织成旅游合作社。合作社搞“差别对待”，规定书记 5 万元一股、村委会成员 2 万元一股，而村民只需 1 万元一股。他们还制定了“3（资产所有人）—4（出资人、成本承担者）—3（运营人）”的收益分配机制，一个公平、清晰的共建共享体系才得以确定。

如此，隐居乡里才能实现由单个网红民宿赚钱，到更大民宿村的乡村建设的进化。

三、乡建不就是开民宿？

“啥乡建者？不就一群开民宿的吗？”一个朋友的留言，代表着社会大众对乡建普遍的狭隘认知。

乡建是一个广泛而深刻的体系，这里暂且不论。且说作为乡建“前台”的民宿行业，近些年叠加疫情影响，从火爆到陷入困境，让社会大众对“乡建”萌生失望、悲观之感。

事实上，民宿并非一个成熟的商业模式。赚点钱尚可，但要谈商业模式，还差之甚远。

第一个基本事实是，如果你是有一定经济基础的有产者，出于兴趣投入，民宿倒也可以成为兼顾情怀与商业、平衡个人与社会价值的载体。但如果你将身家砸进去，盘算着投资产生回报甚至赚大钱，那么你多半要失望，甚至身心俱疲、铩羽而归。

第二个基本事实是，如果你投入大量资金搞规模化，一旦超出14个标准间（或单间），就须纳入酒店标准化管理范畴。且不说税收、管理成本的质变，民宿本质卖的是差异化、民宿主和管理者的品位，与连锁酒店的标准化完全是两种截然不同的商业逻辑。

如此，民宿如乡建，不仅需要投资，更需要情怀，不仅要能守得住，还得承受许多未知风险。

对陈长春的“隐居乡里”来说，民宿也只是载体，他的“商业模式”是，链接城乡资源，实现城乡价值交互。

在一二线城市，带院子的别墅、有天有地的生活，当然是由少数人所享的。但人们对院子、天地、人情的需求，又是刚需。

人们驱车三个小时到延庆，想要的是什么？传统的美景、美食不是主要的，和谐的环境、放松的生活状态、兼顾隐私和情趣的庭院生活、重新拥抱淳朴乡村的人情味道，才是共同的渴望。

村民想要的是什么？不只是开个民宿赚点钱，坐在路边卖点土特产，或者在家门口打工上班。社会各界总是忘记，在产业振兴的过程中，农民向来是乐于付出的群体——在付出的同时，他们期望的更是城里人、外来人的认同与尊重。

农民虽然习惯弯腰种地，但并不习惯弯腰做人。“顾客就是上帝”的城市工商业信条，面露鄙夷地扔下几个钱的城里人，并不是乡村真正的欢迎对象。

在山楂小院，一些来了多次的客人，放下行李就去村头巷尾找大爷大妈打麻将。如果说收费高昂的城市棋牌室是一种市场博弈，那么大树底下一块两块的乡村牌局，顶多是一种和谐的乡野之趣了。

为什么只有“大隐隐于市”？须知“大隐隐于乡野”亦是中华传统文化推崇的境界。“隐居乡里”便推崇用本地物、本地人，改造一个城里人愿意住下来并进行情感交互的载体。

山楂小院不追求成为网红打卡点，也不讨好游客，甚至让游客以五星级酒店的价钱，只能吃跟普通村民一样的早餐——小米粥、咸菜、馒头、水煮蛋。但这些并不重要，人们在与乡村平等相处、互动的过程中，除了市场范畴内的美食、民宿、亲子体验，还能获得的其他东西，才是“隐居乡里”真正的可贵之处。

有了深层次的城乡交互，产业振兴便能自然实现。譬如 5 毛钱一斤的山楂用古法压榨，就化身为 58 元一瓶的山楂汁，供不应求，成为下虎叫村专属“特产”。在疫情最严峻的阶段，小院暂停接待，售卖山楂汁还成为维持运营的主要手段。光山楂汁一项，一年就消耗当地山楂 10 吨，有效带动了周边产业的发展。

“二产”之外，再以民宿为载体推动“三产”。“隐居乡里”与合作社一起，广泛邀请新农人返乡创业，艾草工坊、艺术工作室、亲子农场等，不仅为民宿增加配套，也为乡村人才、组织振兴搭建了平台。

乡村振兴远不只是民宿这么简单，它不同于市场以邻为壑、胜者为王的商业竞争，而是一种开放、共建、共享的生态文明。

2017 年冬，在区政府的支持下，“隐居乡里”在下虎叫村开办北方民宿学院。迄今已开展近 1000 场民宿服务培训，培养、培训了大量民宿运营人才和农村闲散劳动力。

6 年间，“隐居乡里”也从下虎叫村发展到全国各地 18 个村庄，带动了数十位乡贤返乡联合创业，盘活了 170 多个闲置农宅，帮助了当地劳动力就业逾 200 人，创造总收入超过 1 亿元。

从集体经济村庄，到探索出独特的集体经济振兴“五步法”，再到秦岭大山中的陕西省留坝县县域集体经济，“隐居乡里”以市场化运作方式，由下而上地继续开拓着中国乡村振兴之路！

四、从河北晏阳初到海淀小毛驴

21 世纪中国当代乡建起于什么？我想应当是河北省晏阳初乡村建设学院。

2003 年，中央首次将三农问题写入工作报告。但具体怎样做？各界一头雾水。在此背景下，“三农”问题专家温铁军带领一批青年学生走向农村，做出回应。

学院秉承晏阳初、梁漱溟、陶行知等乡建前辈的平民教育理想与乡村建设精神，通过研究、实践各种乡建思想，培养乡建人才，发展农民合作组织，推行生态农业与生态建筑等，延续了中国乡建火种。学院虽仅存续四载，却培养了大批乡建人才，成为乡建人眼中的“黄埔军校”。

2007 年学院关闭，对整个社会来说，这当然算不得大事。真正的大事在城市发生，臭名昭著的“三聚氰胺”事件颠覆了世人的认知，人们对食品安全问题产生切肤之痛，开始关心自己的食物，以及生产食物的土地和农民。

一面是人们对生态、健康食品的需求旺盛，另一面却是生态农业推动者苦恼于生态有机食品始终卖不出价格。乡建者认识到，“三农”问题的根源是城市发展对乡村的压制，推动生态农业发展的决定力量也在城市。解铃还须系铃人，要实现农业生态化，还得靠城市居民带动。

在这一系列背景下，中国生态农业的主要实践阵地便从河北翟城村来到了北京海淀区凤凰岭下。乡建者继承晏阳初骑小毛驴下乡做乡建的志向，将这个小小的阵地命名为“小毛驴市民农园”。

“小毛驴市民农园”（以下简称“小毛驴”）创立至今，作为唯一陪伴它走过 13 年的乡建者，1982 年出生的黄志友已华发丛生。“小毛驴”的起起伏伏，何尝不是中国乡村振兴的一个缩影。

“小毛驴”成立之初，“三聚氰胺”事件持续发酵，“小毛驴”仿佛承载了社会对解决食品安全问题的期望，也获得了海淀区政府的大力支持。

2009 年，中国人民大学博士石嫣“留学”美国明尼苏达州农场，做了半年美国农民后回国加入“小毛驴”创业团队。她将美国社区支持农业（Community Supported Agriculture，CSA）中的生态农业与中国国情结合，开启了中国的 CSA 之路。

“小毛驴”再次蜕变，相继发起 CSA 实习生计划，举办全国 CSA 大会，成立 CSA 联盟等。而美女博士回国做“农民”，这样的“稀奇事儿”再次引发舆论关注，再次将“小毛驴”推向社会热点。

至 2018 年，“小毛驴”先后获得新华社、《人民日报》、中央电视台，以及 BBC、CNN、美国《时代》周刊、法国电视台等 400 余家海内外媒体的宣传报道。“小毛驴”已然成为中国生态农业的标志。

不同于美国 CSA 宅配模式，“小毛驴”更强调在地化共同生产。它邀请 1000 多户城市家庭认养土地，引导他们亲自种植、管理。无法全程自种的市民，则可以委托“小毛驴”管理，并享受农产品的定期配送。

“小毛驴”平时做生态种植、配送，周末做活动，继而衍生出农夫市集、亲子教育、人才培训等业态。巅峰期，200 多亩农园实现了逾千万元的年收入。它的成功还带动了 CSA 生态农业、市民下乡租地热潮在全国的扩展。

然而，过去的十年毕竟是属于房地产、移动互联网的十年。踏实苦干的“小毛驴”，怎敌得过赚快钱、快赚钱的快周期行业。一个显著的例子是，农园的有机蔬菜在 2009 年可以卖到 12 元一斤，今天勉强增长到 15 元一斤。价格虽增长 25%，但同期农夫工资从 750 元增长到 4000 多元，地租翻倍，各种农资也涨了数倍。辛苦做农场，利润挺着急。

另一种考量是，相比最高不过千万元的农业产值，北京 200 多亩土地，放到房地产、工业园、总部经济领域，产值达不到几十亿上百亿都不好意思说。

在全民追逐财富、热衷“高大上”的时代，“小毛驴”显得无足轻重。见惯了各种首富故事、看惯了各种庞大数字的人民，也渐渐对“小毛驴”的市场价值产生怀疑。

政策的不确定性更让“小毛驴”雪上加霜。由于地处水源保护区，先是环境整治，禁止养殖，“小毛驴”的发酵床养猪场、养鸡场被关闭。有机种植、管理、配送的利润本身就不强，原本还有猪肉、鸡肉及鸡蛋配送做补充，随着政策一刀切，此项营收就彻底丧失。

再有2018年启动的大棚房整治，又截断了“小毛驴”向“三产”延伸的道路。各种更具附加值的农旅康养业态无可依托，迫使农园只能退回“一产”。而回到一产，就这么点地，一年满打满算就这么点产出，难有新的想象空间，“小毛驴”的发展再次陷入瓶颈。

同时，一个小小的农园也注定无法承载这么多乡建精英。像极了传统农村，土地承载力有限，兄弟几个不得不外出发展、各自开枝散叶，除黄志友之外的五位创始人陆续脱离，继续开拓其他乡建领域：石嫣在北京顺义创办了分享收获农场，黄国良回到故乡广西创办“广西国仁”，郝冠辉在广州创办“沃土工坊”，袁清华在上海创办乐田海湾农场，严晓辉进修完博士后负责国仁乡建新工作。

“小毛驴”也退掉一些土地，缩减规模。这些，在一些舆论看来，又成了“小毛驴”、CSA市场失落的证据。

当然，大如房地产、金融也在同步收缩。而乡土本就充满内生活力，为了突破宏观政策、社会环境等带来的种养循环中断、业态升级困难等问题，2019年以来，黄志友带领新生代团队积极探索转型之路，升级农场基础设施与景观，由过去以蔬菜宅配和菜地租种为主的生产型农场，转型为包括农业体验、亲子教育、食育农疗、园艺文创、自然保育等在内的共创共享、轻运营生态教育型农场，打造都市耕读生活社区。同时，“小毛驴”走出北京，位于福建屏南县的“小毛驴四坪农园”也成功落地生根。

落日余晖下，尽管历经疫情及北方暴雨连续冲击，小小的农园依然绿意盎然、生机勃勃。租地的市民在地头劳作着，不时抬头与黄志友打招呼，或者相互聊几句天。这几乎让人忘记，此身确在嘈杂、忙碌的大北京。

如果这座城市的土地都被拿去发展房地产、工业园，人们的生活会怎样？

五、从在他乡，到爱故乡

在许多城市和市场精英看来，像北京这样的繁华大都市就应该放弃农业，甚至消灭农村。种地就应该是中西部、大东北的事儿，北京金贵的土地就应该集中起来发展房地产、工商业、高科技。

一方面，任何唯一论都会失之偏颇；另一方面，已经“大到令人发指”的北京，即便再扩大一倍，繁华再增加一倍，对生活在其中的大多数人来说，又有何意义？

我们坐在暮色下的田园中，晚风吹来一阵阵蟋蟀快乐的歌声。黄志友对我说得最多的，不是商业模式，不是“小毛驴”品牌输出，而是十年来“小毛驴”培养出的133位CSA人才，以及十年来在“小毛驴”种地的1000多户城市家庭。

这些家庭自发组成微信群，相互取经，交流种地经验，线下还经常约着见面。托管会员或因为远，或因为太忙，又托下地群友照看自家菜地的长势，一来二去，人们逐渐从陌生到相识，有的成为朋友。

他们作为“中国规模最小的自耕农”，在朋友圈分享着自己的感受，并把菜送给邻居、朋友，或者邀请亲友一起来体验，传播着北京稀缺的温暖和善意。“小毛驴”已经不是一块地，而是成为一种生活方式。

“谁知盘中餐，粒粒皆辛苦”，这1000多户城市家庭知道。北京多雨的季节，菜不容易生长，需要投入更多精力。从绿油油的地头能看出，人们并没有懈怠。

人们在亲身劳作的过程中，对乡村、农民、土地产生了切身体会，对城市、生活方式、家庭关系进行着深刻反思。当他们把这种悯农惜地、敬畏自然、和谐相处的价值观传达给下一代，或者在节假日带上孩子一起劳作时，这种高质量又极其重要的教育就是意义。

一个跟随家人种菜10年的孩子长大后去美国留学还记挂着故乡的土地，并且在他学成归来，成为社会精英时，也许他会努力去弥补城乡的差距，而不是像唯城市化、唯市场化的部分精英群体一样，不断撕裂着城乡关系。这些也是更重要的意义。

就食品安全来说，土地还不是最重要的，更重要还是人。

今天的大多数农民，因为不赚钱，因为唯城市化、唯市场化的价值观，已经很难在自己的土地上踏实种地、安居乐业。而留下来种地的农民，被引导走工业化、规模化生产，滥用化肥农药、催长素、甜蜜素、保鲜剂等，破坏自然生态循环，已成为众所周知的现象。

许多食品生产者不吃自己生产的食物，但又必须吃别人生产的垃圾食物，眼不见为净的“易粪相食”，便成为无可奈何的事情。

此心安处是吾乡。生态农业只是乡建的一个范畴，让人们心安、珍视自己的一方水土、爱上故乡，才是根本。

“情归故里，共建家乡”，在温铁军的指导下，黄志友、邱建生、孙恒等乡建者从2012年开始同步推行“爱故乡”社会公益行动：

发起“发现故乡之美”图文征集活动，通过文章、摄影、绘画、推出“村歌计划”等方式，挖掘故乡的在地文化，重识故乡的价值与意义；举办“爱故乡大会”，评选爱故乡年度人物，挖掘乡村小毛驴般的“精英人物”（如一辈子做民俗民艺、进行环境保护、打造乡土博物馆的地方乡贤），再组织专家学者、政府领导对话交流，实现上下连通；开办爱故乡文创专题培训班，发展乡村美学和社会美育，重塑乡土文化，培养爱故乡、建设故乡的人才；组建爱故乡工作站，把在乡和离乡者连通起来，鼓励游子参与故乡建设，形成信息、人才和资源中枢，推动庞大的社会组织再造……

愿大地上的人都能重新找到并爱上自己的故乡。

六、从废弃小学，到同心公社

爱故乡文创总部基地在北京的东北角。从东直门坐快852路，大约一个半小时到终点站，再换乘平谷区公交到张辛庄小学即是。

这里曾是张辛庄的村小，2007年撤点并校后就开始空置。今天，这里已汇聚同心公社、爱故乡文创总部基地、孙恒“村歌计划”和“大地民谣”的录音室，以及“三农”问题专家李昌平乡建院工作室。

我要说的不是这些。尽管张辛庄小学大咖云集，对中国乡建探索意义重大，但对张辛庄来说，同心公社的大咖，本质还是城市外来的租客。

多年来，广袤乡村见多了外来投资者乃至公益人。但在传统的熟人社会眼中，再怎么样，他们也都是“外人”。这种内外差别，许多身入乡村的企业、乡建者和公益人都深有体会。譬如，城市还可以凡事讲合同，但农民可不一定。一来二去，小鞋子乱飞，常常弄得两败俱伤。回头去看，说好的淳朴民风、美丽乡村，又在哪里？

孙恒入驻张辛庄小学已经十年，还将身家都放到了这里。如何从“外人”成为“自己人”，如何更好地融入并带动“故乡”，他和村委会、村民已经找到了答案。

同心公社和村委会的做法是，践行振兴乡村集体经济的号召，由村集体控股，成立同心乡创平台——由零和博弈的市场租赁关系，创新性地转变为乡村共建的合作关系。

一面是像张辛庄小学一样，村里的大量土地面临闲置。张辛庄同样作为空心化村庄，留守的老人已渐渐种不动当地特产平谷大桃。

另一面是巨大的城市需求。北京某研究院的桃子研究所，原本在其他地方直接租用农户土地。租地农民为了涨租金，旁边农户则觉得城里来的人只知道大门紧闭搞研究，“根本不尊重他们”，于是都闹了起来。结果闹来闹去，把整个桃子研究所给闹黄了。

同心乡创平台的成立，或许可解决该研究所的后顾之忧。

像该研究所一样，同心乡创平台还拥有大量城市和乡建资源。接下来，平台计划与小毛驴市民农园合作，并引入新农人、新创客开办家庭农场、农夫市集，同时带动更多艺术家、研究学者入驻。

目前，全村更多农户正计划纳入这个平台，大家内外合力，共建故乡。一个崭新的生态村、文化村，又一个创新性的产业、生态、组织、人才、文化全面振兴的乡村共同体，即将在北京的东北角成为冉冉升起的新星。

即便是高度市场化、依然快速发展的北京，也有这些不可或缺、具备强大启发性和复制价值的可爱小村。这些小村也告诉我们，市场与乡土、城市发展与乡村振兴，绝非人们想象中的那样非此即彼，大家当然可以携手走向共同富裕。

你说呢？

05

一座村庄里的上海

一、兄台，你最近好吗？

岑卜村是路的尽头。上海地铁 17 号线坐到底，东方绿舟站出来打车，沿沪青平公路开上十多公里，再拐进一条乡间小路，穿过一个涵洞，再开一会儿，看到一片小湖泊，就到了。

朋友阿文就住在这里。他在这里住了好些年，一直想来看看，一看这么远便一再退缩。这次他刚从印度学了一年瑜伽回来，指不定什么时候又走，赶紧过来见一面。

与我预想中的世外桃源不太一样，村子挺普通，前面一个小湖泊，旁边几片小树林，几十栋两层的普通民房，几条还算清澈的小河，这在太湖平原不算稀奇。

阿文租的小房子也不稀奇。这是一栋没装修过的普通小楼，一楼住着房东——一个 70 多岁的老太婆，老伴儿早就去世，儿子一家住在青浦新城，平时在房前屋后种点菜，时不时摘点菜给阿文。阿文住在二楼，整整一层带一个露台，基本没怎么装修，一年租金 1.3 万元。

阿文在一间房子里堆着货，一间房子做厨房，都乱哄哄的。主卧被他搞成个榻榻米和茶室，照片拍出来挺像那么回事。阳光好的时候主要在露台混，晒太阳、瑜伽、打坐、喝茶、会友、通过手机处理单子。从下楼接我到喝茶聊了半天，一只蜜蜂始终在他身边绕啊绕，就像一个老朋友。

阿文是我幼儿园的同桌。2009 年，他来上海上班，后来自己开餐饮店，做江西米粉，始终有一批粉丝跟着，再坚持九十几年说不定能整成个百年老店。可惜由于房东的关系，店被迫搬了三次，后来又跟女朋友分手，他干脆不做了，来到岑卜村一个老乡开的民宿里做义工。待着待着，日益觉得在城市生活没意思，就租了房子住下来。

阿文管去上海叫“进城办事”，如非必须，极少进城，去了也发现越来越不习惯。

“你要继续待在城里工作生活，可能也买房结婚生子了。”

“有什么意思呢。城里多赚多花，乡下少赚少花，大家最终都是没钱，结果都差不多。但是付出的生命和收获的感受，差别就大了。”

不得不说，他说得对。

我本来还想关切他：你近来好吗？想了想，只好调转个方向，问这座城市的朋友：兄台，你们最近好吗？

二、是又不是个问题的吃饭问题

招待我的午饭是在阿瑛家做的。

阿瑛是阿文的朋友，嘉定人，几年前来附近的有机农场做义工，做着做着也不想回城了。于是她把自己在嘉定的房子租了出去，在村里租了间民房，中间的差价可以让她在这里生活无忧。

不像城市上班族总在为午饭烦恼，他们很少为吃饭问题忧愁。他们一般都是独居或者两个朋友合住，有什么吃什么，煮点面、炒个饭就行，正正当当地炒几个菜通常没必要。阿瑛以前就是去其他朋友那搭火，随便弄点，最近朋友走了，只好自己买了个铁灶、大锅。买来一寻思，还没学会做饭。阿文正好擅长做饭，又还没来得及生火，于是应邀带着食材前来试灶。

我架好炉子，阿文备好食材，才发现没有柴。好在树林就在旁边，柴火有的是。我们走过一座小桥，捡了几把枯树枝，回来又发现大家都不抽烟没有火，阿瑛就跑到隔壁问本地农民大叔借了个打火机。

我负责生火，阿文炒粉，阿瑛张罗锅碗瓢盆。春风拂面，夹着灰烬，倒像儿时的过家家。

折腾到中午一点多才吃上，本来就饿，而且是自己一手劳动的结晶，所以觉得午饭分外的香。吃完后，阿瑛泡好茶，切了点水果，我们就在她的露台上晒太阳发呆。

旁边的小河春水碧绿，小树林里农民正烧着纸。明天就是清明节，出城扫墓大军估计又要把出城道路堵得满满当当。而这里的人生在此，活在此，死了也埋在自己的地里，倒也是一种幸福。

世事原本简单，比如吃饭，自给自足，就地取材，随便弄弄，一样很香。只不过一阵复杂的商品化流程后，开始追求吃出档次、吃出道理、吃出价格。上海的餐饮更是丰富无比，各种菜系、各国风味、各种珍贵食材，比比皆是。人们为了吃得更好、生活得更好，就努力工作，疲惫和兴奋地吃进肚去，好像也没什么额外收获，一如人们疲惫地工作赚钱，下班跑到健身房挥汗如雨，把自己弄得更疲惫地回家睡觉，以便迎接第二天的疲惫。

城市一定让生活更美好？不太好说。

我们沿湖边散步，远远有人对着阿文喊“大师回来了啊”。喊话的是小李，安徽人，一看身材就知道以前是个专业运动员。他带着老婆孩子在岑卜村安了家，又在湖边搭了个皮划艇俱乐部。阿文问他生意怎么样，他笑着说，来的可都是 VVIP 客户。

阿文回头向我引用起小李的话——“这鬼地方什么都好，就是不好赚钱”。

吃饭，其实是个问题。

岑卜村大概有三四十户“新村民”，租金近年涨到一年 3 万出头（一栋）。看着不算贵，但这里可是上海最偏远的角落之一。

与城郊村庄的租户不同，这里的“新村民”素质都挺高，有阿文阿瑛这样厌倦城市的，有小李这样来“做生意的”，有来这做画家、作家搞创作的，还有像老乡“老臭虫”一样早期就来这边做民宿的。只是村庄偏僻，也没什么特别之处，所以游客极少，大家都惨淡“营业”。

阿文打算攒点钱把房子和露台收拾收拾，做一个瑜伽教室，不过生源还是个问题。就像画家、作家两姐妹收拾出来兼职做的“私房菜”，人均 80~100 元，面对村庄内部的人，并没有市场。

我明白了，岑卜村不是世外桃源也不是隐居地，只是上海的另一面，是这片土地上的另一种生活。阿文阿瑛、画家作家们选择这里，也不是为了归隐、隔离、逃避、做“大师”，只是对比上海更喜欢这里，对比赚钱升职更倾向寻求内心的向往。

都不过是一场生活，都不过是一场选择。

三、城市与乡村，谁更封闭？

真正享受岑卜村的，是不差钱的孙叔和花叔两家。

孙叔已经退休，带上老伴住在这里，做起农民，乐不思沪。他是第一个“开发”岑卜村的新村民，12 年前从上海来到村子，一眼相中了小河边一栋带院子的小平房，便以极低的价格租下。现在在院子里种花种菜，收拾得漂漂亮亮。两条小河在他的菜地旁汇合，套用房地产广告常用的话——堪称高端“半岛”住区。

花叔一家以前住市中心，4 年前来到岑卜村，每年租金两万元，租了一套带小院的两层小楼。看得出来，他们真心喜欢这里，用竹竿儿扎起小院门，院子里种的一株木香花爬满半个院子，前后院子又都种着菜。大厅被改造成开放式厨房、小工作台、儿童活动空间，充满生活真意，令旁人感到熨帖。

孙叔的小院，城里人的梦想

他们每周末都带孩子过来住，疫情期间更是没离开过。疫情初期他们戴着口罩进村的时候，村里人看他们都挺奇怪，村里也没有外人进出，也就选择都不戴。用他媳妇儿的话说，这里让他们心安。

唯一的问题是租金不断上涨，明年续租估计要 3 万元以上。但这笔账算下来仍然划算，租 70 年也才 200 多万元，在上海要买这么一套独门独院的别墅，估计在 1000 万元以上。即使是上亿元的别墅，“也没有这样的质量。别墅是封闭的，只能在自己的房子、院子里生活。在这里，孩子早就跟农民家的小孩玩成一片，整个村庄都是他们的”，花叔媳妇儿说。

不错，城市看起来是开放的，其实是封闭的。人们严重依赖着“盒子”——生活在自己的房子里，工作在格子间里，消费在商场里，不过是在不同的“盒子”之间转移。人们进行各种努力，也无非为了更体面地出入更高档的“盒子”。

村庄看来封闭，其实是开放的——房子、土地、森林、河流、湖泊、花鸟虫鱼，没有围墙；人情也没有被围墙阻隔——阿文房东老太太老怕他“饿死”，就时不时送点菜；阿瑛虽然只租了一间房，但整栋屋子的东西她都可以随便用；晚上，村民很少大门紧闭拒人千里之外……而且他们看花叔家的孩子跟看村里的孩子没什么两样。

这堵“围墙”出了村庄，越往城市越高耸，直至市中心高端住区，围墙耸立、电网密布，门口赫然挂着“私家住宅，非请莫入”的牌子，时时刻刻提防着围墙外的事物。人们收获越多财富、越高地位，就越把自己关进高墙；越盯着自己的一亩三分地，就越记不起围墙外的宽广世界。

所以贫瘠的未必是乡村，也许是城市。

四、岑卜村还差什么？

对老村民和新村民来说，岑卜村其实挺好，难得自然而然。如果非要说缺点什么，那就是岑卜村稍微偏僻了点，不够现代。

那就对了！作为现代化国际大都市，怎么能允许自己的地盘上还有不现代的地方？于是趁着社会主义新农村建设，上海的规划设计专家把岑卜村重新设计了一番。

设计的结果是，村里的水泥路改成柏油路，路边还安上了整整齐齐的小栅栏。村里的几块草坪被改成了小广场，上面立了几个既廉价又大煞风景还不知所云的“雕塑”，已经被用来贴各种通知、告示。村委会前建了个没有人去的文化广场，临湖还建了一条健身步道，也是空空荡荡——留下来的中老年农民天天在地里走来走去哪还需要去步道上健身，而新村民宁愿在村里瞎溜达也不愿去步道上进行被规划的“健身”……所谓的“建设”既费钱又不知所云，画蛇添足，成了新老村民口中的笑话。

与许多远离城市的乡村一样，岑卜村的中青年人也都搬了出去。岑卜村本来也是一个“空心”村，有人看上了它的“空”、它的传统，于是不断搬进来，成了新村民。留守的老村民既有田园收入可以自给自足，又增加了每年少则一万多元、多则三四万元的租金收入。新村民租下来后把村庄建设得更漂亮，老村民开了眼界，或者为了更高的租金也把房子弄得更漂亮，一切自然而然地好起来。而一些管理者为了搞自认为的“漂亮”，不断花钱制造丑陋。

城市的管理者、现代的管理者太热情，热衷于规划、热衷于整齐划一、热衷于搞建设。他们又太冷漠，没有动力、没有时间也没有兴趣问问岑卜村人想要什么。

根据笔者的观察，与其把钱花在莫名其妙的“建设”上，不如给岑卜村人建几个公益性质或补贴给个人经营的食堂，这样，独居的老人干完活用不着黑灯瞎火将就弄点吃的，阿文阿瑛们也不必老找人搭火、凑合着吃面条。人们热热闹闹地吃好喝好，既有益身心，又能充分彰显集体主义的优越性。中老年农民种点菜还能就地销售增加收入，辅助市场竞争和监管（譬如大学食堂管理办法），还能包装成亮点推销给游客，这似乎才是利民利国、激发社会活力的大实事。

与社会主义新农村建设同步的是，许多村民对租金的期望值陡然拔高，据说还形成了“中介”。一户村民以为我是过来看房子的，于是站在家门口端着饭碗一脸坚定地说：“我的房子低于4.5万元不租（实际行情为3万元~3.5万元）。”阿文说，随着这边的租金涨上去，圈子里很多朋友已经把目光投向苏州太仓，那边离市区更近，价格也更便宜。

失修的老房子和屋前的油菜花

一个淳朴且自然的小村庄，人心也逐渐浮躁起来，难逃“房地产化”。现代化国际大都市上海，日益容不下缓慢。

五、上海还差什么？

我在回城的路上看一本法国文学的小特辑。巴黎从来都是不断诞生大作家、艺术家、思想家的城市，还是欧洲文化中心之一。

如果说巴黎盛产城市文明，纽约盛产资本、摩登，我们再发散一下，北京可能盛产大央企、大国企、世界500强企业，深圳盛产创业者、企业家，那么上海盛产什么？答案好像有很多——但很多答案也就意味着没有答案。

我曾因为工作关系研究过，如果非要给一个答案，我会说，这是一座盛产中产阶级和中产文化的城市——这里的创业门槛高、管理太规范，注定不能像深圳一样前赴后继地产生创业者、企业家；这里的政治氛围不够，注定不能聚集大量央企总部，因为商业气质和居高不下的生活成本也不可能像北京那样生产很多艺术家、文娱明星。

撑起这座城市的商业架构和精神气质的，是各大写字楼、小区、商场里进进出出的中产人士。上海也许有着全世界数量最大、受教育程度最高的中产群体，他们的工作方法决定了城市运转的效率，他们的购买能力决定了城市的消费标准，他们的喜好决定着城市的喜好，他们是否安好决定着城市是否拥有更光明的未来。

这座城市最重要的财富，不是高楼大厦，不是豪华住区，也不是世界500强大外企，而是这些中产人士。最需要珍视也最需要关怀的，也是这些中产人士。

只是，兄台，你们都还好吗？

06

魔都种菜记

一、种菜记

我家楼下的退休大叔喜欢摆弄些花草。今年，他选择把花草换成菜。

大叔的“菜地”不到两平方米——是单元入口突出来的二楼小平台。他在上面摆了许多陶罐、小木箱，种上了一些紫苏、大葱、白菜之类的蔬菜。他还捡来树枝，搭了一个简易葡萄架，葡萄去年就结了果，结果却被小鸟吃光了。大叔倒不心疼，因为对他来说，这点收获本就不重要，摆弄这个“菜地”的过程才是他的享受。

大叔的“菜地”

我们楼栋居民常见他从窗台翻出去收拾他的“小菜园”，或俯身专心致志地收拾他的小小天地。我有时靠着窗跟他聊聊，他就像介绍自家孩子一样介绍自己的作物，充满小老百姓的喜悦和成就感。

这些对于在农村出生、老家依然还有偌大菜园的我来说，既让我产生共鸣，又让我感到有些怜悯——如果有一块自己的小菜地，能种点菜、养点花，这就是魔都退休老人的梦想的话，那么人辛辛苦苦、谨小慎微地活一辈子，意义又在哪里？

相比之下，家住松江区泗泾镇的朋友老余，他的父亲无疑就是真“地主”了。

前些年，朋友老余的父母退休，从老家县城赶来帮老余带孩子。老余的父亲是老兵，闲不住，闲下来也容易跟老伴吵架，便转悠着在小区附近物色了两块地。一块在小区外一个小河沟的角落，一块在骑车十分钟距离之外、当地农民废弃不种的一片荒地上。

老余的父亲将大量退休时间花在这两块地上，并成功使之变废为宝。播种当年，他家就基本不用买菜了，收获时节，还能大量送朋友、邻里。

问题在于他这个“地主”是非法的，没人管时都好说，一旦引起小区物业或地方部门注意，随时可能连地带菜被“征收”。老余的父亲也不以为憾，收走一块再去找另一块，菜被附近农民工偷了也不恼，就当个乐趣和锻炼。好在郊区荒地不少，只需要发现“美”的眼睛和行动的勇气。

我去看过他的那些地，打理得很好。老余的父亲站在地头，仿佛巡视自己的战场，一沟一渠，被他像收拾战壕一样打理得清清爽爽。开荒的市民也不少，各家的地紧紧地挨着，有时凑在一起交流着种地经验，仿佛乡下彼此熟知的村民。地的尽头往往是高楼大厦、居民楼，透过摇曳的玉米秆、豆角架望过去，有一种都市田园的梦幻和感动……

人与自然、城市与乡村，本应更和谐。长久以来，人们视几千年“中庸”传统为落后、愚昧和被“革命”的对象，不知不觉走向一个一个极端，并互相指责，只剩利益往来。比如，谈到城市化，就要跟农村、农业、农民对立，无论农业生产，还是人情、互助、去货币化的传统，无论田园生活，还是安土重迁、自然内循环、量入为出之类的价值观，都被视为城市化的反面和阻碍生产力发展的因素……城与乡就得对立，这是谁规定的？

二、屋顶上的田园梦

现代经济和思想有一个弊病（反之亦可称动力），那就是把世间能物化的事物，都标上价格、推向竞争。比如城市与乡村，本来相互依存，说不上竞不竞争，但在现代经济体制下，不得不就劳动力、土地、民间储蓄、社会舆论等展开竞争——当然，竞争只是单方面的，因为乡村压根就无法招架——而对生活方式、自给自足、文化归属感这类乡村具有优势但难以标价的选项，避而不谈。

所以，现代思想大体是对达尔文“生物进化”的动物性、市场经济“优胜劣汰”的功利性的延伸、填充。尽管生产力和科技实现了大发展，但以一个千百年的时间轴来看，必然有所长有所短，有其利有其弊，平常心视之即可，“大国大城”般的片面、过度优越、误导，大可不必。

12 年前，一场世博会、一句“城市，让生活更美好”，就将“大国大城”推向高潮。彼时，房地产、4 万亿大基建、城市基础设施连同债务扩张如火如荼，没有人会对这句口号产生怀疑。

除了一个人。上海世博园区景观工程前总顾问朱胜萱，在经历了从 2005 年到 2010 年长达 5 年的高强度工作压力下，于世博园开园前住进了医院。一场长期积累的重疾差点让他告别人世。

出院后，他回到自己奋战了5年的地方时，首先感到的却是失望。他顶着众多老专家的压力，留下来的大片开阔草地，本来是希望用作给游客更多席地休息的地方，但他看到，游客都把时间花在进展馆排队上了，根本没有人悠闲地休息。他精心设计的、想让人们停一停的空间，也被出入城市的人们视而不见。

他还做过许多城市公园和房地产景观，但他开始反思，城市景观并没有或者并不能从本质上改变城市的生活，那么土地除了房地产、除了利益和价值，对人们来说还可以意味着什么？

"下雨天打孩子，闲着也是闲着"，赋闲在家的朱胜萱按照农村老家习惯，在小区一些接近荒芜的绿化区撒了些种子，种上一些时令蔬菜。保安走过来问了两句，并没有制止——这些不过用来写进售楼材料、支撑房价的"绿化景观"，并没有让保安、居民产生任何情感联结。

这片小小的菜地慢慢有了一些生气，随后就有人驻足欣赏。原来见面不打招呼的邻居开始找朱胜萱聊天；老奶奶、阿姨跟他讨论香菜的品种、丝瓜怎么不结果实之类的技术问题；来自陕西农村的保安自发看护起这片小菜地，有一次，朱胜萱的哥哥在菜地前蹲着看了一会儿，还被保安盘问了许久，就差被请进保安室……不经意间，被朱胜萱"破坏"的景观，拉近了人与人之间的关系。

他决定开启一项更大规模的魔都种菜计划。

城市土地金贵，而且不是所有小区都对绿化带种菜实验宽容，于是他把目光投向"天空"。朱胜萱回忆，制订世博公园的规划方案时，他曾经几次坐直升机俯瞰上海，他原本准备了一堆形容词来描述感受，比如美丽、壮观、繁华、震撼，结果一个没用上。触目可及，尽是灰白的水泥屋顶，楼顶的缝隙里偶尔挣扎出几点生硬的绿色——那是行道树或绿化景观，当夕阳斜照，他从不同角度审视这座城市时，想到的一个词却是苍茫。

这座苍茫的城市，那许许多多光秃秃的水泥硬化楼顶，除了给城市制造视觉污染、热岛效应，完全就是空间浪费。

2011年夏天，朱胜萱与黄柯、杨隽伟两个志同道合的设计师，发起了"天空菜园"项目。他们租下一个菜圃作为教育和实验基地，还请来浙江大学农业专业教授为团队成员培训农作物种植技术。他们设计了可移动的种植盒，规划了商业模式，学会了自制肥料，便发起“上楼下乡”城市农耕的宣传运动——到楼顶去种菜，到楼顶去寻找田园。

不料，接下来的最大阻碍竟然是“没有屋顶可用”。“最初我们最感兴趣的是居民区屋顶，因为跟老百姓更贴近。结果发现，居民区屋顶最大的问题是物权共同所有。我们花了很长时间去寻找，各种谈判手段都用了，都谈不下来。”朱胜萱说。

在无数次碰壁之后，他们迎来意外惊喜。2011年，团队入围首届英国大使馆“绿色生活行动”项目，这次小小的成功，让他们的梦想第一次受到外界的关注。不久之后，他们还通过申请获得了上海市科委给予的80万元研发资金。

更难改变的是观念。在项目推广中，朱胜萱常常有一种从设计师搞成传销员或在小县城卖保险的感受，身边的熟人都躲着他，因为他逮住谁就给谁“上课”，看谁可以成为“天空菜园”的实施者。

他的第一位客户是一个下属，一位来自台湾的妈妈。她本来想在屋顶建一个花园，被朱胜萱软磨硬泡地做成了菜园。原本她的房子因为楼层过高不好卖，菜园建好不久就迅速升值了30多万元。这位妈妈感到这个菜园是女儿和自己的乐园，金钱完全无法衡量，所以至今她们一家还住在这里。这块面积为十几平方米的土地甚至吸引了中央电视台一档“三农”节目长达20分钟的专访，种菜的三代人被当作“菜农”深入采访。

“天空菜园”第一个真正成功的项目，来自一位木匠出身的上市企业老总。被打动的他委托朱胜萱团队在其生态厂区食堂的屋顶做菜园。对这个“大项目”，团队算了一笔账，400平方米的屋顶，不算景观设计成本、人员成本，总投资是30万元。企业老总担心菜园建好后没有后续服务，投资打水漂，为此，双方决定各投入15万元，并制定相应的收益分成方案。随后，这个都市田园项目吸引了《周末画报》《商业周刊》等众多媒体采访，潜在的广告收益都远超30万元。

还有一个客户是“1933老场坊”办公楼的一位企业主。她的问题是，除了承重、防水等硬性要求，由于办公室是租的，所以要规避产权问题。为此，团队量身定做了一套适合租赁房屋的装配式屋顶菜园，随时可以拆卸带走。建成后，这位企业主将菜园维护与公司文化结合，即分租到“户”，每个部门认领一块地，自由选择品种，利用休息时间耕种，收获后也归部门所有。结果，这个真实版的“开心农场”，让全公司玩得其乐融融。

都市缺的是农产品吗？不，而是生活和情感。

“天空菜园”项目的突破在于跑通了大商场屋顶的都市体验型农场模式。在上海凯德七宝购物广场，他们将有机种植、自然教育、景观设计、休闲活动结合，将毫无商业价值的商场屋顶改造、划分、出租，创造了直接的商业价值、较强的环保效应和较高的社会价值，堪称城市版高质量的“三产融合”。

今天，凯德七宝购物广场的“屋顶农场”依然在运营，并被凯德广场广泛复制，企业老总的屋顶菜园也依然在产出。这个模式还获得了资本认可，成功获得2000万元融资。就在其有望大规模推广之时，发端于北京人济山庄“空中别墅”事件，全国范围内的屋顶大整治席卷而来，一刀切下来，这个屋顶田园梦即告破灭。

彼时之“先烈”，放到推行低碳经济的今天，或许正是时代先锋！期望这个接地气、利国利民的都市田园梦想可以再焕生机。

三、城市化与市场经济之反思

经济价值真的是衡量事物价值的唯一标准吗？

多年的城市内卷，三年的疫情冲击，应当引起社会一些反思：一直以来，我们一面倒、极端化推崇的城市化、市场经济，真的是解决社会发展问题的终极方法吗？

作为一名现代知识分子，我当然信守市场经济规律，但另一面，在现实生活和许多调研中，我时常发现它的矛盾之处。

再举个例子。现今城市农产品基本都是工业化种植产物，譬如一棵白菜、一个萝卜，都来自某个遥远省份的工业化大棚。这些菜为了规模种植、赶速度、降人工，必然要打农药、催长素，为了长途运输，必然要用冷藏技术、保鲜剂之类。此外，还得加上各项仓储、物流、渠道成本，通过各种社会大分工，才能到你的餐桌上……

工业化、规模化种植、仓储、物流、销售，大分工，听着很符合市场规律，但换个角度去思考，这些“大众菜”，尤其在中小城市，如果能够实现本地供应，就可以省去大量保鲜、物流、仓储、渠道成本并避免不必要的食品污染。哪怕价格比外地菜略高一点，农民现摘现卖，对高质量供需、食品安全、市民健康、低碳经济等来说，是不是都要更合理一点？

或许要问，本地化、有机化是不是太理想？事实上，尤其对许多中小城市来说，这种本地化的“高质量供需”，千百年来本就如此。只不过在工业化、城市化的进程中，被人们自己打断了。那么，我们高举城市化、市场经济大旗，无差别地设计诸多且越来越多的市场生产、收购、物流、仓储、监管、批发、零售等环节，意义在哪里？

而另一面，在工业化、城市化诱导下，种地的农民大量抛荒土地，全跑去城里拿三五千块收入（还没有社保），并支撑动辄上万元的房价，吃着最劣质的食品，过着并不美好的城市生活，意义又在哪里？相对地，我经常在文章中提到的老家一位姑父，哪怕守着自家的几亩地，一年光种菜、种甘蔗，再自己骑着三轮车拉到县城卖，收入也要超过进城打工，并且还能帮助表弟在深圳买房。种地并没有舆论想象的那么不堪。

大城市由于人口多，农产品本地化供应不现实，但这并不意味着不可以部分实现。如果说大城市土地有限，那为什么宁愿放任农地抛荒，也要禁止市民在郊区“开荒”、在屋顶种植？

显然，以利润为中心的市场经济，以规模效益、职业大分工为导向的城市化，只是价值获取和生活方式之一，而非全部。同时，事实证明，光聚不散的规模化，在贫富分化、城市内卷、疫情冲击中不断暴露出其弊病……它们都不完美，都需要人们反思、调和、改良。

我们终究要去寻回人的价值、社会的价值，而不只是经济发展的价值。

四、文明之歌

中华文明传承 5000 年不断的一个重要原因就在于，社会上下存异而求同，“分久必合”。

文明之伟大，既在多样性，也在其不断的融合中走向和谐。因此，主分、主个性的西方文明，包括其立足二分法、二元论的思维方式，不断切分市场经济，致使其往往趋向分裂，且难以调和。而西方之所以问题重重却依然可以持续引领世界，关键在于科技的推动——只是这科技发展，又何尝不是建立在从分子、原子、质子、中子等不断切分的基础上。

这点东西方文明的根本性差异，我们要清楚。文明有别，方案自然有别。闷着头，不管不顾地照搬、唯西方化，是危险的。单独的城市文明并不完美，单独的乡村文明又难以推动发展，城乡融合、三产融合，而非继续切割，才是文明向善、共同进步的大方向。

城市为什么要与乡村割裂？早在19世纪，英国建筑学家霍华德就针对当时严重的城市病，提出了兼有城市和乡村优点的一种“田园城市”模型，以“疏散过分拥挤的城市人口，使居民返回乡村”，并得到洛杉矶等大量新兴城市的应用。

城市为什么要与农业割裂？2009年，美国新城市主义代表安德雷斯·杜安尼提出了农业城市主义的理论。他认为，农业不只是一种“业”，它还是一种生活方式和社会关系。他将众多与食物相关的活动，包括小农场、共享菜园、农贸市场、农产品加工等，精心纳入一个个步行社区，以此应对生态危机带来的一系列制约人类生存发展的问题，并达到城乡均衡发展的目的。

2011年，在比上海更大的纽约，市中心一座仓库楼顶就诞生了一个有机农场——布鲁克林农庄。它占地3716平方米，建有自己的雨水收集系统、蜂房、鸡舍，种植了30多种有机水果和蔬菜。除了将这些农产品销售给周围的社区居民和餐馆，还会组织周末农场体验活动、儿童厨师培养计划、运营小型CSA项目等。

站在齐膝高的豆类作物地里，眺望曼哈顿的天际线，这个农场虽然有点理想化，但对多数纽约人来说，一个长满蔬菜的屋顶比搬到乡下去农耕更实际。

时任纽约市市长的迈克尔·布隆伯格亦是这股都市田园热的“幕后推手”。为使纽约成为可持续发展的城市代表，布隆伯格在2007年世界地球日启动名为“PlaNYC 2030”项目，给建造“屋顶农场”的市民减税优惠——而不是简单地打着安全、拆除违建之类的旗号把市民赶下楼。

近年来，身居城市的一些专家纷纷指出乡村要搞“三产融合”才有未来，而双标化地忽视自己身处的城市亦何尝不需要“三产融合”。

希望从专家到政府，从市场主体到市民，都去推动这样真正的融合。

07

县域办大学，破解中国内困的一把钥匙

笔者长期研究乡村振兴与县域经济，深感乡村与县域发展的瓶颈在于人才的匮乏与文化的空洞。近期拜读清华大学教授鞠建东、研究专员李思佳的文章《县里办大学——产业升级与货币产业政策》，我深感共鸣。

笔者常自揶揄走的是由下而上的民间观察路线，与鞠教授高屋建瓴的思想碰撞，感觉到县域办大学或许是破解中国当下诸多难题、落实诸多国策的一把关键钥匙。现分享相关观点及个人理解如下。

一、经济转型升级与“县域办大学”

鞠教授等人认为，经过1978年至2018年40年的高速发展，中国经济工业化已基本完成。除了工业化成就，一个关键标准是劳动力从农业向工业的转移已基本完成：青壮年农民已基本从农业转向工商服务业，工业企业对剩余劳动人口的吸纳能力也基本停滞。

文章提到，“以2018年为分水岭，中国经济从工业化时代进入知识化时代，中国经济发动机从工业化时代制造、装配，需要转换成创新、高科技服务、知识服务”。而当下诸多经济问题，根本便在于全社会还欠缺一个转换模式，因此在两方面呈现两大两极化——小部分产业（和企业）成功升级和大部分深陷内卷，大城市、发达地区不断聚集的马太效应与欠发达地区不断边缘化。

显然，只有大城市和发达地区的升级远远支撑不了整个经济结构的转型、升级。比如制造业，支撑“中国世界工厂”地位的早已不是大城市，而是分布于中国广袤大地上的众多县（区）域工业园、产业园、开发区等。

数据显示，截至2020年底，我国共有县级行政区域2843个，占国土面积90%，占全国经济总量约41%，占全国人口约63%。多数县（以及很多乡镇）都有多个工业园。直至今天，招商引资、建工厂依然是县域经济建设核心工作。但现实中，能拉来的企业成色如何，对人民群众实际收入拉动效果如何，对地方环境、债务的影响怎么样……大家都心知肚明。

因此，普遍停留于工业化的思维方法惯性与转型升级的时代需求之间的落差，亦是制约发展的一大关键因素。要解决这个“普遍性”落差，就不能光靠趋向于大城市的高精尖式创新，更需要一个解决问题的普遍性方法。县域办大学，就是一个好方法。

一方面，同样是投入，能够投巨资建前景不明的工业园、产业园，为什么不能投资建大学？

另一方面，中国县域平均人口为50万左右（超过世界上许多小国人口），如此经济体量，需要包括中小学教育、医疗卫生、大健康、金融服务、文化艺术、公共服务，以及企业发展、工农业科研推广、地方特色产业发展、产业升级等方面的大量人才。这些人才主要依赖大城市回流、高校引进，但人数少、不稳定，且多数流入政府公务员、机关事业单位去了，根本满足不了整个市场和社会需求。

因此，建一所取之于本地、服务于本地的高校，就是关键的高质量供给改革！

二、经济刺激与“县域办大学”

当前国家的经济刺激往往倾向于扶持数字基建、新能源、芯片之类的高科技领域，以期带动整体经济升级。一方面，这些“风口”领域难以覆盖县域；另一方面，它们本身就是社会资本之所好，引导即可，如果过多刺激，反而容易造成干扰和浪费。

第一层存量，对许多县域政府来说，不盲目找刺激、等刺激，而是盘活存量，通过扶持地方工业向知识化转型，以重新激发社会经济活力，才是更现实的路径。

第二层存量，体现在经过多年发展，各地一般都积累了一定的优势或特色产业，如特色种植、特色制造、特色服务业（如淘宝镇、电商大县、骑手大县）。要将这些优势、特色转化为“专、新、特、精”的区域经济，必须从自发的初级市场走向知识化、专业化，此时，具备一定聚集、带头、科研能力的县域大学便是关键。

第三层存量，在于从“人口红利”到“人才红利”的地方化。

目前，一线城市已初步完成对人才红利的转化，即以白领取代蓝领，成为城市生产、消费的主力。二线城市“人才大战”也如火如荼。

多数县域缺乏吸引人才的足够条件。目前，内地多数县域工厂工人、商业服务业职工的平均薪资一般在3000元左右，5000元以上收入的人一般集中在体制内或体现为生意人，上万元收入的人则凤毛麟角。人才和收入结构的停滞，亦是县域内卷、经济裹足不前的关键所在。

与其引而不来，不如自己培养——通过县域大学批量培养本地化白领，帮助地方从“蓝领经济”向“白领经济”（包括技术型蓝领）发展，才是可持续发展之道。

左刺激右刺激，不如对人的刺激。试想，一旦占国土九成、人口六成的县域经济“白领化”发动机启动，中国经济会是何等盛况？

三、乡村振兴与“县域办大学”

近年来，乡村基础设施升级改造初步完成，各地也政策频出，但乡村振兴始终难以燎原，一大根本原因便在于人才的匮乏。大城市的高等院校远离乡村，也不培养乡建人才，所以当前致力于乡村振兴的，除了国家力量，就只有一些具有乡村情怀的个体，中间严重断档。

当前，针对乡村振兴领域的培训、教育，以各地一拥而上的电商培训为代表。各地纷纷成立电商园，甚至不惜花钱请农民来上课。效果不能说没有，但放到乡村振兴大局上来看，微乎其微。

事实上，乡村振兴是一项高度专业化的事业，从农牧业到乡村管理、社会治理，再到乡村教育、医疗、农村电商、文旅、民宿运营等，都是现代教育的空当。而且乡村迥异于城市，各地人文地理、风土民情、社会关系千差万别，要搞好乡村，批量培养乡建人才，建立本地化的高等教育也势在必行。

四、教育改革、大学生就业与“县域办大学”

教育改革是中国一个老大难。高校不断扩招，大学生就业形势严峻，高中填鸭式教育始终难有改观，中考分流刺激职业教育引发广泛争议，以及一面大量撤并乡村中小学集中到城市加剧内卷，另一面又忙不迭地大搞双减等，问题是全方位的。

整体来说，当前教育是一个县城抽乡村，大城市抽县域的人才抽血机制：一方面，只见抽血不见回流；另一方面，教育日益精英化，培养出来的知识分子日益远离乡土，“士”近“商”与“政”，而日益疏离“农工”。

当然，这不光是中国的问题。因为现代教育一大本质就是人力资本化，即将人力资源转变成人力资本，以配合产业资本并为其服务。

正如“把文章写在大地上”，教育也应该“办在大地上”。以中美为对比，截至2020年，美国人均受教育13.4年，我国为9.91年；美国高中及以上学历的人口占比88.40%，我国是30.56%；美国大专及以上学历的人口占比61.60%，我国为15.47%。我们的大学生并不多，之所以显得“过剩”，是因为都扎堆在大城市不愿回流。

还有高校密度。以美国伊利诺伊州为例，其面积15万平方公里，人口1281.25万，却拥有高校255所。面积相近的我国辽宁省（14.8万平方公里），人口数量大约三倍于伊利诺伊州（4351.7万人），但域内高校数量仅为114所，密度为平均每38万人一所高校，而伊利诺伊州是每5万人一所高校，辽宁省的高校密度不到伊利诺伊州的1/7。

我们不能只看常青藤联盟这样的全球化精英大学，事实上，西方的大学体制来源于教会。几百年前，分散在乡镇、小城市的各地教会纷纷创立地方大学，逐渐奠定了现代高等教育模式。直至今天，美国地方教会大学、社区大学有着 5 万人 / 所的密度，依然是“教育办在大地上”的体现。而我们还在不断拉大精英化、等级化与民众的差距。

再看眼门前的现实压力。近年来，大学生就业问题一年比一年严峻。2022 年，我国有 1076 万高校毕业生（不含 80 万海归留学生），其中 457 万考研（招生总数 110 万人左右）、200 万考公，还有大量考教编，就是不愿往回走、往“下”走。

所以，才有“杭州余杭街道只招清北博士”“河南漯河卷烟厂卷烟操作岗只招硕士”之类的新闻。但这些一点都不值得夸耀，因为当人才都走向体制，而且体制力量日益大于市场、社会时，最终的社会成本还得由全社会来承担。

让这些知识分子回到更适合自己的岗位，比如县域大学老师，是不是更能发挥其所学，更利国利民？

五、共同富裕与“县域办大学”

共同富裕肯定不是也不能是“劫富济贫”。那还能是什么？由下而上地推动，而不是由上而下地加压，把更多“穷人”变成中产人士，才是根本之道！

中国大中城市已有 4 亿中产人士，全球之最。但从 2008 年左右开始，M 型社会、中产消亡等观点就广受关注，彼时，经济大发展足以掩盖这些争论，到近年发展放缓，中产内卷便迅速成为不争的事实。

长期以来，经济学界片面鼓吹“大国大城”式聚集效益，却忽略了聚集的成本。比如，光聚不散必然导致的内卷，以及人们在“逃离北上广深”和“逃回大城市”之间反复折腾。只不过内卷、折腾的成本并不需要经济学家承担罢了。

中产人士不能只在少部分大城市产生，否则内卷必成规律。同时，中产人士的标准也应以区域划分，比如上海月收入两万元，面对房贷、车贷、孩子教育多半还得紧巴巴，它跟省城一万多元、县城五六千元的收入，其实际“获得感”并没有本质差别。

大城市白领、中产人士要再进一步，月收入从两万元提升到三四万元并不容易，这取决于全球化大分工。但县城蓝领从两三千元，批量提升到四五千元，白领从四五千元提升到七八千元，只要内循环运转起来、方法得当，则是可以自我掌控的。一旦大中小城市各自实现中产化，届时，再结合户籍改革给予人们更多迁徙和选择生活方式的自由，才是共同富裕的更优解。

如果说职校是生产技术蓝领的“流水线”，那么大学就是生产白领、中产人士的“流水线”。这样的“流水线”比引进工厂流水线要重要、深远得多，广大县域值得拥有！

六、文化复兴与“县域办大学”

与经济格局一样，当前的社会文化同样呈现两极化特点——“文化”集中于城市尤其是大城市，而中小城市、县域则成为“文化沙漠”。以至于从大城市返回小县城的中产人士最难以忍受的，往往还不是经济，而是“没有文化”。这是社会文化的第一大问题。

社会文化的第二大问题体现在，大城市文化的标准化、市场化，仿佛只有博物馆、美术馆、歌剧院、电影院、演唱会才叫文化。而许多地方本该代表文化自信的优秀传统文化，则因为“土”、地方化、缺乏市场空间，反而渐渐被消解、淘汰。

事实上，文化复兴才是民族复兴的根本。孙中山可能是最早认识到这个问题严峻性的先驱，他指出，“中国人从经过了义和团之后，完全失掉了自信力，一般人的心理，总是信仰外国，不敢信仰自己”，而“世界上的国家，拿帝国主义把人征服了，要想保全他的特殊地位，做全世界的主人翁，便是提倡世界主义”，所以他的三民主义以民族主义为先。

我们当然要拥抱代表发展的世界主义，但不能因此关上民族主义、传统文明的大门。须知，没有民族的，便不会有世界的，不明了“我是谁，从哪里来”，便不可能真正知道“我要到哪里去”。

显然，大城市便是按西方模式、工商业思维建设的，大城市的精英化教育可能也培养不出具有乡土气息的头部网红。要城市转换思维和行为模式并不容易，也不划算。更好的办法依然是自下而上地修复、重塑，两条腿走路。

因此，县域大学不只培养地方文化人才、满足县域文化市场需求，也是重塑民族文化自信、走向文化复兴的关键所在！

七、现实路径

近年来，一些大城市高校由于扩张需求、土地匮乏、办校成本等因素，在地方“求校若渴”的大力邀请下，将一些分校搬到县域。但这种行为主要局限在大城市周边，或经济较发达区域的县级市。这是第一种现实路径。

一方面，这种县域办大学的方式相较而言仍属于现有大城市高校外溢的市场行为，并非县域主导，因此并非本文讨论的重点；另一方面，其事实也证明着县域办大学的旺盛需求和可行性。

第二种现实路径是美国的社区大学。美国可以在社区办大学，为什么我们不能在人口更多、需求更大的县域办大学？

第三种现实路径是改革开放前曾遍地开花的“共产主义劳动大学”（简称“共大”）模式。

共大起源于江西。1958 年，在“半工半读”思潮下，江西省结合当时实际情况，提出了创办江西共产主义劳动大学的决定。它主要面向农村地区，招收比较贫困的农民子弟，毕业后也倾向于服务本地。同时，它还承担着向乡村普及文化科学的任务。

江西共大采取教育与劳动相结合的方式，一般都有自办农场、工厂，以自我供血。这个传统曾深入江西的地方教育，到 20 世纪 90 年代中期我上初中时，我们乡的三所中学都还有各自的农场、果园、鱼塘之类，而且我们都要上劳动技术课（如洗衣、种菜、做饭之类），并定期参与劳动。

贴近工农、服务本地的江西共大，曾创下遍布全省各地 127 所分校的纪录，拥有

21 万来自全国各地的毕业生（其中总校毕业生为 10 563 人，分校为 202 966 人），曾是全国占地面积最大、地域最广、学生最多、国家花钱最少的学校。这种模式还陆续复制到内蒙古、安徽等众多省份。

我老家大伯就毕业于县里的共大，当时的县级共大仅相当于中专（当时的中专堪比现在的大学）。他学成毕业后，没有留在县城，而是回村一边做电工一边务农。他们这代乡土"大学生"，为乡村面貌的大改变，贡献了自己的青春和力量。

这些在我国乃至世界教育史上都是绝无仅有的，也堪称中国教育史上的奇迹。从 1963 年起，江西共大就被外交部列为对外参观点。仅仅 1968 年至 1980 年，就有 86 个国家和地区的 549 批外国朋友共 7496 人到共大访问考察。

江西共大收获赞誉无数。美国学者在共大考察期间称赞道："共大是符合中国实际的富有创造性和具有鲜明特色的大学。"20 世纪 70 年代，以江西共大为代表的教育模式还被联合国表彰为发展中国家的典范。1978 年，江西共大成为全国重点大学。

江西共大生于艰难困苦，却消解于市场洪流。1980 年，江西共大南昌总校改制为江西农业大学，各地分校根据各地具体情况相继更名，有的取消，有的归并到其他学校。继续坚持"共大"的很少，原婺源县鄣公山共大校长林春就回忆："自 1980 年共大总校改名以来，我们没有接到任何行政命令说不办或者不能用共产主义劳动大学这个校名。"至于为何很多分校都改名了，林春把原因归结于"多半是他们觉得共大这个名字土"。

市场化语境中，有人认为它只是中国教育的"乌托邦"，但教育界主流评价，还是认为这是值得借鉴的、一所在试验摸索中前进的大学，它用实践为办好有中国特色的社会主义教育积累了丰富的历史经验。

县域要不要办大学、能不能办大学？江西共大已用实践证明并积累了丰富的经验，只不过被追求"洋"否定"土"、追求时尚厌恶"劳动"的现代人遗忘。

假设当时，江西共大不叫共产主义劳动大学，而是叫个科技大学、经济大学之类的时髦名字，它的历史会不会改变？中国教育的历史会不会被改变？

八、运作方法

综上，县域办大学是一把破解当前经济、政治、文化、教育、社会等诸多矛盾的、四两拨千斤式的钥匙。那么如何推进？

1. 国家财政投入

鞠教授分析认为，县里办大学有两个难点：一是师资、课程建设，二是经费来源。数字经济时代，师资、课程建设可以借助信息技术，通过现有重点大学传、帮、带来实现。我国现有985、211重点高校大约150所，新建县域大学大约1500所（刨除市辖区，同时，人口太少的小县宜合办），每所重点高校通过信息技术帮助10所县域大学的师资、课程建设，可以快速满足县域大学初步的师资、课程需求。

经费方面，假设每所县域大学建设周期为10年，每年需要10亿元投资，那么1500所县域大学今后10年每年需要1.5万亿元投资。除了少部分经济发达的县（市），多数县域经费还得依赖于国家。

现实中，我国经济发展确实需要更加宽松的货币政策、财政刺激来提振需求，问题在于钱投向哪里？县域大学具备变革性的直接经济收益、综合社会收益，这1.5万亿的“精准货币政策”，不应该成为问题。

2. 整合县域中专、职校

当前，我国依然存在大量的地方中专、职校、技校（以及电商培训基地之类），由于国家和社会重视程度不足、办学理念落后等原因，办学质量早已严重下滑，甚至只能说聊胜于无。为了生存发展，它们不得已以“发展职业教育”为名，与各地教育部门一起，强行推进中考分流、抢夺生源，引发大量争议。

另外，2000年开始的高校扩张潮中，大多数地级市已在市级层面整合过一部分中专，已证明了这种方式的可行性。现在，在县域层面再整合、升级一次（并降低国家的投入），应该也不是问题。

3. 鼓励企业家参与

中国具有社会责任感和对办教育具有深刻的体悟的企业家有很多。譬如陈嘉庚之于厦门大学，曹德旺投资 100 亿元建设福耀科技大学，虞仁荣出资 300 亿元办东方理工大学等。

众所周知，很多全球优秀大学都是企业家或慈善家建立的。引导地方优秀企业家参与，并充分调动其积极性、社会资源、管理能力等，在非营利、纳入监管、政府参与的前提下，也足以办出有特色、打破县域、走向全国的好大学，对中国教育发展的贡献，更善莫大焉。

九、试点改革

县域经济改革应当提上日程。尤其在当前工业化基本完成的背景下，县域经济的竞争必须从招商引资为主导的“加价（优惠条件）—压低人工成本—牺牲地方环境和民众福祉”的简单竞争中跳脱出来，转向以特色 / 优势产业、人才培养和竞争为导向的知识化竞争。

但是，县域要比大城市的差异性大得多，县域办大学必须防止一拥而上又迅速退潮甚至导致改革失败的局面。应当在试点、完成经验积累、模式成熟的基础上，有序推进。即使有个别县域失败，其影响也是区域性的、可控的。

当前，中国正处于从经济到社会转型升级的关键历史时期，必然面临许多转型痛苦。我们不能因为暂时的痛苦、挫折就情绪反弹，转而再次愚蠢地否定自己、奉行拿来主义甚至逃跑主义。

当然，人人都有追寻自我认知的幸福的权利，我们依然要尊重、捍卫他人的自由选择权（乃至“逃跑”的自由选择权），但根本还在于以我为主，继续将国家和社会改革向深水区推进。

转变思想，办法总要比困难多。县域办大学这个办法，应当引起社会各界的广泛关注！

鸣谢鞠建东教授和李思佳研究专员。

08

你真的理解县域城镇化吗？

一、一味解药

2022年5月，中共中央办公厅、国务院办公厅印发了《关于推进以县城为重要载体的城镇化建设的意见》，并指明了相关路径，引发社会广泛关注。关注多，争议也多。在与许多朋友的交流和一些文章的互动留言中，笔者就发现人们普遍还不太理解，譬如：

城镇化不是城市化的倒退吗？

经过多年发展，县城应有尽有，继续加码，不是重复建设吗？

尤其是房地产，现在还大量过剩，还怎么消化？

县域普遍财政困难甚至债台高筑，搞县域城镇化的钱哪里来？

资金投到集成度、效率更高的大中城市、发达地区才对，继续投到分散、低效的县域，不是更加违背经济规律吗？

……

这些疑问，确是事实，但同步反映着，人们普遍还在用固化思维看急剧变化的大环境。这个集体性的思维固化，才是问题所在。

笔者曾是房地产从业者，在北上广都工作过，后长期研究乡村振兴，深感在宏大的城市化与广阔的乡村振兴之间，一直有一道巨大的鸿沟——那就是县城内卷与乡镇衰败。这些年，我们在城市化与乡村振兴之间转了一圈，碰了壁，重新想起来通过县域城镇化激活县域经济、融合城乡，正恰逢其时。

所以，新的历史时期，新的经济增长压力，新型县域城镇化，意义重大。

二、为什么？

上面的疑问反映着，人们还是习惯用城市化、工业化、房地产式的思维来看县域。

的确，“工业化 + 房地产（资产化）+ 城市化”是过去二三十年推动中国经济飞速发展的核心组合。但今时不同往日，这个“老组合”出现了新问题，没有那么灵验了。其原因简单来说，就是从制造业、房地产到劳动力，再到资本都出现相对过剩，以往的“规模红利”逐渐累积为内卷压力，并尾大难掉。

向外扩展受阻，只好向内挖掘新方法——这就是供给侧改革、高质量发展、内循环、乡村振兴，以及县域城镇化等新思路的根源所在。继续用“老组合”看新思路，当然会不理解，甚至感到委屈。

以 2018 年——外部卡脖子，内部许多传统产业达到巅峰期并开始衰退——为分水岭，中国经济正从工业化进入知识化时代，经济的“发动机”也需要从工业化时代的制造、装配，转换成创新、高科技服务、知识服务。目前，一线城市已基本实现这种转换，并伴随着对“非高端人才”的内卷和“非人才”的挤出，二三线城市正处于转换之中，并伴随着明显的高科技、人才争夺战。而以县域为代表的广大地区（城市化的“百强县”除外），则远远落后。

显然，只有大城市和发达地区的升级，远远支撑不了整个经济结构的转型升级。譬如，支撑中国制造业“世界工厂”地位的早已不是大城市，而是分布于中国 2843 个县级行政区域上的众多县（区、乡）域工业园、产业园、开发区等。截至 2020 年底，这些县域占国土面积的 90%，占全国经济总量约 41%，占全国人口约 63%。

因此，中国经济结构要整体转型、升级，要走共同富裕之路，除了以大城市为主的科技、创新拉动，也要靠县域“发动机”的重新启动。此其一。

为了应对新的变化，2015 年，国家未雨绸缪，提出供给侧结构性改革的经济发展新思路。此后，一边在城市调结构，一边将目光投向乡村。2017 年，乡村振兴战略启动。

作为一名乡村研究者，尽管我和许多乡建人士一致认为文化、教育的振兴才是乡村振兴的核心，但我们必须客观地看到，文化乡建是漫长而潜移默化的，当前，乡村振兴的首要任务还在于产业振兴。

只是，各地乡村区位、自然环境、先天禀赋、风土人情、社会关系迥异，完全是非标化单位，拿城市化的“工业园—房地产—产业化”的标准模式去套，往往都要碰壁。

另外，乡村产业化的悖论值得一提。有产业基础的乡村，按照市场规律做就行了，引导、完善即可，过于强调“振兴”，反而是浪费甚至是干扰；而对于大多数缺乏产业基础的乡村，强行“振兴”，又容易违背市场规律，效果不佳。

所以，排除部分成功案例，以及用财政资金砸出来的典型，乡村产业振兴在当前体制下，总体并不理想。如此，又反过来加重了社会资本进入乡村的疑虑。随着城市和乡村都出现问题，2020 年，国家继而推出双循环战略，一面强调科技创新，一面强调盘活存量、发展内循环以促进要素流通，带动增长。

内循环肯定不能像以往那样，城市、乡村各玩各的循环，必须是城乡融合、区域协调发展、富裕带动不富裕。而要循环起来，县域这个“乡头城尾”，成了关键。此其二。

同时，依然不能简单套用现代化的“老组合”模式。一方水土养一方人，几千年来的中国，“郡县治，天下安”都是历史规律。今天依然如此。

一方面，县域城镇是衔接城乡的关键枢纽。关节通了，浑身舒畅；关节痛了，哪哪都是病。另一方面，大城市以高科技、资本化、智能化为代表的升级，必然伴随着对人力价值的压制和对人力资本的挤出——这也是城市“非高端人才”深感内卷的原因。那么，被挤出者还能去往何处？

中国的制度和文化、共同富裕导向，不允许居民大量破产和城市贫民窟的出现。叠加疫情的冲击，尤其是对缺乏自主升级能力的亿万农民工和城市中低收入者来说，回县域还是首选——事实上，这种回流一直在进行，接下来或许还会更明显。

所以，重新搞好县域城镇化也是稳定社会、保民生的内在需求。此其三。

综上，县域城镇化绝非一时兴起，而是当下治病良方。

三、如何演变?

尽管西方的表述通常将城市化等同于城镇化，但在中国，两者并不是一回事。

尽管我们一直没有抛弃“城镇化”，但2000年以来，伴随着“大国大城”成为主流理论，以及房地产的突飞猛进，事实上，我们通常只谈“城市化”。2014年提出的“新型城镇化”、2016年三部委力推的“特色小镇”，都没能触动这个主流。

新时期要搞“新县域城镇化”，就必须先弄清“旧县域城镇化”。

20世纪80年代，乡镇企业曾风行一时，带动了城镇化起步。彼时，城镇带乡村是相对均衡发展的。90年代后，伴随着分税制改革等政策，国家日益强调“集中调控”，且逐步退出乡村，同时，伴随着房地产市场爆发，焦点日益集中到城市尤其是大城市。

随后20多年，大多数县域城镇化本质还是城市化的延伸。主要表现在：承接大城市、发达地区转移或淘汰产能；走大城市—中等城市—县城逐步扩展的房地产化之路，并大力发展土地财政、扩大政府投资、集中力量搞县城建设。

今天，随着中国制造业和房地产产能双双过剩，县域亦不能幸免。更要命的是，面对过剩，大城市有人才、科研、资本聚集优势，并具有自我升级和向下转移成本的双向能力，而大多数县域一个都没有。

如何自救？除了一直作为核心工作的招商引资，紧抓“房地产—土地财政”是第一种也是主流做法。近年来，多数县域或多或少地都用了以下几种办法：

第一个办法是撤并乡村中小学，将教育资源集中到县城并且学区房化，以促进农村人口向县城集中。这个办法确实有效，但随着房价水涨船高，购房者不够用了。

第二个办法是效仿大城市，大力推进棚改，也很有效。但随着棚改成本的不断抬升，以及2018年国家叫停，这条路也走不通了。

第三个办法是在山东、苏北等地曾风行一时、推动农村尤其是近城区域的“合村并居”，以推动农村人口进城。2020年被国家叫停。

第四个办法是几年前开始盛行的撤县设区潮，并入城区并搭上城市化末班车。同样，在2021年被国家要求慎重调整……

这些办法显然都还是城市化“老组合”的延伸。竭泽而渔，“为城而城”，并不能解决甚至还将加重县域经济发展问题。继续延续老思维，即便一时有效，也免不了被叫停。

第二种自救的做法，是国家相关部委曾试图推动的，上文提到的“新型城镇化”与“特色小镇”之路。问题有二：

一是强调镇，脱离城。在推动过程中，国家部委缺乏抓手，主要还得靠地方。但显然，县域的中心还是县城，地方发展的思路也在县城。没有地方的全力配合，这条路难免雷声大雨点小。

二是这种做法被裹挟进房地产时代大潮，许多“特色小镇”被搞成了脱离实际的“房地产小镇”。随着房地产出现问题，不少“特色小镇”被荒草埋没，步了“鬼城”后尘，成为“鬼镇”。

破旧才能立新。虽然我们一时还无法给“新县域城镇化”一个明确定义，但综上所述，给“旧县域城镇化”一个大体的小结还是可以的。所以，“新县域城镇化”既不应该走单纯的“城市化”老路，也不应该靠“造镇运动”这种点状思维模式。

四、怎么办？

上述“旧办法”若再概述，那就是这些办法大多属于“刺激疗法”。这种疗法曾是近 20 年来我们的惯用手法，譬如采用货币、财政、税收、政府投资、政策调控、金融工具、债务杠杆、消费主义等各种办法，不断刺激“三驾马车”。

这种刺激确实有效，它直接带动了马车的狂奔，创造了一个举世瞩目的繁荣长周期。然而，刺激也是有成本、有边际效应的，刺激过度还将集聚风险。2015 年，随着国家提出“供给侧结构性改革”的新思路，无限制的“刺激”阶段性成为历史。

落到县域，我们的刺激手段更不遑多让，比如实施招商政策、设置税收优惠、发展土地财政、合并学校、学区房化、大拆大建等。尤其是城投、城建、文旅投之类的地方投融平台，既是裁判员又是运动员（往往还是主力），有的还搞出一堆全县人民几百年才能还清的债务陷阱。

当刺激逐渐失效，尤其当社会开始内卷、躺平时，除非拿炮轰，再怎么刺激，人们也不愿起身——但总不能真的端着炮轰吧？

今天，许多人依然怀念那个“刺激”、大水漫灌的年代，甚至愤愤不平。以房地产集团为代表的放松言论也一再复燃，所幸国家方向明确、意志坚定，始终强调“房住不炒”，并顶着全球量化宽松的压力，坚定地推进谋之长远的转型升级。

转过去了，星辰大海；调回头来，老调重弹。所以，与时与国一起，集中精力推动转型升级，才是发展的首选。这也是第一个思路。

然而县域不像大城市，要升级，最缺的往往还是人才。目前，县域人才主要还是靠外部引进，但：一者，多数县域缺乏竞争力，这种相当于捡漏，且大多流入政府公务员、事业单位，而不是流向承载创新升级的经济领域；二者，我们应该树立一个“相对人才观”，尤其对县域来说，不能说只有985、211工程院校毕业生是人才，技术蓝领、专业技术工人就不是人才。

因此，县域人才需求不能光靠引进，也不能停留在搞个电商园对农民进行职业培训的初级做法上，而是必须建立起属于自己的、批量化的人才生产能力，这是笔者在《县域办大学，破解中国内困的一把钥匙》中想强调的第一点。

第二个思路是，盘活存量。

尽管大家都希望引进高科技、新能源、高端制造之类的优质增量，但我们要清醒地看到，这些产业大多是资本、资源、人才密集型的，或需要依托港口、大城市辐射等区位优势。一者，这些要素是多数县域所缺失的；二者，它们是大城市和发达地区的香饽饽，短期很难外溢到普通县域。所以，寄希望于外部引进优质增量，充其量只能是捡漏。

所以还得靠存量盘活。如何盘活？

第一层存量是，帮助现有工商业企业向知识化升级。

第二层存量是，经过多年发展，许多地方都积累了一定的特色产业，如特色种植、特色制造、特色服务业（如淘宝镇、电商大县、骑手大县）等。而要将这些优势、特色转化为更大规模的县域经济，就必须推动这些自发的初级市场走向知识化、专业化，此时，具备一定聚集、带头、科研能力的县域大学是关键。

第三层存量则是大家共有的，那就是——人。

事实上，中国经济的转型升级是双方面的，除了产业升级，还有就是从“人口红利”到“人才红利”的升级，即以白领取代蓝领，成为城市生产、消费的主力。

目前，我国的一线城市已初步完成转换，二线城市正通过人才引进、购/租房补贴、户籍制度改革乃至创业兜底等多种手段对人才展开争夺。

但县域整体缺乏抢人的筹码。如前文所述，目前，在多数内地县域，工厂工人、商业服务业职工的平均薪资一般在两三千元，五六千元档收入一般集中在体制内，上万元收入则凤毛麟角——这种人才和收入结构的停滞，正是县域内卷、经济裹足不前的一大关键原因。

县域要开出万元工资都难，更不用说引入城市高收入人才了。但笔者认为，正如“人才相对论”，高收入也是相对的，县城达到七八千元、乡村达到四五千元收入，也堪称“县城中产”“乡村中产”，只要内循环运转起来、方法得当，实现高收入就相较容易。

人是最大的存量。什么是高质量发展？批量实现县域本土的“中产化”，就是高质量发展。

上述三大存量盘活都明确地指向一个办法，那就是如上文所述的那样，办县域自己的大学（小县宜合办），以建立县域自己的产业升级能力、特色产业聚集能力、人才流水线生产能力。

试想，一旦占国土九成、人口六成的县域经济“白领化”发动机启动，中国经济将会是何等盛况？

第三个思路是，发掘并建立“相对优势”。

小有小的好处。陕西省留坝县坚持文旅一业突破，从一个小小的楼房沟精品民宿开始，摸索政府、企业、村集体、村民四方协作的产业发展结构，同时带领和培训当地近200户农民创业，将闲置农宅改造升级为以村民为主体的中小型民宿，打造“大秦岭的小日子”县域度假品牌。随着猕猴桃汽水厂、香菇酱厂、妈妈工坊的开办，县城影剧院、文创中心、菜市场的提档升级等，一个以县域为载体的城乡融合与产业经济发展的良性循环逐步建立。

福建省屏南县同样是大山深处的人口小县。在土生土长的屏南人、县政协原主席周芬芳的推动下，地方一直将传统村落保护定为县域重点工作，始终瞄准人和文化，而人和文化自然会带来市场，一场高质量的双循环、国泰民安的县域振兴由是而生。

经营县域如运营企业，都需要“以我为主”的长期主义。

何谓“内卷”？放弃寻找新出路就是内卷；何谓“躺平”？放弃再拼一把的斗志就是躺平。于个人尚可如此，于关乎数十万、百万人生计的县域，切不可如此。

贰

乡·镇

09

小镇青年也要有春天

一、《乘风破浪》的小镇

虽然电影《四海》扑了街，但不得不说，在小镇和它的青年被遗忘的今天，若要推举一个“小镇青年”代表，依然要推韩寒和他的电影。

无意中来到他的电影《乘风破浪》拍摄地丁栅镇，勾起我这个“乡下青年”的许多回忆和感慨。几年前《南方周末》将小镇青年定义为“出生在三四线及以下的县城、乡镇，在老家生活工作或前往大城市及省会周边城市打拼的青年”，明显缺乏民间常识。县城青年、小镇青年、乡下青年，可是完全不同的社会类型。

在乡下青年看来，小镇青年是“街上人”，曾是十里八乡女青年关注的焦点。彼时，谁家姑娘要能嫁到“街上”，就是宣告脱离农村入籍城镇，对她的亲戚来说，又意味着上个街、赶个集有人管饭，那可是相当有面子。但乡镇毕竟狭小，小镇青年比上还是不足，要上进、要求前程还得去城市，所以难免“时尚”又躁动，神气又迷茫。

我的朋友阿文就是代表。年近四十的他，在漂泊过南昌、印度一些地方、上海，做过白领、创业者、自由瑜伽老师后，选择了大理古城边上的一个小镇重新开始生活。他依旧喜欢骑摩托，找了个跟他一样富有文艺气质的姑娘，但过年就是不回家，说起未来，既坦然又惘然。

那个叫丁栅的小镇也是如此。它地处上海青浦区、苏州吴江区、嘉兴嘉善县接合部，随便沿哪条路往外走不多远，就是大城市。然而从大城市往回走，在穿过无数河流、湖泊的公路上七拐八拐，陡然遇见，又让人油然而生鸡卧鹤群之感。

说是小镇，丁栅早已撤并到嘉善县姚庄镇，降格为一个社区。但它依然古朴，老镇区依然保持着老街、商店、小桥、旧民居原貌，还有一个废弃的庞大旧粮库，在颓墙破瓦间向城市人述说着往昔的光荣。

好在丁栅地处长三角一体化接合部，土地金贵，任谁都要流口水。早在 2008 年，以引导农民放弃宅基地、土地等集体产权，入住政府安置小区，节约土地并将指标转化为工商业、建设用地的“姚庄模式”就风靡一时。前两年风靡山东、苏北一带的合村并居潮，源头怕也在此。

今天的丁栅，政府早已在一旁造好许多新小区，农户只要自愿退出集体，立马就可以搬进去。不过，见过世面后的农民，想法不同往日，看上去，新造小区入住率并不高。老街也依然生活着，住户以老人家和外来务工人员为主，显得坚韧又温馨。

河流上的丁栅

总体来说，像丁栅这样不大不小、新旧杂陈、位置不错但又不起眼的小城镇，呈现出一种明显的城乡“接合部效应”。当然，何止丁栅，近 20 年来，中国多数乡镇在城市化和乡村振兴的两极化之间被遗忘，已整体沦为时代的“接合部”。

二、小城镇，大问题

“接合部”注定走不到聚光灯下，但它十分重要，少了它的衔接、润滑，日子久了，再好的设备也要运转晦涩、出问题。

费孝通先生晚年就十分关注小城镇问题。在乡村研究过程中，费先生很早就注意到，集镇是乡村政治、经济、文化中心，是制约乡村经济和社会生活的核心。而在 20 世纪 80 年代初的社会调研中，他惊讶地发现，苏南、浙江、山东等地蓬勃发展的乡镇企业和乡镇经济，吸纳了大量城市国企下岗职工，**乡镇经济对城、乡双向调节作用十分明显**。

小城镇作用大，但接近乡村，也是个非标化单位，是个大学问。费先生就以他的家乡吴江为例，概述了五种小城镇类型。

第一种是其著作《江村经济》描写的震泽镇，它是商品流通的中转站。方圆十里的农民将生产的农副产品出售到此，又从这里买回所需工业消费品，是乡村商业中心。

第二种是工业化城镇。震泽镇曾是吴江区人口最多、产值最高的镇，自古金融与丝绸业发达。震泽绸庄多，老板善用金融力量或信贷关系，先将农民的生丝买来，再投放给农户在家织丝绸，农户织好再拿回绸庄领工钱。如此，中国传统社会的工业是分散到乡村的，也是城乡一体、良性互动的。

第三种是政治型城镇。松陵街道是吴江区政治中心，“城里主要是专政中心的衙门和城隍庙这阴阳两大权力机构”，住户主要是官员、大地主和服务他们的各种小人物，与农民的直接关联倒并不大。

第四种是消费型城镇。同里古镇是一个湖泽水乡，交通闭塞，因而被地主、官僚阶级选作避难所和安乐窝。也因交通不便，他们在这个“安全岛”上修建起大量园林，今天依然保存良好，成就了同里这个著名的江南古镇景区。

第五种是交通枢纽型城镇。平望镇地处江浙沪枢纽位置，交通便利，历来是兵家必争之地。因此它屡遭兵燹，一直难以稳定发展。但另一面，又因其区位、交通优越，往往能迅速复兴。改革开放后，它就迅速成为吴江区发展最快的小镇。

显然，这些小城镇都有一个共性——都是乡村政治、经济、文化中心，又都有其个性，应该发挥各自特点，走个性化发展道路。20 世纪 80 年代，费孝通先生将其小城镇研究汇编成《小城镇　大问题》一书，其理论还得到了中央政策的肯定与支持。

1998 年，中央在《关于农业和农村工作若干重大问题的决定》中第一次提出“发展小城镇，是带动农村经济和社会发展的一个大战略”，并明确将小城镇战略视为农村现代化的必由之路。小城镇战略的实施也取得了一定成就，建设部数据显示，经过大规模撤乡并镇后，到 2003 年底，全国共有建制镇和集镇 42 000 多个，县城以外的小城镇镇区的总人口约 1.91 亿。10 年间约有 1 亿的农村人口先后落户小城镇，有力地促进了小城镇的发展。

随后的发展我们已耳熟能详，随着城市化、房地产、工业园建设大潮袭来，城与乡都逐渐默契地跳过小城镇，大多数小城镇风光不再。2016年，尽管住建部一度力推“特色小镇”模式，但缺乏抓手，所以在地方实际操作过程中，2000余个国家和省级“特色小镇”大多走向房地产小镇、国有融资平台公司变相举债建设的风险小镇和特色丧失、产镇不融合、生态被破坏的问题小镇。

多年来，小城镇从值得研究的“大问题”到累积出“大问题”，其整体的没落已是不争事实。连带着小镇青年，也逐渐沦为“躺平”的代言人。

三、社会真空

这两年我日益感到，在宏大的“大国大城”和乡村振兴之间（虽然国家政策将乡镇、集镇也归为乡村范畴），存在一个巨大的真空地带——小城镇。同时，国家投入巨大的乡村振兴战略，落到地方往往就收效甚微，一大症结也在于乡镇功能的失调。

首先是经济失调。一方面，许多乡村原本因为远离城市，商品经济活动不得不围绕乡镇/集镇展开。20年来，随着交通发展、私家车普及，农民的大宗消费和休闲消费往往倾向于直接进城，而日常消费又依靠电商。另一方面，除长三角、珠三角、东南沿海外，大多数乡镇产业基础本就薄弱。因此，当消费和生产功能同时落伍时，乡镇衰落便是必然。

其次是政治失调。乡镇作为乡村政治中心的作用基本被打散。其一，各种涉农税费取消后，除了办户口、批宅基地这样的大事，农民长年累月都很少需要跟政府打交道。其二，一些管理者将精力放在能赚钱、赚快钱的领域，从利益和感情上都远离乡村。两相结合，导致乡镇政府与农民之间常见的相处模式就是——井水不犯河水。

落到乡镇干部身上更是如此。一者，他们是上面各种压力的承担者，但乡镇财权、执法权上收，资源和支持都不足；二者，他们是乡村工作的一线奋战者，但当下的农民自主意识、维权意识又提升，“端起碗来吃肉，放下筷子骂娘”，导致乡镇干部两头受气。如此，基层干部对农民的疏远，也是自然。

再次是文化失调。改革开放后，国家逐步退出乡村转战城市，乡镇文化站、剧团等组织被取消，书店、电影院、体育场等也在市场冲击下纷纷倒闭，乡镇的文化中心功能已全面丧失。加之教育资源向城市倾斜，大多数乡镇高中取消、中小学并校，优质师资、各种人才进城，乡村科教文体等各项文化事业早已全面真空。

上述问题在城市化、工业化和房地产主导的大发展时期都是小问题。但时至今日，经济放缓，城市内卷，市场下沉，急需内循环的时期，这种真空导致的“接合部”失效、城乡堰塞的大问题就显露无遗。

单就乡村振兴来说，失了小城镇的衔接，推进就颇为滞涩。

颓墙身后有人家

其中的第一层逻辑是，小城镇占据着乡村地理位置、交通、政治经济集成度等最佳资源，小城镇失效，就直接意味着乡村最优秀的资源失效。此时，国家越过乡镇直接进村搞振兴，难免缺乏焦点、事倍功半。

第二层逻辑在于乡村社会常识：有地理或产业优势的乡村，往往会自发集合成小城镇，此外的乡村自然缺乏市场化基础。所以，乡村产业要集成、发展、对接城市，理应先通过乡镇。而当下许多地方不顾经济和社会规律，在缺乏市场基础的乡村不假思索、不计成本地大搞“产业振兴”，难免有些想当然。

第三层逻辑是人才振兴。其一，城市青年要下乡，无法获得宅基地、土地以及集体分配、参与公共事务等村民权利（除非本村村民返乡），很难站住脚，就算创业成功也容易被挤走；其二，乡村资源集成度不足，甚至缺乏最基本的配套。比如，调研中一位驻村文创青年就跟我诉苦，他们打印一份图纸、做个 KT 板，也得跑到十多公里外的镇上。因此，乡村要吸引、留住人才，必须建设好小城镇这个落脚点和服务中心。

第四层逻辑是事实。我在各地调研中发现，城市发展得好的地方，周边的乡村不一定发展得好（例如北京对周边地区的虹吸效应），但小城镇发展得好的地方，周边的乡村一定不会太差。小城镇对乡村直接的辐射、带动作用，一直显著。

四、“变压器效应”

秦朔老师对当前乡村振兴痛点有一个精妙的比喻——当下央企、国企等大资本面对复杂的小规模乡村业务根本进不去，如同万伏高压电流对接小家电，功率太大不匹配，一进乡村就给烧毁了；而传统小民企、社会企业、NGO 组织等进入乡村又电力不足，就像低压蓄电池，打打辅助、应应急可以，但要靠它过日子，根本带不动。

所以当前，在特高压般的国家战略和广袤、分散的 261 万个自然村落之间，亟须建设一套从产权制度到行政管理，从市场经济衔接到社会舆论导向的“变压体系”。以乡镇、集镇为主要构成的小城镇，就是这个变压体系中的重要一环。

作为坚韧的乡村“低压蓄电池”代表，文旅民企“乡伴文旅”创始人朱胜萱和中国“文艺乡建”领军人左靖，都不约而同地将目光从乡村聚焦到乡镇——十多年的乡村实践告诉他们，单纯的“乡村”振兴依然困难重重。

首先是乡村“小家电”的封闭性。土地制度、集体产权、农民利益，始终是动不得、一碰就容易“触电”的危险地带。所以乡村建设只能造点，很难由“点”发展到“线”“面”，始终只能小打小闹。

其次是乡村“小家电”既小又分散，难以集成。一般乡村很难支撑起农业之外的产业（农业又不赚钱），市场化前景始终不乐观。譬如近年看上去火爆的乡村文旅项目，大多仍依赖政府投入，作为升级版农家乐“一日游”可以，但要运营好、留住人、建设完整配套设施、形成稳定的消费市场，仍差之甚远。

乡镇衔接城乡，又有充足的建设用地和市场化基础，完全可以从破落的“接合部”升级为合格的“变压器”！

五、一个方案

朱胜萱和左靖选择小城镇，还有一个重要的因素，那就是它们普遍还拥有一定的闲置公共资产。

20世纪80年代，国家为应对乡村财政困难，曾大力推行撤乡并镇。数据显示，20世纪80年代中期全国共有乡镇9万余个（平均人口不足1万人），至1992年压缩到43 250个。进入21世纪，随着各种涉农税费取消，乡镇财政再次面临困难，又进行了一波撤乡并镇潮，至2005年减少到35 509个，乡镇平均人口近3万人。

这9万余个乡镇/集镇有一个共同特点，那就是都曾拥有完备的公共服务“六件套”——供销社、粮管所（粮库）、卫生院、乡政府、小学校和邮政所。其中，被撤并的6万余个乡镇中，这些资产几乎被废弃；保留的3万余个乡镇中，供销社和粮库被闲置。

荒废的粮库

上述资产中，尤以粮库为重。这9万余个废弃粮库普遍位置好，占地面积大，建筑质量高。而且由于目标太大，产权敏感缺乏政策，地方政府不便乱动，许多还保存至今。我们暂且按每个粮库占地30亩保守估算，这个数字就近300万亩，价值数千亿元！再加上其他闲置资产，光沉睡在乡镇/集镇上的闲置资产就可以万亿元计。

对此，笔者建议：

（1）国家牵头统计、估算，统一收储，并发专项债，专用于小城镇复兴。

（2）资金归口于新成立的乡村振兴局。乡村振兴局以此为抓手，仿效城投/城建，建设垂直管理、市场化运作的地方乡投/乡建平台。

（3）明确平台职责：不以营利、融资、服务地方财政为目的，与房地产严格区分；以投资、管理、撬动社会资本、培育民间乡建力量为职责，不允许自建、通吃；参考社会企业做法，设立以维持运营为目标的基本盈利区间，并设立退出机制，防止压制乡村振兴活力，得不偿失。

（4）以此平台为抓手，盘活乡村组织振兴、人才振兴。行政上垂直管理，实际运作中联合乡镇人大、政府、乡贤代表、乡建代表、村民代表等共同组建管理、协商和监督平台，建立乡村统一战线，调动各方活力，共推乡村振兴大计。

六、乡镇复兴

回到丁栅。小镇未能乘着韩寒的《乘风破浪》成为旅游目的地，但“长三角生态绿色一体化发展示范区”这一巨浪正席卷而来。丁栅，有望真正地乘风破浪。

在运作了丁栅周边的几个民宿、亲子乐园、研学基地等乡村文旅项目后，朱胜萱意识到，企业要从乡村文旅升华到真正的乡村振兴，破局关键也在乡镇！

一者，“乡伴文旅”在各村的文旅项目周边都是耕地、水面和农民宅基地，要建一些餐饮、休闲等基础配套设施，要升级体验内容，已没有操作空间。而紧邻的丁栅，有充足的城镇建设用地和大量公共闲置资产。

二者，原有项目基本还是政府投资、主导的“美丽乡村”与精品景观性质，尽管“乡伴”植入其民宿、亲子乐园、研学基地等 IP，但要从“一日游”到留住市民、连续消费，以及引进人才搞产业振兴，只能依托丁栅。

三者，丁栅良好的区位、未遭破坏的江南小镇原生风貌、良好的地方文化传承，以及规模巨大的老粮站，令曾是上海世博园区景观工程总顾问的朱胜萱激动不已。

朱胜萱带领团队深入研究，提出“一镇带五村”的“村镇共同体”复兴计划。其计划以丁栅老集镇为中心打造“乡创 +”平台：杜绝大拆大建，将老粮库修复、改造为长三角乡创总部园区及文化地标片区，改造部分老街为乡创产业片区，建设乡土人才公寓，并修复老街，打造枕河面湖、人文深厚的现代乡创产业基地。

后疫情时代，远程办公、自由办公、快乐办公正成为新经济的一大时尚。朱胜萱计划将其企业总部搬迁到丁栅，并邀请携程等互联网企业实地考察，得到了肯定答复。事实上，在发达国家，许多大企业总部便设在城市郊区的小镇，它们不给城市添堵，又实现自己真正的独立办公，还带动着一个个小镇的崛起。

城市产业和人口一旦导入，老集镇便可以以“乡创 +”为中心打造村镇共同体，带动周边“生态 +”“农业 +”“艺术 +”等不同类型的村庄，进而实现“年轻人回乡生活创业、老年人下乡快乐生活、儿童回归大自然本真、都市人实现美好乡村生活梦”的城乡交互模式。

如果这个模式能够实现，嘉善有望继“姚庄模式”后，以丁栅为模板，探索出一条盘活乡镇 / 集镇闲置资产，以乡镇复兴、塑造村镇共同体为路径的中国乡村振兴和共同富裕“丁栅模式”[①]。

相比朱胜萱的“市场乡建”，左靖则从“文化乡建”角度实践乡镇复兴。

左靖文艺乡建实践的首要标准，便是看当地有没有充足的公共闲置资产。在贵州黎平县茅贡镇，左靖惊讶于当地保存良好的粮库。他和建筑师梁井宇带着附近的工匠对粮库进行了改造。他们完整保留粮库的原始结构，比如未上漆的木柱、墙壁、地板和黑瓦顶，主要增加灯光系统，并在外部新添一条侗族式的长廊。整改后的旧粮库成了镇上的艺术中心、旅游接待中心。

开幕当天，“20 世纪 80 年代的侗族乡土建筑”展览同步举办，在这座古老又时尚的“新”建筑里，十里八乡的村民欣赏着属于他们自己的文化，既惊讶又自豪。这何尝不是乡村振兴的一种极佳开端。

作为文化乡建代表人，左靖选择乡镇复兴，一方面是将其建设为衔接城乡的桥头堡，为外来游客提供一个了解地方文化的窗口，以及提供基本旅游接待、餐饮配套的场景；另一方面则是为了将大资本堵在城镇外，防止它们直接进村大搞旅游开发，破坏当地完整的侗寨、侗族生活方式和传统文化。

可惜，后来地方急于通过发展旅游产业变现，将这座新粮库承包给客商搞“时尚”餐饮，这座“乡村文化艺术中心”和桥头堡逐渐泯然众人。一场通过文化乡建复兴乡镇的乡村振兴新模式未能等到结果。

事实上，不管是乡村振兴还是乡镇复兴，源头和结果都应该是人的振兴。有人来，有人留下，有人扎根，才会实现真的振兴。不管是现在还是未来的小镇 / 乡村青年，他们都应该而且可以拥有自己的春天。

---

① 这条思路未得到有效支持，后转战至湖州市南浔区践行。

10
乡土中国的另一种命运

一、乡土命运“不共同体”

2021 年 5 月，浙江省开启高质量发展建设共同富裕示范区之路。我认识的许多浙江基层干部、乡村工作者都很高兴，认为这是一项巨大的荣誉和机遇。

这是当然。但以一个民间观察者的角度来看，我又对他们补充说：国家把“共同富裕示范区”安排在富裕的浙江，除了荣誉、机遇，或许还有一些督促的意味在里面。

原因很简单，浙江真的很富裕，但又真的不太“共同”——它浓缩着中国发展不平衡的典型特征。

区域差距：杭甬温（杭州、宁波、温州）等沿海富裕地市，与丽水、衢州等山区地市差距巨大。2023 年中国百强县中，浙江独占 16 席，除义乌、长兴外，都集中在沿海。其中，宁波慈溪市 GDP 高达 2521 亿元，而最低的丽水庆元县只有 92.6 亿元。在富裕的温州，其下辖乐清市 GDP 有 1502 亿元，在全国排名第 18 位，而仅仅 100 公里外的文成县，GDP 仅有 126.6 亿元，只有乐清的 8%。

城乡差距：杭甬温等地的许多乡村实现了工业化、现代化，但只要离开沿海往山区开上几十公里，往往就像进入另一个世界。前段时间，我们驱车从义乌往南，沿路考察了同属金华的永康、武义等县，许多靠近山区或偏离主干道的乡村，其破败情况、“386199 部队”的生存状况、灯下黑效应，甚至还不如西部山区——毕竟，西部落后山区的扶贫力度、社会和舆论关注度，与之完全不是一个量级。

乡村内部分化：在发达地区的一些农村，所见最漂亮的别墅、门口停着的豪车、村里最大的地盘或产业，往往都属于村主任等村干部。他们一边开着工厂，一边以致富带头人的身份任着村支书、村主任，两头占好处，而且由于名义上是村民选举、自治，上级政府也不便多管。如此，原有亲友、村民便演化成依附关系，关系好点的，做些管理或轻松的工作，或做供应商；关系一般的，只能成为打工者。随之，乡村生活、人情成本提升，以及邻里强烈的对比、攀比心理，给普通村民带来巨大现实和心理压力，导致民风一路败坏。笔者在某市郊区就工作生活过三年，根据身边眼见、耳闻，一些普通村民包养外地年轻女工，导致情杀乃至黄赌毒等民间隐蔽顽疾的情况，并不少见……

好在两年多以来，浙江在从富裕到共同富裕的发展路上成效显著。

由此上溯，从新中国成立后席卷全国的集体经济、人民大公社年代，到 20 世纪 80 年代乡镇企业大起大落时期，再到近 30 年来城市化、工业化爆炸式发展阶段，中国乡土似乎总也摆脱不了“一共同就没发展，一发展就越来越不共同”的命运。

要“共同”还是偏“发展”？往往也成了知识界左右之争的焦点。除少部分有产业基础的乡村（比如珠三角城中村、宗族社会乡村、景区内乡村），对中国大多数普通乡村来说，难道真的无法摆脱这种命运吗？难道我们真的无法“共同发展”吗？

二、沙集镇的故事

沙集镇位于江苏省徐州市睢宁县西北部，距离县城与邻市宿迁市各 18 公里。跟睢宁县一样，这个普通的苏北小镇曾经最大的“特产”是——人。

睢宁县人口 145 万，人均耕地只有 1.1 亩（沙集镇为 1.03 亩）。人多地少，家中无矿，一马平川，风貌平常，产业缺乏，一度是江苏省劳务输出大县，至今还有 30 万人在外打工。

对大多数这样资质平平的县域来说，往往只有两条路：

第一条路，农民外出打工，人口外流。同时，尽力把人口集中到县城或几个强镇，逐渐压缩、放弃乡村。这样的县城往往看似热闹、繁华，但产业空心化，房价和物价高，发展乏力。

第二条路，大力招商引资，引进沿海或大城市淘汰产能，建设各种工业园。这些县逐渐积累了一定的制造业基础，政府财政有一定的保障，县城建设也较为亮眼，但难以做到“共同富裕”。

道理很简单，这些从外地招商过来的企业看重的多是本地的成本优势，劳动力、土地、资源便宜。以成本为导向的企业，不可能主动增加成本给当地人涨工资、交社保公积金，不少专家还时常高呼，“劳动力工资上涨，损害了中国制造业竞争力”。加之现今制造业产能过剩、向低碳经济转型，多数成为供给侧结构性改革的对象，自顾尚且不暇，谈何带领地方“共同富裕”？

综上，不管走出去，还是从外面引进来，单纯靠外力几乎不可能实现地方的共同富裕。

睢宁县亦如此。其所在的淮河流域历来天灾、战祸不断，人口又多，要谋生，只能卷自己，堪称中国地理上的“卷王”。

为了生存，沙集人自古重视商贸，土地之外，沙集人不吝体力、精力，“路南漏粉丝，路北磨粉面，沿河烧砖瓦，全镇收破烂”，只要能赚钱，什么买卖都干。而其“集”，便是集市之意。

隔壁的原宿迁县耿车镇不遑多让。当地世代贫穷，改革开放后，乘着乡镇企业发展东风，搞起废旧塑料回收加工生意，在回收、分拣、清洗、破碎、造粒等环节形成产业分工。因其门槛低、操作简单，迅速成为全民产业。1985 年，这种产业模式还被费孝通先生总结为“耿车模式”，与“温州模式”“泉州模式”“苏南模式”并称中国区域经济发展样板。

沙集人也走过一段走南闯北收废品的岁月。但收废品顶多是门生意，不可持续，更不可能承载“共同发展”的使命。而正是这个“产业”，把沙集人逼出一身见识、一身本领。

新机遇很快到来。

江苏省是中国强政府加强市场的代表。2003 年，江苏省启动区域协调发展，将更多资源向苏北地区倾斜，村村通水泥路面，村村拉光纤宽带。沙集人为收售废品，需要载重汽车入户、及时跟外界交流，因此通路、通网都要比其他地方更早、更长。

废品生意越来越不好做，一些先行者看到了一个新鲜事儿——网商。“有一根网线，你就能做老板”的新玩法，逐渐吸引了许多沙集人的注意。只是，彼时网商多少还是个高技术产业，收废品的肯定玩不转。

沙集在等待带头人的出现。

三、草根英雄的时代

一个叫孙寒的草根英雄出现了。

生于 1982 年的孙寒，在南京一所大学学旅游管理，读了两年后辍学，在南京干过保安、当过群演、送过外卖，分外迷茫。2004 年，他回到睢宁县移动公司上班，主要卖移动电话卡。线下卖不完，他就放到淘宝上卖。卖着卖着，又卖起义乌小商品，每个月利润 1000 多元，比他的工资还高。

按理应当知足，但对沙集人来说，这又算得了什么？

2007 年，孙寒结婚了。他考虑干点事儿，便和妻子去上海看看有什么好做的新项目。他们先看了一个净水器项目，可惜加盟费太高。彼时，他们手上只有 3 万块钱，无奈放弃。然后又去了趟宜家，一看便发现了新大陆。

他们看到，宜家生意火爆，但很多简易家具好像并不难做。他们买了一款收纳架、花架，回家琢磨了几天，决心自己来做。孙寒找来木工，大家一琢磨，没几天就做了一批，孙寒把它们往淘宝上一挂，由于款式新颖、价格实惠，所以立马售罄。

孙寒大受鼓舞。为了稳定供货，并做出自己梦想中的“宜家家具”，他决心开一家家具厂。但在彼时的沙集镇，“垃圾工厂”倒是随处可见，要找家正儿八经的家具厂，那可不易。孙寒四处走访，找到一家棺材铺。为尽快做出好产品，孙寒整天窝在铺子里，与工匠师傅沟通家具的制作、抛光技术，有时聊得晚了，倒头就睡在棺材板上。好在妻子思想开明，并不觉得晦气，表现出了极大的包容和支持。

产品做出来后，孙寒又找到同学陈雷——他在街上开了一家影楼，负责拍照，两人一阵捣鼓，很快又卖掉。当时，他们的产品成本 100 元，售价 200 元，没有平台费、推广费等，100 元全是利润。第一个月，他们就赚了五六千元，第二月就翻倍到一万多元。

棺材铺老板儿子一看这么赚钱，决定自己干。在这个过程中，沙集中学美术教师夏凯也加入孙寒和陈雷的团队，三人决定开一家自己的家具厂。后来，他们被睢宁人尊为“电商三剑客”，现在，沙集镇上还有一条以他们团队的名字命名的“三剑客路”。

很快，他们物色了一个猪圈，并改造成自己的家具厂。他们既是老板、研发人员，时常又是木工，还得到处去进材料。平原地区林木少，他们就开车去江西、湖南大山里找木材。卡槽实木架、实木床、摆饰等新产品不断量产、上架，又不断热销，生意做得红红火火。

村庄变园区

周边的亲戚朋友一看，于是都来拿货或请教。都是亲友、乡邻，有钱大家一起赚。三人身体力行，带动着越来越多的沙集人加入家具生产、网上销售的新生意。很多沙集农民，字都认不得几个，都陆续参与进来。一时间，整个沙集到处是“一指禅”（一根手指打字）的新网商。

沙集开始焕发新生。两年后的 2009 年，沙集镇东风村一举摆脱“垃圾村”称号，成为全国第一批淘宝村之一；2010 年，阿里巴巴集团授予沙集镇“最佳网商沃土奖”，这也是阿里巴巴唯一授予奖项的镇级行政单元；2015 年，沙集成为电商特色小镇；2016 年，成为全国第一个“所有村都是淘宝村”的小镇，马云也前来考察“淘宝村”发展情况，还参观考察了孙寒的公司和工厂，并给予高度称赞；2022 年，睢宁电商交易额达 460 亿元，全县网商超 3.5 万人，网店数超 4.5 万家，带动就业创业超 20 万人，“淘宝镇”实现 18 个镇、街道全覆盖……

数十年来，睢宁电商零售累计 1168 亿元，利润不少于 178 亿元，发放工资不少于280亿元。一个造富一方的新产业，在这片曾经一穷二白的土地上，无中生有、朝气蓬勃地发展起来了！

四、乡村命运共同体

2012年，党的十八大提出“人类命运共同体”理念。只是，至今不少人还不理解，认为这就是一个口号。事实上，“人类命运共同体”的样本一直存在——中国乡土，基于血缘、地缘，自古就是“命运共同体”：

人与家庭、宗族、集体，有着共同命运，一损俱损，一荣共荣。

人与人，家庭与家庭，互助互敬，友好相处，极少相互倾轧。

人与自然，不妄图征服，不过度攫取，和谐共生，自然循环，一向都是生态经济。

可惜，随着现代城乡关系、人与自然关系的对立，以及竞争的演化，这些“共同体”逐渐远去。

“沙集模式”便是这样一个“乡村命运共同体”。一个产业从三无（无木材等原材料、无家具有形市场、无大量木工技术人才）境况，到真正的“大众创业、万众创新”，凭什么？

一方面，乡村没有商业秘密，即便紧守着秘密，在乡村也无法发展。一户人家不可能关起门来，在自家庭院捣鼓一个生意而不让外人所知、所评论、所学习。

一户人家找到了商业秘诀，也必将像费孝通先生描述的“差序格局”一样，由至亲至交开始，一层一层自动向外扩散。

在市场尚不成熟的时候，大家共同赚钱，而且熟人社会极少出现恶意竞争、相互举报的情况，又可免去许多人为障碍。

熟人社会，信息和信用透明，民间金融互助，金融道德风险低，债务杠杆很小，非常利于起步和快速发展……

因此，一个在地化的全民产业，很容易从孙寒到“三剑客”再到吸引来邻居、亲友，再到一个村、一个镇，乃至整个县域地区发展起来。

另一方面，是乡土文明的融合特性。今天的沙集人亦农亦工亦商，被“沙集模式”重要推动者之一、曾任睢宁县分管副县长和政协主席的陈良归纳为“新农工商者”：

许多人往往还是农民户籍，不少还种着地。吃苦耐劳、务实、庭院经济、低成本创业优势、造福一方的乡土观，是他们的底色。

他们往往也是工人，既负责学习、研发，必要时也自己动手，进行“自我剥削”。即便打工，也就在家门口为亲友、熟人打工，待遇不错，五险一金齐全，除非做着做着开始自己做老板，否则很少跳槽，沟通和管理成本低。

他们更是商人，善于模仿，熟稔网络平台规则，追求利润、发展。不少人投资了三五个工厂，从网店到加工厂再到快递、运输企业，在追逐利润中逐渐建立起完整的本土化产业链、供应链……

这一切都在本乡本土萌发、成长、自循环，利润、财富都留在本土，并滚动发展，一层一层带动全县人民参与。他们不会因为成本上升而搬走，也没有资本见异思迁的弊病。由此，一个迥异于依靠外力完全在地化的，全民共建、共生、共享的共富产业，才能在这片贫瘠土地上，实现信息化带动工业化——工业化带动城市化——新型城市化带动农业农村现代化的“新型四化”的大跨步演进！

2015 年，山东省菏泽市市长带队前来考察学习，其中就有曹县主要领导。他们多次邀请陈良、孙寒等人去传授经验，随后，互联网、电商也将这个四省交界处人口大县的产业与人深度链接起来。直到疫情期间，曹县汉服连同其“宇宙中心”梗爆火，才将这又一个并不为人所知的贫瘠大县推向聚光灯下……

可见，乡土文明未必是多年来知识界认为的市场经济的反面，它也有其突出的合理性和先进性，把这些传统文化用好，再用上新技术、新工具，依靠阿里、京东这样的新平台，也会有共同富裕的可能性。中国的县域、乡镇、农村，反而更能提供这种融合、共同富裕的可能性和环境。

未来，改变大城市通吃逻辑与城乡割裂顽疾，大城市主导核心产业、精细分工，乡村（县域）发展特色产业、走向相对融合，将土地、物产与土地上的人关联起来，或是中国未来实现共同富裕、新型县域城镇化的出路所在！

五、政府的抉择

在中国，县域产业发展少不了政府介入。而政府介入的时间又颇值得玩味：介入得早了，容易出现拔苗助长、好大喜功的情况，导致违背市场规律，形成干扰；介入得晚了，又容易错失时机，粗放增长，缺乏整合、升级，产业又长不起来。

回顾“沙集模式”，“强政府”就在其中起到了关键作用。

继道路和网络建设，推动电商起步到快速增长后，2010 年，睢宁县政府关注到这一产业趋势。那年，陈良任副县长，分管电商发展，他推动政府积极关注、柔性管理，呵护和引导着行业发展与模式的成熟。

首先，从动力电力到道路、宽带拓宽，从安全生产到解决户与户之间的矛盾（标准制定），从物流配送到生产用地，政府都扮演着自由市场之外的关键一环，否则，恐怕大多数网商都得长期卡在“小作坊”状态。

其次，与家具产业爆炸式、粗放式增长相伴的是环保、噪声、消防、安全生产、用地、监管等现实问题，政府在理性监管与鼓励民间创业之间如何平衡，其态度甚至直接决定着产业的生死、百姓的出路。

但是，网商只是个民富产业，由于免税或低税，地方政府只见投入，缺乏产出，压力颇大。数十年来，睢宁电商逾千亿元的累积产值中，地方政府连 1% 的税收都没收到过。因此，时常引发争议。

幸运的是，陈良推动县委县政府始终以“三个有利于”为标准，有为又不乱作为，积极、包容地推动着产业发展。他们是全国最早把电商经济列为政府考核指标的县级政府，2012 年还成立了“电商办”，负责产业塑造和具体工作推进。

说着容易，做起来难。当时，县、镇两级政府在“保吃饭”“保运转”都捉襟见肘的情况下，千方百计抠出资金，升级、改造基础设施。在主要领导支持下，陈良把有“私房钱”的部门头头脑脑聚在一起，晓之以理、动之以情，光 2010 年—2012 年两年，就从这些部门抠出扶持资金 1.68 亿元，极大夯实了家具电商的产业基础。

软件同样重要。前述“乡村命运共同体”，有其旺盛的生命力，但也有其排外的弊病，需客观看待。譬如，苏北营商环境以前长期为外界所诟病，曾经一段时间，睢宁县信用口碑不佳，老赖横行，民风不正，外地客商来了都得提心吊胆，还一度成为江苏省“信访稳定重点管理县”。

2010年，睢宁县启动县域信用体系建设，在全国首推《大众信用管理试行办法》《大众信用信息评价细则（试行）》等规定，开展自然人信用等级评价，并将其与公务员及事业单位招录、干部提拔、年度评优评先等挂钩，引发当地民众广泛参与，逐渐改善了地方营商环境。

他们还广泛宣传，鼓励外出务工人员回乡就业、创业。2010年，睢宁在全县开展“家门口就业”工程，发动学校开展“致外出务工家长一封信”活动。沙集镇村头巷尾的刷墙广告，也没有房地产或××医院的广告，而几乎都是“不离土不离乡，网络致富奔小康”“在外东奔西跑，不如回家网商淘宝”“放下锄头，拿起鼠标，你就是十万元户”之类的标语。

还有大量实际投入。县里设置了1000万元专项扶持基金、3000万元担保资金，推动地方银行创新“电商助力贷”“青年创业贷”“妇女创业贷”等产品，破解大众创业面临的资金难题。

同时，随着产业发展，以往中小网商+前店后厂的模式，以及以村组为单位的小型加工园格局，显然满足不了产业化需求，县里每年从仅有的300亩建设用地指标中，确保拿出不少于一半给电商产业供地，想方设法推动产业园区、集约化生产，帮助网商从个体户升级为公司、协会，并建立起“政产学研社”机制，等等。

正是“政府+网商+互联网平台”，深度融入“乡村命运共同体”，三方合力，才能实现产业从民间草根经济、乡村工业，向集群化发展到产业链形成再到新工业化体系建立的不断演进！

但反过来，投入总要有回报。在这个“经济共同体”的发展过程中，地方政府始终没有或极少获得税收收入。近年来，地方财政压力巨大，且建设用地消耗殆尽，开始转移注意力，大力搞招商引资，扶持其他产业，不再将电商列入经济考核指标。

在家具电商行业内卷、急需再次升级的当下，上面的指挥棒一变，也给这个“经

千里江山圖

颉腾文化
JIE TENG CULTURE

知识生产的原创基地

BASE FOR
ORIGINAL CREATIVE CONTENT

济共同体”带来许多不稳定因素。

第一，政府不能只算税收账，还需算更综合的社会收益。民富才是一方经济的根本，笔者所见，睢宁大量青壮年返乡创业，经济活跃，城市中心区和新城区房价牢牢站稳万元水平，在当下经济困难时期，具有较强的防御力。

第二，当前许多网商最担心的是税收政策变化，一旦国家明确缴税、补税，必将给本就困难的行业带来灭顶之灾，许多网商因而投资信心不足，不利于经济发展。国家好不容易通过互联网培育出一个“经济共同体”的民富产业，千万要慎重。

第三，政府作为最大的“投资人”，其诉求也应纳入“经济共同体”中，否则，这个“经济共同体”就始终存在逻辑缺陷，应该形成民富—产业发展—商业资本—政府投资增值的良性互动。

以互联网平台电商、虚拟经济为代表的低税率、自由发展、往大城市集中的创新经济模式，应当探索更多在地化、扶持地方产业发展的共富路径。譬如，阿里对各地淘宝村、镇的系统扶持，就是一个例子。

六、问题与未来

时代变幻，问题总是存在的。除了政府的指挥棒，今天沙集家具电商的问题，主要体现在三个方面。

一是产业升级。

与今天各行各业的内卷一样，沙集家具电商竞争激烈，人工成本、平台费用及流量成本上升快，而消费持续降级，两面夹击，利润持续走低；同时，互联网平台对极致性价比的片面追求，以及本地缺乏研发、技术人才，又导致产业创新乏力。

光靠草根自我升级、外部引进（捡漏）人才肯定不够。**我的建议是，应当学习大城市推动产业升级的路径——地方政府与协会、龙头企业可以整合地方教育资源和外部高校资源以及阿里、京东等平台力量，组建一所以电商、家具为核心的“江苏电商大学”**，以批量培养本土产业人才，推动传统电商与制造产业升级，并建立本土中产“流水生产线”，从而将产业链、供应链、价值链留在本地。

只有这样，才能从根本上与“人才红利”时代接轨。

二是产业用地。

调研中，睢宁本地网商、企业主一向务实，富而知本、坚韧，数十年来都将精力放在实业发展方面，而极少转向金融、资本、房地产、虚拟经济等方面。

实体产业需要大量用地。但睢宁依然只是个苏北小县，每年建设用地指标不过300亩，且前期已消耗殆尽，更不用说沙集一个镇。反之，农村宅基地严禁用于工业用途，大量乡村土地闲置。由此，一面是乡村空心化，出现大量闲置资产，难以振兴；另一面则是国家倡导脱虚入实，而务实的本地网商亟待发展、升级，却缺乏空间。

因此，政府对睢宁、沙集这样在共同富裕大道上摸出真实路径的产业化县域、乡村，应该给予更多改革、开放、创新与示范发展的空间。

三是企业家精神。

“乡村命运共同体”催生民富，但也制约着本土企业家的视野和成长。电商协会某负责人坦言，“产品只要一直能卖下去，多数老板就不愿去做新产品。现在日子虽然难过一些，但还没那么痛……可能只有10%的人愿意改变”。

田野上的现代物流园区

另外，当民富产业不再那么有吸引力时，富起来的沙集人纷纷把孩子送到宿迁、徐州，城乡关系被割断，年轻人不愿接班，更从根本上制约着地方产业走向全球化、走向未来。对企业家精神的培养及其传承问题的关注，也应引起地方关注。

路漫漫其修远兮，一代沙集人、睢宁人探索出来的“乡村命运共同体”之路，刚走到一半。下一半，需要自己拥有更多定力、付出更多努力，以及政府和社会的共同助力。愿沙集和中国乡土的这条平凡之路越走越宽！

11

远山的呼唤

一、远山

我的故乡在赣西北，属于平原向山区过渡的丘陵地带。村庄紧挨着山，是那种只长石头和荆棘、不怎么长树的荒山。

山不高，儿时的我们像一群野猴子，在那些石头和沟坎中纵跃，半个上午就能爬到山顶。无数个春天夏天秋天，我们坐在山顶的大石头上向东眺望。山下有绿色的森林和田野，夹杂着星星落落的村庄，人们在土地上劳作。十多里外，有一片规模较大的白色建筑，那是镇上的集市。镇子再过去，就是海拔八九百米、如屏障一般的墨山。

曾经，我对世界的认知就停留在这片方圆十多里地的小小盆地。赶集的日子，我时常站在国道旁，看着那些挡风玻璃上写着“温州”或“宝安”的大巴车和那些车门上写着外地 ×× 县的卡车，并向往不已……我多希望它们能停下来，载上我去远方看看。

它们当然不会为我停留，载我去远方的是读书。

搭“砖机”的日子

14 岁那年我独自去县城念高中，18 岁那年我考上大学第一次出远门去省城，大学毕业第一次出省去广州，然后一路晃荡，去北京、上海工作生活。后来第一次辞职，又背起包去了云南，去看泸沽湖、香格里拉、梅里雪山。我总想着去山的那边看一看，此后晃晃悠悠着，在每次离职间隙，就独自背包走青海、西藏、四川、新疆、内蒙古……

远山无尽，岁月蹉跎。多年后，我才明了，那无数的远方，不过都是平凡的生活——我想，如果那时真有车停下来载我去远方看看，大概成年后我也不至于再蹉跎、浪荡 18 年。

二、少年

2021 年 11 月底，我花了一周时间，随真爱梦想公益基金会与第一财经公益基金会再访云南。这次访问的是山区乡村中小学。

云南的山是真的大，连绵无尽。从热带雨林到贫瘠山巅，再到滇西北雪国，再高的山，也有人居住。那些大山里的孩子过得怎么样？他们需要什么样的帮助？

也许很多人的认知还停留在十多年前，如希望工程、营养午餐、文具甚至旧衣物。其实大可不必。得益于中国政府 20 年来史诗级的基础设施建设、脱贫攻坚、乡村振兴，今天，再贫瘠的大山，也修通了水泥或柏油路，连通了互联网、电商、快递。纵然还谈不上富裕，但绝对的贫穷也被消灭。

广大中小学校也建设得不错。民国时期，川西军阀治下的“如果政府建得比学校好，就地处理”的豪言，在这些地方也真的实现了，很多“老少边穷”地区的中小学校，建得比当地政府办公楼好得多。

孩子们的学习保障也有很大提升，无论是家庭年收入二三十万元的普洱茶区，还是年收入只有两三万元的无量山深处，无论走读还是住校，都能有不错的生活保障。当然，依然存在一些贫困家庭，调研下来，其比例基本在 5% 以下，且主要是家庭突发疾病或大变故所致。这部分家庭在政府、学校的特殊照顾下，再加一些社会救助，也基本可以覆盖。

牛街中学与对面大山上的村庄

山区学习条件虽说不上特别好，但也并不太

差。大多数孩子并不缺营养午餐和旧衣物。那孩子们最急需的是什么？在这些学校的“梦想课堂”中，我们可以找到一些答案。

在普洱市宁洱县勐先镇小学，一堂名为“情绪变变变”的课上，孩子们被分成6人一组，先品尝了“五味杂陈”（五种不同味道的食物），后随机抽选题目（不同味道对应的情绪）、推选代表进行表演（不同情绪＋不同场景），最终体验到“情绪管理”的重要性。这门课程叫作“梦想舞台”，每周一课，致力于用戏剧、游戏活动发展创造力、肢体表现力和增强自信心。课上，每个孩子都踊跃地举手，灵性地“表演”，快乐地互动，课堂上充满欢声笑语。

在城市，孩子们可以去商场花钱进行“职业体验”，乡村孩子自然没有这个条件。但在腾冲市猴桥镇小学，先亚琼、劳新艳老师的“个性名片”课上，孩子们一样进行着“职业规划”。

课上，先老师先展示了社会上的不同名片，孩子们记住和总结名片要素，然后自己动手制作名片。最后，时间来到“20年”后，孩子们从四面八方赶来，一个期待已久的同学聚会震撼开场。孩子们展示着自己的“名片”、个性和想象力，既加深了相互的了解，又推动着他们去思考未来。

这堂设计精巧、天马行空的课，是“我是谁”课程中的一节。山区孩子处于较封闭状态，普遍对未来缺乏思考，我曾感同身受。这种关于“我是谁”“我要到哪里去”的有趣的思考、探索，对他们来说是多么的重要！

三、去远方

最受孩子们喜爱的是一门叫“去远方”的课程。在这门课上，孩子们组成4~6人不等的小组，共同讨论各自想去的远方，继而达成共识，检索资料，做成方案，再申报、评选，而最后获胜的小组，在真爱梦想公益基金会的支持下，真的可以去远方！

勐先镇小学的董祝老师已经带过三届孩子“去远方”。每每谈起“去远方”课程和孩子们的小故事，董老师的眼眶中总是闪烁着感动的泪光。

2017年，一个叫车连起的外班小姑娘，在“梦想教室”门口徘徊多次后，终于鼓起勇气走进门。董老师留意她很久了，问道：“你想不想到老师的这间教室里来上课？”小姑娘高兴地回答：“真的？太好了……哦，不，老师，你骗人，我们班的课程表里没有这门课，只有隔壁班的教室里才有。”她有些颓丧。

董老师找到了小姑娘的班主任，表示希望小姑娘来上梦想课，班主任欣然同意。董老师当时给他们上的就是“去远方”，一堂课下来，让董老师不敢相信的是，孩子们一连三周要求班主任让他们上梦想课，班主任也每次都爽快地答应。

然后，在车连起小姑娘的带领下，孩子们大胆地给校长写了一封信，表达了他们也想每周上梦想课的愿望。开明的校长在征询班主任和董老师的意见后，安排教务处给孩子们重新编排了课程表——课程表上赫然写着“星期四上午第四节：梦想课，‘去远方’”。

去远方、去旅行？孩子们大多数只去过县城弥渡，一脸狐疑。远方是什么呢？“老师，远方跟我们这里是不是一样，有大山、小河、村庄、星星、月亮，有没有地铁、轮船、飞机，跟我们的县城一样漂亮吗？”“老师，你说，我们真的可以去远方旅游吗？”

“对，只要你们认真上好这门课程，就有希望去远方看看，而且费用全部由上海真爱梦想公益基金会支付。”消息一公布，整个班级沸腾起来，孩子们个个高喊着“我要去”“我要去”“我要去这儿”“我要去那儿”。

孩子们在董老师的感召下自发组建了 6 个小队，每个小队 5~6 人。他们还给自己的小队取上了“远方”的名字：桂林队、北京队、青岛队、三亚队、重庆队、上海队。在给定 15 000 元预算的情况下，孩子们展开了热烈的讨论。他们展开了大调查，从老师、父母、身边去旅行过的人还有上网，逐一咨询、了解，并同老师、父母反复讨论、修改、绘图，用了几周时间，最终制订出可行的旅行计划。

上这堂课之初，孩子们跟在其他课堂也跟记忆中的我们自己一样，缺乏自信，不敢举手，生怕说错，能躲则躲。孩子们的巨大变化和奋发向上，也让董老师感动和骄傲，不断地收获着力量。

最后，车连起小姑娘所在的小组获得了胜利，他们和董老师一起坐上了去北京的火车。那也是董老师第一次带队。

令人感动的是孩子们的第一个计划，他们首先想到的是其他去不了的同学。他们决定带上家乡的普洱茶在路上卖，卖的钱用来给同学们买礼物。在火车上，孩子们自发讨论并分工，并展开销售，但很快就回到铺位上。车厢里的大人训斥他们："你们这些小孩子，不好好学习，跑火车上来卖什么东西？这是你们小孩子能做的事情吗？"

邻铺的阿姨看了于心不忍，问车连起要去哪里。车连起告诉她经过和想法后，这位乘客感动得落泪，并买下了车连起全部的茶叶。旁边乘客得知真相后也都很感动，纷纷围过来，一下把孩子们的茶叶全部买下来。

乘客从开始的不理解，到沟通之后纷纷伸出援助之手，给孩子们上了"远方"的第一课。孩子们收获了自信和方法，也不再害羞于自己的口音，在后面的行程中表现得越来越好。他们去了计划中的圆明园、北京大学、清华大学、故宫，还爬了长城……最终，他们带上礼物和旅行的"经验"回到家乡，进而带动着全班乃至全校的孩子一起面向远方、思考未来。

一趟远方之旅，或许就能改变一个孩子的一生。尽管我小时候读书成绩一向不错，但直到成年，行遍千山万水，我也得承认，自己还是那个怯生生的少年。

但这些孩子，他们不会。

四、老师

需要"远方"和"梦想"光亮的，何止少年。老师们也曾是少年。

普桂婷老师在2014年才开始教师生涯。跟许多新老师一样，她前面三年铆足干劲，研究怎么上课，进步很大；但三年之后，一时不知如何提高，又无从交流，懵了很长一段时间。年轻的茶丽玲老师是学艺术出身，原来在歌舞团工作，由于并非教师专业，刚做老师时还很挣扎。还有音乐老师丁智斌，原来觉得反正教的是不受重视的音乐，大山深处又缺乏知音，便封闭在自己的小小世界里，甚至有些孤僻……

基层乡村教师是一个封闭、容易陷入职业倦怠的群体。本身生活压力也不大，又缺乏职业上升和调动空间，数十年如一日地面对封闭的工作和生活环境，真要让他们永葆激情、热爱教学，现实中何其难。

大山里的孩子们尚且可以通过教育走出大山、奔赴远方，而这些老师，其中很多人自己都还没出过省。许多人终其一生，也只能与沉默的大山为伴。这些沉默的普通乡村教师，最需要的又是什么？

好在，这些山区老师的待遇都还不错。如刚入职、未定级的新老师，工资加乡村教师补贴等，扣除五险一金实际可到手五千多元，且越偏远补助越高。一个从教数十年的副高级教师，薪资可达一万多元。而从新老师晋升二级、一级、副高，都有政策倾斜……这些地方的乡村教师，收入一般都要比同资历公务员高，令人欣慰。

虽然现实中还存在宿舍不足、现代化教学设备不足等困难，但这些老师都感觉到了政府、社会各界对乡村教育的重视，条件也大为改善。问题便在于，**这些默默陪伴孩子成长的乡村教师，自己又何尝不需要陪伴、成长？这些目送一批批孩子走向远方的乡村教师，又何尝不需要拥抱“远方”和未来？**

五、领路人

2017 年，普桂婷、茶丽玲等牛街中学的 7 位老师参加了真爱梦想公益基金会针对乡村教师的“梦想领路人”培训。他们走出大山，去上海、珠海与全国各地的“梦想教师”一起交流，一接触，就感觉“像被泼了一盆冷水”，他们看到了差距，“也意识到了自己的怂”。

原本封闭的他们，开始积极地打开自己。他们主动找机会、申请，“不怕丢丑”，在一个突破大山禁锢的更大平台上，积极地学习、交流，也在给孩子们“梦想领路”的过程中，反过来不断收获着力量。

今天，普老师已成为合格的“梦想领路人”，并在申请“二星教师”；茶老师逐渐成为一名艺术与文化全能的优秀教师；丁老师则“完全像变了一个人”，变得更有责任心、有担当，对自己的要求更严格，对教育学生“有使不完的劲”……

一个实际情况是，在这些社会公益教育之外，大多数普通乡村老师，十分缺少这样的机会。

2010年开始，政府虽制定了针对乡村教师的“国培计划”，但每个学校每年只有1~2个名额，集中培训10天（后转变为“线上培训”），最后回来写个总结、“交个作业”。

这样的培训，一是覆盖面窄、不持续，二是难免流于形式，三是费用还得学校自己出——牛街中学作为一所拥有上千名学生的大型民族中学，一年公共支出也不过五六十万元，其中动辄数万元的培训费，还真不是笔小数目。

但一个山区乡村“封闭”的教师，又如何教出拥有广阔未来的学生？笔者建议：

1. 地方教育经费中，应增设一部分类似于企业团建、员工拓展、组织文化建设类型的经费——为提升士气、凝聚力，再小的企业/单位都有团建、年会之类的费用，教育系统为什么不能有？

2. 政府和社会各界应加强对乡村教师的人文关怀和精神“奖励”。老师不能自我封闭，不能与社会脱轨，他们也需要“远方”和人生成长——目前的职称评级制度还远远不够。

3. 教育系统不能自我封闭，应拥抱并善用社会力量。

当前中国教育的一大弊病就是只重学校教育，不重家庭教育和社会教育。而学校教育，无论教育部门、学校，还是老师、学生，压力都比较大，体系也要求“稳”，难免灵活性不足、个性不足、人文关怀不足。

以真爱梦想公益基金会、火柴公益等为代表的专业的社会教育公益机构，完全可以弥补学校教育尤其是广大乡村中小学教育的不足。

譬如，在真爱梦想公益基金会的“去远方·弥渡专项”支持下，牛街中学茶丽玲老师和弥渡县其他五位“梦想”教师一起，进行了一次就近的“去远方”。他们来到了该县密祉乡，探访了民歌《小河淌水》和弥渡花灯的发源地。他们想看看，作为老师，能为家乡的文化保护、发展、传承做些什么。

两天下来，他们意识到，自己作为本地人、作为老师，对家乡都不了解，更何况孩子们。而山里孩子将来要走向远方，就必须要有自信和底气，但如果他们压根就不知从何而来，自信和底气又从何谈起？

事实上，这趟去远方，基金会给6名老师（及两位“随队观察”老师）两天的经费支持共 1800 元，最后从“远方”归来，还剩下 400 元，老师们又把它们捐回了基金会。这笔小小的经费，体制内没地方出，学校和老师个人也不便组织，组织起来也不专业，收获必然有限——像真爱梦想公益基金会这样可以陪伴师生成长，专业性、灵活性兼具的社会公益机构，或许正是严肃的学校教育的“黄金搭档”。

再如，勐先镇小学的董祝老师，作为七年“梦想领路人”，已从一名沉默寡言的普通乡村教师，成长为云南省唯二的“四星梦想教师”。她现在的“梦想职责”，是培训一星、二星教师，以及开办校长训练营。今年，在一次红河州的交流活动中，董老师的演讲打动了一位企业家龙先生，他当场捐资 20 万元，为勐先镇小学捐赠了一间最新 6.0 版的“梦想中心”教室。

董老师敢想敢做梦的做法，不仅影响着学生，也带动了许多普通乡村教师——一个云南边陲小镇的普通老师也能成长为这样，那我自己、我们的老师是不是也可以？尽管有着繁忙的教学任务，这些额外的付出也不会给她带来任何收入，但董老师的“梦想领路”，何尝不是自己的梦想之路！也因此，她才能成为一颗“眼里有光、身体里有能量”的钻石！

这些来自社会的空间、认可与激励，恐怕是求稳的教育体系所难提供的。

六、公益

历览古今，为善莫过于劝学。近代乡建者的乡建实践，也莫不始于乡村教育。

然而时过境迁，广袤乡村（以及当下倡导的共同富裕），所需者何？并非居高临下的同情，更非情愿或被迫的施舍，如真爱梦想公益基金会这种专业的公益机构的陪伴、引领、共同成长，才是这些远山的呼唤。

曾经的郭美美微博炫富、43 斤女大学生吴花燕长期营养不良、水滴筹与轻松筹因“扫楼抢客”大打出手等事件，暴露并严重损伤了中国慈善公益形象。如果说慈善还是个人基于同情、道德的给予、救助行为，那么公益就是公共事务，它的核心在于参与甚至推进社会变革，它要强调的应当是赋能而不只是给予。

其一，公共事务管理，必须是一项专业，公益更不例外。

一家公益机构是否专业，不在能不能找到捐赠者，而在如何寻找并帮助受助者。“扶贫莫若扶志”，找“穷人”容易，找到自尊、自立又积极上进的“穷人”，并且能有效“授人以渔”，并非易事。

公益机构的专业性，还体现在透明性上。不专业、不透明的公益，比腐败更可恨、更严重，因为它耗散的不仅是财富，更是整个社会的善意和温暖。

以“发展素养教育，促进教育均衡，以教育推动社会进步”为使命的真爱梦想公益基金会，在成立的第二年，就开公益慈善行业先河，以上市公司标准编制、发布了年报。

众所周知，上市企业有各项指标、重大事项及牵涉到投资者利益等信息披露标准，这促使着企业有序经营和不断改进。公益机构一般来说没有特别的衡量指标、问责机制，所以压力较小——但缺乏压力，正是一个组织乃至行业的最大危机之一。

标准化年报等凡是按标准要求的事项，不管好坏、有无，都必须披露。真爱梦想公益基金会的年报，精确到数百元的个人捐赠、各方提供的免费场地、部门员工人数和薪资，乃至精确到分的花费一千多元的小活动，比上市公司还精细。每年的发布会都十分郑重，还通过线上直播、微博、头条、纸质媒体等方式同步发布，以一种“生怕别人不知道”的方式，改变了传统公益“只讲好人好事”“打悲情牌”“报喜不报忧”等惯例，进而促进公开反思、优化，促进了公益慈善行业的巨大变革。

其二，做好社会公益，须善用商业化思维。

“商业是最大的慈善。”历史和现实告诉我们，商业越发达的地方，常常是公益慈善越频繁、互助互爱常态化的地方，相反，商业不发达的地方，常常充满贫困和不公。

人们说起公益，总觉得跟不要钱似的。事实上，公益需要投入大量人力、物力、财力，耗费着巨大的社会成本。而由于成本取自公共而非自己，又容易造成懈怠、极大浪费。如何解决这些配套问题？商业化仍是最优手段。

首先，公益机构也需要“企业家精神”。一个常见的事实是，不少公益机构由于创始人退出、缺位，以及使命感的缺失，导致职业经理人化、机构官僚化以及组织失焦等问题。公益慈善机构如企业，也需要遵循生命周期、谨慎选择接班人、增强使命感、强化运营管理等普适商业规律。

其次，公益行为需要强大的商业运营思维。与个人化的慈善相比，公益的核心是将公共资源效用最大化，这就需要精细化的商业运营手段。

例如，真爱梦想公益基金会成立初期，靠 8 人团队，就在半年内为四川省阿坝州马尔康市建设了两家“梦想中心”，但什么时候才能让 100 所学校的孩子们用上“梦想中心”？仅凭团队个人的热情和无私奉献，显然任重道远。

他们邀请到某大型体育用品公司董事，探索出“用铺零售店的方式建梦想中心”的路径。受助学校只需选好一间教室，按要求量好尺寸，拍好照片、视频并上传到系统，真爱梦想公益基金会就会提供一套完整的建造、装饰、多媒体及课程材料（乃至宣传 KT 板），连同施工手册一起发货到当地。地方收到物料，只需在当地找 4 个工人进行模块化安装即可。

依靠这种“开连锁店式”的模块化商业手段，3 名员工一年就可以完成 500 间梦想中心的建设。迄今为止，真爱梦想公益基金会已建设、运营 31 个省市 4475 所学校的 4859 间梦想中心。

同步梦想中心建设，在华东师范大学课程与教学研究所所长崔允漷教授的指导下，真爱梦想公益基金会又开发了系列“梦想课程”，目前课程达 32 门，涵盖素质教育的方方面面。他们面向乡村教师、校长及地方教育局局长，又建立起“梦想领路人”培训体系，建设了“梦想盒子”线上课程分享及交流平台，最终建成“中心 + 课程 + 教育工作者”一体、辅助学校基础教育的完整素质教育生态。

几年前疫情的反反复复，给人们带来了巨大的不便和经济压力，但另一面，又诠释了人与人之间“命运共同体”的真谛。它重新提醒人们，不管你是资本巨鳄、名流巨贾，还是平民百姓，我们生活的这个世界、这个时代，都是公共的、相互影响的，人与人之间也应当是互相尊重和帮助的。

我来自山野，即便在那个贫穷的年代、贫穷的地方，周边所有人也都自强自立。中国人从来不需要同情和施舍，这些大山深处的孩子也不需要。我们需要的，是互相了解、理解、尊重、陪伴和一些帮衬。只有这样，一个国家才能实现“共同富裕”，一个民族才能一起奔赴“远方”。

是为远山的呼唤。

12

中国农民为什么很难富起来?

一、从“地主”到“佃农”

陈晶晶还记得，第一次去何家岩时，同行中国农业大学的一位教授感慨：“农民本来是‘地主’，怎么一折腾成了‘佃农’？”

何家岩位于重庆市酉阳土家族苗族自治县，离重庆主城区有5个多小时车程。漫长的翻山越岭后，汽车开上一座山岗，但见悬崖峭壁下，屋舍俨然，梯田千亩，绿树环绕间，青翠的禾苗与金黄的油菜花相映，仿佛影视剧中落难大侠自愈的世外桃源。

好山好水种好米，自明朝永乐年间开始，这里就种植进贡皇室的高山梯田贡米。前些年脱贫攻坚期间，一斤米就能卖到26元，算是中国大米最高价之一。按说农民应该比较富裕，但一问才知，26元中，农民只能赚取10元，其中还包含了地租、人工、种植成本，利润微薄。而另外的16元，则被中间的企业赚走了。

按说，10元一斤的价格也不低，但由于村庄耕地不足、种植方式传统导致产量有限，农民总收入依然很低。农民本是“地主”，但并不能成为土地和自身劳动的获益主体，而只能赚取“佃农”的收益——这便有了教授在本文开头的感慨。

显然，这个问题并不新鲜，而是历来如此。不论粮食，还是多数经济作物，中国农民的劳作成果，往往都要经过一个漫长的中间链条，包括但不限于多层收购、仓储、转运、批发、零售，才能到达消费者。最后，终端价格再耀眼，也与农民干系不大。

究其根源，正在于——中国农民难以直接参与市场，而只能倚靠层层的“市场代表”实现自己的价值。何家岩农民还算幸运，还能获得38%的销售收入，而非主产区的一般作物，农民所获甚至只有十分之一：如笔者老家种甘蔗的姑父，其甘蔗以捆（一捆10根）售卖，一捆15元，而这些甘蔗拉到城市就会以根售卖，一根就能卖15

元。姑父所获收入，只有城市售价的十分之一。

显然，从农民到市场，中间层级越多，农民就越难掌握自己的命运；中间层级越少，农民就越能获得归属自己的市场价值。举几个例子。

第一种是城市郊区或城中村农民，可以将房屋直接出租给城市白领，轻而易举地做房东收租。一旦碰上拆迁，还可以与政府、开发商直接谈判，有望一拆暴富。他们无疑是中国农民中的富裕（或潜在富裕）群体。

第二种是景区范围的农民，比如开农家乐、民宿、餐馆，售卖特产、工艺品，或者做导游、跑网约车，也可以就近参与市场。收入有保障，生活环境舒适，往往是城乡居民共同羡慕的对象。而其富裕程度，主要取决于个体参与市场的深度。

第三种是特色农产品的核心产区，比如栖霞苹果、赣南脐橙等，虽然也要经过经销商，但往往是城市大经销商或电商直接进村收购乃至包下果园，所经过的中间环节更少，农民留存的收益也就更高。

综上，中国多数地区的农民为什么很难富起来？答案的关键便是：难以直接参与市场。

"何家岩的农民，怎样才能成为自身资源和劳动的获益主体，更好地掌握自己的命运？"这也成了陈晶晶和她所在的腾讯可持续社会价值事业部（SSV）为村发展实验室共富乡村项目团队的课题。

二、从个体到集体

要解决上述问题，谈何容易。因为农民难以参与市场，是客观经济规律。

中国乡村经济和农民组织，向来分散，这就导致难以实现规模化、产业化和标准化，无法高效满足市场需求。要提升效率，只能依靠具备规模化和标准化能力的中间机构，比如大型经销商，它们往往兼具制定标准、仓储物流、分拣分发、销售推广等功能。

随之，一方面，因分散、弱小、专业技能欠缺，农民始终难以直接参与市场，获得理想的市场地位；另一方面，因其分散、能力欠缺、乡土文化的自我保护意识，农民的违约成本太低，而市场交易成本太高，外部市场始终对与农民直接交易心存顾虑。

在河南省修武县的后雁门村，绿色食品“云台冰菊”的培育者和经营者宋总，就一直试图带动周边村民共同致富。但他不敢与村民直接合作，因为小农作业标准、品质难以管控，良莠不齐，一旦都打着“云台冰菊”的旗号对外输出，对其品牌的打击将是毁灭性的。

一旦遭遇损失，处理起来也风险极大：“一户小农可能只种两三亩，按市场规则，如果品质不合格，我可以拒收。但他如果跑去镇里、县里闹，甚至跑去上访，上面发话下来，该怎么办？其他农户跟着效仿呢？”

在宋总看来，传统“公司＋农户”的乡村致富路径并不可靠。他希望的是村里成立集体合作社，统一规范管理、约束，再通过“公司＋集体合作社”的方式带动共同致富。

显然，在举全党全社会之力推进乡村振兴战略、追求共同富裕的当下，这个“农民—市场”之间的中间力量，最好是在地化而非离地（譬如城市经销商）的，即农村集体经济。这是第一层逻辑。

第二层逻辑，来自国家土地制度。

我国法律明确规定，农村土地归集体所有。这就意味着乡村能变现的资源，譬如耕地、林地、水库、河道、集体建设用地等，都归集体共有。农民只有使用权，而并无所有权、资产处置权。换句话说，农民除了自己土地上的产出、自己的劳动力之外，可交易的资产有限——即使有，也缺乏规模、非标准化债权资产，对追求效率的市场来说，沟通和处置成本太高，很不划算。

因此，乡村要与市场发生对等交易，最好的办法也是通过集体整合、盘活，以及统一对接、管理。

综上，在农民难以直接参与市场的中国大多数乡村地区，乡村要振

何家岩共富工坊

兴，农民要富裕，走依托集体经济的共同富裕之路是最优解。

围绕共富乡村的目标，2021 年底起，腾讯 SSV 为村发展实验室与酉阳县委县政府、中国农业大学三方联合发起共富乡村建设试点项目，以何家岩村为核心示范，规划建设了 15 个村集体主导的新业态，包括民宿、会议中心、咖啡馆、文创工坊等。曾经贫困山区的偏僻小村，具备了共建共富的经营基础。

三、从建设到经营

基础是有了，更大的难题开始显现——做过乡建的人都清楚，相比建设，更难的，无疑是经营。

中国乡村，不光农民缺乏对接市场的能力，整个基层管理系统，也向来如此：从村委会到许多乡镇，往往重视行政管理而缺乏市场经营能力；一般村委会仅设支书、主任、妇女主任、治安主任、会计等岗位，真要让他们去对接市场，也常常是文不对题；许多乡村并不缺乏资源或资产，而是缺乏能将闲置资产盘活、变现的经营型人才。

此时，何家岩要建设“共富乡村”，关键问题还在于经营型人才——尤其是代表村民经营好集体经济、带领村庄走向共同富裕的乡村职业经理人（简称“乡村 CEO”）的缺失。显然，像何家岩这样的普通乡村，既缺乏强力产业，吸引不了足够多的人才，也支付不起聘请 CEO 的费用，怎么办？

既然现实难以提供，那就从 0 到 1 探索、创新、培养！

2021 年，在辽宁做家具生意、身为辽宁重庆商会会长的何邦飞回到家乡。作为一个吃百家饭长大的何家岩人，他念乡情，并且关注家乡正在进行的共富乡村建设。县委书记祁美文跟他说：“如果你愿意的话，回来做何家岩乡村旅游股份合作社的 CEO，运用你的经验，教会村民更好地经营。”

何邦飞深受触动，回沈阳安排好公司管理事宜，于 2022 年 4 月回到了家乡——从一个企业大老板，做了一名乡村 CEO。但他一扎下去就发现，相比投资、建设，经营才是乡村最大的困难。

在由酉阳县委县政府、腾讯 SSV 为村发展实验室、中国农业大学三方组建的共富乡村建设试点项目专班的支持下，何家岩已成立被村里人称为“共富合作社”的何家岩乡村旅游股份合作社，并由几个本村年轻人组成了经营团队，带领村民初步建起一些业态，还将村里唯一的简陋公厕改造为重庆第一座乡村现代化厕所。但光这些，并不能彻底改善村庄的“营商环境”。道理很简单，集体的事情，只要农民不出钱都还好办，但一旦牵涉到老百姓个人利益，就困难重重。

何邦飞深刻地认识到，建设硬件、整治环境只是初步行动，后面更重要的是软件建设：思想统一、树立自信、引进人才。他希望有机会先带经营团队出去调研学习，增长见识，探索发展道路。但是，乡村历来缺乏市场经营培训机制和专项费用，要培养自己的乡村经营团队，显然需要社会助力。

授人以鱼不如授人以渔。腾讯 SSV 为村发展实验室共富乡村项目团队也深知，光给乡村搞建设，显然不足以成为乡村振兴的办法，知识、技能和人才尤其是新型经营型人才，才是乡村真正所需。

2021 年底，腾讯 SSV 为村发展实验室又联合中国农业大学发起中国首个专门的“乡村 CEO 培养计划”，并于 2022 年 1 月在深圳开始第一期培训。他们邀请“三农”领域权威学者、企业家、高管以及乡村实践专家，以长达 9 个月的课程学习、实训和在岗训练，共同陪伴、辅导来自全国各地的 55 名乡村 CEO 学员。

何邦飞带着何家岩乡村 CEO 团队迅速加入。2022 年夏天，在听完系列课程后，他们又赶去云南、浙江等省的乡村基地实训。在浙江杭州的永安村，同样是种大米，村民已实现从种植到包装、推广的全程精细化运营，以及延伸出来的民宿、数字化管理系统等，这些都让何家岩乡村 CEO 团队看到了差距，但也找到了基于自然禀赋的自信。

回到何家岩后，在腾讯 SSV 为村发展实验室的数字化工具支持下，他们学会了运营“云稻米”小程序。何家岩的优质贡米不再需要经过中间商，也不再按斤售卖。远在大城市的城市居民只需点击小程序，即可按每平方米 9.9 元的价格认养，待成熟后，就能收到这块土地上产出的新鲜大米。

认养人收获的不只是大米。通过云认养小程序，城市居民能直接认识耕种的农民，还能实时看到何家岩的风景以及稻米的种植、生长和收割过程，能直观地感受到自然、土地、农民……消费者和生产者直接相连、共同呼吸，城与乡便前所未有地衔接在了一起。

现在的何家岩贡米，按城市时兴的平方米卖，一亩地可以卖到6600元，而且收入全部进入村集体和村民的口袋。去年，种地的农民除了土地租金、劳动收入，都收到了可观的分红。

有了云稻米的成功，何家岩共富合作社一鼓作气，与农民合股、混改，陆续推出了临崖咖啡馆、无人售货便利店、高端民宿、乡村会客厅、为村明德书院等现代文旅业态。2021年，何家岩村集体收入100万元，经过精细经营，2022年达479万元，村民人均年收入达到1.83万元，提升了26%，实现了集体经济引领、村民共同富裕的初步构想。

更重要的是，年轻人正在回归。1999年出生的两个返乡大学生何然、何权艳，经过两年历练，已经成为何家岩乡村CEO团队的骨干。2023年春天，我跟随一个广东省委办公厅领导和腾讯公司高管参加、由酉阳县县委书记接待的20多人调研团前往参观，整套接待、服务，全部由她们两个还不满24岁的小姑娘负责。过程中，面对各级领导、嘉宾，她们始终从容、有序，那份自信、成熟，足以秒杀大多数城市同龄人。

何然还说，她身边已经有10%~20%的同龄人选择了回乡发展。这个一度空心化的村庄，其常住人口也从600多人恢复到900多人。

四、从何家岩到马海

何家岩之后，2022年9月，腾讯SSV为村发展实验室共富乡村项目团队来到广西桂林市龙胜各族自治县。

高山上的马海村

出人意料地，团队成员并没有选择政府和社会关系推荐的村庄，而是选择了一个叫马海的小村做试点示范。要知道，龙胜拥有被誉为全球重要农业文化遗产的龙脊梯田，景区内有许多自然景观和基础设施都不错的村庄，景区外也有广泛的选择。但他们为何选择了一个连地方干部都不太知道的偏僻小山村？

锦上添花的事，向来不缺人做。但对腾讯 SSV 为村发展实验室来说，他们要面向的始终是中国最广大、最普遍的乡村，并为这些大多数探索出路径——从集体主导确保农民成为自己资源和劳动受益主体的联结机制，到“乡村 CEO”经营人才培养，再到辅助“乡村 CEO”搭建简单易学的数字化工具，通过这个“机制—人才—数字化”的共富乡村套装，腾讯 SSV 为村发展实验室逐渐探索出一条符合中国乡情、具有普适性的乡村经营创新路径。

人才是乡村振兴的核心，对腾讯 SSV 为村发展实验室来说，他们最看重的正是马海村的人：这里的妇女自发组成一个“小嫂子”艺术团，自己排练节目，演给村里人看；村里的两位“诗人”老哥，白天下地干活，晚上回家写诗，还组织爱好者一起围炉夜话、玩“飞花令”；村里的老工匠几十年来一直没有荒废根雕、木雕、石雕、造纸的老手艺，整个村庄就是一座完整保留的“活态博物馆”……

在深耕何家岩一年多后，陈晶晶带着共富乡村项目团队来到马海村。这次，他们更加轻车熟路，在友成基金会驻村团队的助力下，快速为村里建立起集体主导的龙马文化旅游有限公司及其“乡村 CEO”团队，随之打造出马海辣椒育苗和产业基地、富硒红米种植基地。同时鼓励村民参与，升级改造了“梯田山居”，建设了“半山书吧”等。

2023 年 9 月 14 日，为庆祝马海村建设升级一周年，村里决定举办一场音乐节。5 月份，村里人刚刚举办了一场原汁原味的篝火音乐节，这次，他们打算更加开放地吸引更多人来马海。在腾讯 SSV 为村发展实验室、粤桂东西部协作工作队等多方支持下，这场音乐节升级为“山海梯田音乐节”。

马海村的这个夜晚，可能是村庄几百年来最热闹的夜晚。绚烂的灯光，专业的舞美，还有广西籍歌手胡夏助阵。如此阵容，主角却是马海村、山下金江村，以及各地闻讯前来助演的其他村村民。他们可能白天还在地里干活，晚上就成为全网 260 万直播观众眼中的“明星”。

音乐节上，他们跳起《扁担舞》《锦绣龙脊》，唱起《欢迎你到侗寨来》《垦荒谣》，以及马海村村民共同创作的村歌《马海之歌》；他们还肩扛日常使用的农具、家具走起T台秀，最后在全场大合唱广西民歌《山歌好比春江水》中，恋恋不舍地谢幕……

一年间，除了新改建的“半山书吧”，外表上，马海村的变化并不大。但马海村村民的心里，早已种下自信、自强、共同富裕的大大的种子——只有心里富起来，才是真正的共同富裕。

其时，远在马海村以北500公里的酉阳县，正将何家岩的共富乡村模式提炼为“农民主体、制度先行、运营前置、因村制宜”的方针，在全县15个村阶段性试点后，县委县政府制订了全县推广计划。他们还发动前期41名乡村CEO“老带新”，带动新一批乡村CEO。腾讯SSV为村发展实验室期待的点到线、由线及面，以及更广阔的向省域扩展的效果，正在慢慢达成。

在广西，腾讯SSV为村发展实验室与粤桂协作工作队联合发起“为村共富乡村——粤桂数字农文旅计划”，正在19个试点县21个示范村展开。在云南，腾讯SSV为村发展实验室与中国农业大学联合开展的“乡村CEO”专项培养计划已进行了两年，2022年一期31名结业的CEO，其所在集体经营主体收入从550万元增至3700万元，云南省的昭通学院、曲靖师范学院还成立了专门的乡村CEO培养学院。在浙江，由省农业农村厅主办，腾讯SSV为村发展实验室与浙江省农学会、浙江省乡村建设促进会联合承办的“浙江千名乡村CEO培养计划”也正式启动，首批100名学员来自浙江42个县区。

乡村振兴、共同富裕，不啻为一个世界级难题，因为它看似与我们熟知的市场经济语境相迥异。但从更广阔的社会发展，以及“社会成本—社会收益”这一更深层的经济规律角度来看，又无疑是必须攻克且未来受益深远的大课题。

这些年，无数案例已反复告诉我们，如果有得选，一个有追求的人、一家有追求的企业、一个有追求的民族，应该尽量去选择“难而正确的事情”。无视问题、逃避、走捷径，最终都要补上绕不过去的成本。

“让中国农民共同富裕起来”，就是这样一件“难而正确的事情”。它需要有能力的企业、组织、个人，共同努力。

13

我在乡下搞文艺

一、从黄山到碧山

不知道从什么时候开始，“文艺”成了一个偏贬义的词儿。在这个凡事讲效益，还要讲速度的时代，谁要说你是“文艺青年”，大概都有那么点太理想、不实际的意思。

乡下更是如此。为了赚点钱，人们背井离乡外出打工、省吃俭用，没出去的年轻人巴望着暴富买车、进城买房，老年人在一块两块的麻将、扑克牌甚至六合彩中消磨时光，小孩子则在抖音网红、为偶像应援和手机游戏中憧憬未来……

文艺，这事儿在乡下能成吗？

“文艺听起来比较矫情，跟现实关系不大，”坐在黄山脚下碧山书院的左靖说，“但并不代表乡村不需要。”

左靖，1970年生于黄山脚下的旌德县，大学教授，艺术策展人，不过他最喜欢的，还是“乡村工作者”的自称。

左靖出生在县城，那时的乡下是一个“不好好念书，就会被送去的地方”，而他乡下的同学，都“曾经痛恨那贫瘠的土地、了无生趣的稻田和毫无生机的乡下”。长大后，他们一些人去了梦寐以求的大城市，在北京、南京、广州从事着艺术、文化、管理等“高大上”的工作，但在冰冷的水泥建筑和人际关系中，渐渐感到疲惫不堪。

2007年，文艺中年左靖与朋友游历故乡黄山。他们来到碧山村，眼见牛羊下山、白鹭翩飞的田园，保留完整的马头墙、精致木雕百年建筑，瞬间被打动，便决定留下来实践他们的“艺术乡建”梦。

在城市做艺术，基本是小圈子，范围狭窄，或自娱自乐，或为资本打工，对社会现实缺乏参与，往往也缺乏意义。来到乡下，却仿佛回到根据地。根据地的天是明媚的天。

“问余何意栖碧山”

2011 年，左靖和朋友一起发起了一场“碧山丰年庆”活动。他们借用“丰年庆”这个词，来构建一个中国传统农耕社会的祭祀仪式，向祖先神灵祈求，保佑五谷丰登、人畜兴旺。丰年庆上，村民身着稻草装表演原始的祭祀舞蹈，当时还只是小有名气的五条人乐队在简陋的舞台上动情放歌，徐敬亚、梁小斌、陈东东、祝凤鸣等诗人在老祠堂为孩子们讲解诗歌、文学，此外，还有众多古徽州民间手工技艺，以“黟县百工”的形式惊艳呈现……

这场散发着乌托邦气息的丰年庆，也被称为“中国最早的艺术振兴乡村实践”。越来越多的文化人、乡建者、驴友来到碧山后惊讶地发现，在黄山脚下，西递、宏村这样的旅游村之外，竟然还有碧山这样纯正、淳朴的“徽州”。

“文化 + 艺术”的“文艺乡建”，号召力越来越强。许多艺术家、建筑师、设计师、作家陆续来到碧山，或研究，或合作，或实践。粉墙黛瓦的老建筑，陆续变成文艺范的碧山书局、猪栏客栈、牛圈酒吧、碧山工销社……一场没有政府、资本介入的“文艺乡建”缓慢展开。

碧山工销社，众乐乐

在今天的碧山，雨巷里的酒吧、咖啡馆，马头墙后的客栈、书店，散落的原创小店和徽州手工艺品，碧山工销社里卖的“天光”（当地人吃早饭叫“吃天光”）和“落昏”（吃晚饭）的精酿啤酒……新与旧，文艺与商业，理想与生活，在令人轻松的不咸不淡中完美交织。

以文艺重塑在地文化，以文化另辟市场蹊径，越来越多的地方实践证明着“文艺乡建”的合理性。

二、文艺不是请客吃饭

近现代以来，文艺基本还属于城市尤其是大城市的话语范畴。十多年前，你说要在乡下搞“文艺”，恐怕会招来不少人的怀疑、笑话。这场在碧山的“文艺乡建”，也难免磕磕绊绊。

左靖的第二个计划是，在贵州黎平县——中国传统村落最多的县实践。

这一代的乡村建设，很多都始于“故乡建设”。像左靖这样，某个文化人回到家乡，吼一嗓子，一帮朋友应邀前来，有钱捧个钱场，没钱捧个人场，许多乡建案例就这么探索出来。

任和昕，财经记者，黎平人，2005 年回到故乡，办起了中国第一家民营人文生态博物馆——地扪侗族人文生态博物馆。你问文艺有没有价值，就像问一家博物馆有没有价值。

从赚钱的角度，这家博物馆既不收门票，也基本不对游客开放，的确没太大价值。它所做的不过是数十年如一日地记录侗族人民的婚丧嫁娶、大歌侗戏、文化变迁。甚至当农民拆掉传统木楼建钢筋水泥民房时，博物馆也没有去阻止——人们有追求自认为更好生活方式的自由，拆旧建新，也是文化变迁的一部分。

这种不干预的态度，深深打动着左靖。2015 年，在任和昕和当地政府的邀请下，左靖来到黎平茅贡镇。镇子本身没有多大特色，但周边 15 个村中有 10 个是传统保护村落。

需要指出的是，在当下城市化和乡村振兴的两极化语境中，乡镇往往被各界忽略。但自古以来，乡镇就是乡村各方面的中心，辐射、带动作用难以替代，至今依然如此。根据笔者的观察，城市对乡村往往是汲取型的，城市好，乡村不一定好；但乡镇好，周边的农村一定不会太差。因此搞乡村振兴，切不可忽视“乡镇振兴”。

左靖在茅贡镇的“乡镇振兴”是两方面的：一是以茅贡镇作为辐射周边侗寨的聚

集点，承接前往侗寨旅游的外来人流、消费；二是以茅贡镇作为“狙击阵地”，将那些以保护为名、由旅游业驱使的大规模开发项目堵在镇上，以屏蔽不良资本的侵扰，保护周边传统村寨的原生态和经济格局。

他选择了镇上的老粮库作为阵地。

中国的每一个乡镇，几乎都有这么一个老旧粮库，用于存储属地的农民上缴的公粮和售卖的余粮。它们占地面积大，建筑坚实牢固。20 世纪 90 年代后，随着粮食打破垄断走向市场，这些粮库也渐渐荒废。

在左靖的委托下，建筑师梁井宇带着附近的工匠开始了改造。他们完整保留了老粮库的原始结构，未上漆的木柱、墙壁、地板和黑瓦顶，以及在外部新添的一条侗族式的长廊，都让本地居民感到既熟悉又陌生。

整改后的老粮库成了镇上的艺术中心、旅游接待中心。开幕当天，“20 世纪 80 年代的侗族乡土建筑”展览同步举办，展示的是记录乡村建筑多年的摄影师李玉祥的黑白摄影作品。镇上及周边好奇的居民、附近学校的师生闻讯前来，张大嘴巴欣赏着属于他们自己的文化。如同面对碧山村那些老旧又时尚的“新”建筑，惊讶又自豪的表情写在了人们的脸上。

正是在茅贡镇工作期间，左靖完善了他的乡建理论，即空间生产、文化生产和产品生产：

“空间生产”指的是将闲置房屋改造为用于艺术活动的新公共空间，而不是大拆大建搞新建筑。将闲置的乡村集体建筑，如粮库、礼堂、供销社等，改造成在地文化和历史记忆的展示空间、具有当代文化交流功能的艺术空间，可以起到重新凝聚地方、沟通外部的重要作用。

“文化生产”是将在地性的各类作品或研究成果，通过出版、展览等方式呈现。如记录徽州传统手工的《黟县百工》一书，以及记录中国人文乡建阵地的《碧山》系列杂志书。左靖还邀请知名策展人到村庄、国内大城市乃至国际同步策展，用简单、新颖、系统的方式，让当地人、城市居民更好地了解地方文化。

“产品生产”则实现在地化的产品设计和生产，以及“离村”式的品牌推广和销售。碧山工销社的焦作店，有一个向村民开放的寄卖区，村民将自己种植的农产品、亲手做的手工艺品放到此处寄卖，碧山工销社不收取任何费用。同时，与乡建者、专业人士合作开发文化产品，如与景德镇隐山堂合作的“碧山佳器”盖碗茶具，与上海返乡青年、设计师合作生产的精酿啤酒，与艺术家刘庆元开发的系列农产品包装等。

文艺不是请客吃饭，也不是装面子、故纸堆、夸夸其谈。通过这“三个生产”，“乡村工作者”左靖将文化、艺术与乡建、商业相结合，开创了一条既可复制又具时代精神的“文艺乡建”新路径。

三、从碧山丰年庆到“南坡秋兴”

文化乡建何其难。难点在于，当前政府的评价体系，只针对看得见、摸得着的硬件，对看不见、见效慢的文化建设缺乏评价体系。加之地方政府资金的缺乏，“茅贡计划”不了了之，艺术中心也被私人接手，所以在面向市场时，只谈商业而没有文化内涵，老粮库再次陷入半荒废状态。

后来，应地方政府邀请，左靖在云南景迈山开展了“景迈山计划”，也算有失有得。直至在河南修武县大南坡村，他才实现了“文艺乡建”的理想。

大南坡村位于豫北太行山脚下，人口 960 人，祖祖辈辈以种地为生。二十世纪七八十年代，曾因煤矿风光过一段时间，九十年代后，随着煤炭资源的枯竭，逐渐陷入报复性的深度贫困。

大南坡是典型的“三无”（无风景，无风貌，无产业）村庄，从市场角度破题，乏善可陈。从政治角度，它在政府扶持下脱贫虽不在话下，但也没有太大想象空间。从文化乡建者看来，大南坡却大有可为。

其一，因为偏僻，大南坡还保留着传统的村庄格局和夯土、垒石建筑，以及校舍、礼堂、供销社、老队部等大量集体建筑。其二，村庄具有一定的传统文化积淀，大南坡怀梆剧团曾远近闻名。其三，村庄民风淳朴，还没有被市场同化。

左靖的“三个生产”体系已经很成熟。在大南坡，由老建筑改造的社区营造中心、碧山工销社（焦作店）、“隐居乡里”民宿、老村小酒馆等惊艳亮相，“乡村考现学：修武的山川、作物、工艺和风度”在地及离村展受到广泛认可，修武县绞胎瓷、四大怀药、精酿啤酒等相关物产逐步推出。左靖还充分调动其文化资源，在他的邀请下，方所书店在此开设了首家乡村书店，老朋友五条人乐队在此开设了唯一一家线下“五条人士多店”，令人惊讶。

更深刻的变化来自大南坡人。结合陈奇等人的社区营造式乡建，南坡讲堂、大南坡武术队、大南坡艺术团相继成立，刊登着大南坡人自己写的诗歌、散文的《大南坡》杂志顺利出刊，儿童文艺晚会、大地文学工作坊等各种村民文艺活动持续不断，甚至得到中央电视台《焦点访谈》的专题报道。

难能可贵的是，面对政府高官、研学群体、游客的纷至沓来，村民没有陷入旅游景区式的功利想法中。64 岁的村民赵小景说：“大南坡的发展，就是一个情字在里面，游客来了，（我们报以）热情。游客在外啥风景没看过，啥山珍海味没吃过，来到咱们这个小山沟，就是讲究一个情字，咱们把一个情字给奉献出来。”

“情”确是大南坡的重要“看点”。观赏完一圈“乡村文艺”，你大可与路边的村民拉拉家常，走进他们家吃碗捞面条或者咸米饭，运气好的，还可以蹭听一下他们的怀梆戏。在这种放松且质朴的空间里，你会觉得自己并不是一个游客，而是一位普普通通的村民。这种感觉，殊为珍贵。

这一切，在去年秋天的一场“南坡秋兴”活动中得以集中呈现。这场活动，包含了大南坡艺术中心、方所乡村书店的开幕仪式，为期两天的民谣音乐会、环境表演和电影放映，以及“南坡讲堂”等分享活动。

活动上，来自全国各地的艺术家与大南坡艺术团、村里的小孩子同台演出，欢声笑语响彻整个村庄。大南坡没有急于开发“旅游配套”，而是在活动期间，安排 200 多位与会嘉宾分散到数十位村民家中吃饭，准备食材、做饭、唠嗑、用餐，一个北方乡村的日常零距离向大家敞开，一场生活化的“文艺乡建”在这个并不富裕的村庄悄然发生……

南坡秋兴

大南坡遇见左靖是幸运的，否则它也许会走向传统文旅或大拆大建的乡村“振兴”路径。左靖遇见大南坡也是幸运的，县委县政府聘任他为“大南坡总策划”，县委书记全力支持并甘居幕后，确保了大南坡在正确的道路上前行。

四、三种乡建路径之比较

当前，主要有三种文化乡建路径。

一是“文旅乡建”。

譬如政府主导的全域旅游、景区化、“千村百碗”之类的特色项目，市场主导的特色小镇、田园综合体、养老地产，民间自发开展的民宿经济、农家乐、采摘亲子、文创手工等，这种路径是主流。

文旅主要是以“政府 + 市场”为主导的“项目建设”，需要较大投资和城市消费市场。但实际上，城市、成熟景区、大型游乐园已抢占市场大头，多数文旅项目只能捡漏。一旦人气上不去，投资收益比不好看，各方积极性就将难以持续，最终流于表面甚至烂尾。

因此，“文旅”不应求“大”。政府可发挥导向、支持作用，鼓励民间各自另辟蹊径、各自捡“漏”，继而发挥“串联”作用，将散落的文旅“点”串成线，进而形成面。

二是“建筑乡建”。

整村规划运营、建筑及景观设计、老建筑翻新等，通过建筑或景观的拆建、修复，打造亮点，设立网红打卡点，以带动人气、旅游。由于这种路径展示和传播效果较为明显，且耦合于政府招采、评价体系，目前广受欢迎。

“建筑乡建”善于“造点”。如位于浙西南大山中的松阳县，拥有数十个传统村落，在有限的投入下，松阳县并没有像许多地方“乡村振兴”热衷的美丽乡村亮化，或集中力量搞试点，而是将散落的老建筑修复成时尚的红糖工坊、石仓契约博物馆、竹林剧场、大木山茶室，或撬动社会资本整村改造成的榔树村“原舍 · 揽树山房”，这些“建筑针灸”项目共同构建起松阳县“古典中国的现代样板”。

其问题，一是单点影响有限——即便如松阳县这样“遍地珍珠”的地方，也需将散落的点串成线，才能扩大市场效益；二是有了建筑，却往往缺乏内容填充和运营能力，导致空有形式甚至再次荒废，这样的例子屡见不鲜。

三是以左靖为代表的“文艺乡建”。

他们不主张旅游景区化、迎合市场，也不主张大拆大建改变乡村原有特质，而是通过挖掘原有空间、在地文化、原生风物，并经过“文化 + 艺术 + 设计”的手法，使之先人后市场、由内而外地焕发新生。

与“文旅乡建”相比，“文艺乡建”长于由下而上、由内而外的文化发掘、重塑。与“建筑乡建”相比，它长于内容及生态，能源源不断地发掘新的文化价值和市场价值。当然，“文艺乡建”也离不开文旅、建筑，它需要通过更丰富的文旅产品、更多的建筑与空间设计才能实现。

左靖的“文艺乡建”、成都明月村、福建屏南县古村复兴等诸多乡建案例证明，投于文化、投于人的“文艺乡建”，更善于调动村民、集体和各种社会力量，乡建更扎实，费效比更高，也更利于实现共同富裕。

五、一场乡建，见山是山

从在碧山乡建时的不惑之年，到开展“大南坡计划”后的知天命之年，坐在碧山书院中的左靖，更清楚地意识到了“文艺乡建”的局限和使命。

“政府和村民的期望都很高，媒体也夸大了‘文艺乡建’的作用，我只是一名文化和乡村工作者，只能做一些力所能及的事。”

“乡村振兴是全社会的事情，必须动员社会力量，多方协作，才有未来。”

“我更希望通过十多年在乡村的思考与实践，唤醒一个人、两个人、三个人……”

从根本上说，乡村振兴首要还在政府。

1. 政府应该认识到，许多社会力量没有地方可去。高校的、研究机构的很多资源没能被好好转化，白白浪费了。

政府的眼中不能只有市场，毕竟市场资源昂贵且流动性高。而这些社会力量既便宜，又积极性高，能牵动的资源也多。下一步应该重点考虑，如何将他们导入乡村，给他们提供舞台。

2. 不管是何种路径的乡村振兴，都应该是长效的、可持续的。在许多地方，一任领导好不容易搞出点振兴的项目，新的主政者一调来又另起炉灶。这不是振兴乡村，而是反复地折腾乡村。

3. 政府不能因为不太了解文化、无法列入评价体系就不做或忽视文化。不做文化，就经济谈经济，可能导致投入产出比失衡，可能对乡村的破坏太大，可能竹篮打水一场空，或面临其他风险。

乡村振兴的核心是文化振兴。理想的路径，应当是从文化内容倒推建筑、形式，而不是做好一堆建筑去找内容。

再退一步，做文化，犹如伸手摘星，未必可及，但起码不至于满手污泥。正如河南修武县主政者所说，他做了七年县域美学，心知就算没有经济回报，也起码能通过美育培育好修武县的孩子——投资于文化、教育，何尝不是最大的地方建设。

当然，政府针对文化建设的评价体系，也应当慢慢建立。

4. 社会各界应该关注地域文化、地域设计。左靖另一项工作重点，便是推动以日本著名设计师长冈贤明的“长效设计”为基础的“社会设计”。

二战后的日本，特别崇拜欧美，在西方唯“物”主义、消费主义的大潮中，在人口不断涌向东京、大阪和名古屋等大都市的趋势中，渐渐迷失自我。到 20 世纪 70 年代后，日本人的地方意识才开始慢慢觉醒。

原来的日本设计界，也认为设计只在东京、大阪等大都市有施展的空间。长冈贤明则认为，日本的每个地方，47 个都、道、府、县都有各自的地方设计和地方魅力。2009 年，他发行了旅游杂志《d 设计之旅》，每期只讲一个地方的原生风物和“长效设计”。2012 年，他在东京创立 d47——一个集美术馆、商店和食堂于一体的复合空间，用于发掘、展销 47 个都、道、府、县的地方风物和设计。

长冈贤明说，在今天的日本，“经历了经济增长后，人们懂得了物质并不能使人幸福，金钱也买不到幸福，于是他们开始远离城市。为了谋求幸福的实际感受，人们开始移居到地方和农村地区，移居到没有被消费和媒体操控、可以使用自己的五感去感受事物的地方”。

我们何尝不是如此。在我们的广袤大地上，在那些偏远的地方，在没有被现代化、工业化席卷的地方，也本然地存在着许多美好的事物。

从市场角度来看，贫瘠的乡村在文化上反而很有可能是富有的。它们需要被发掘、被重新设计，经过文化转化，实现经济变现的可能性——这就是“文艺乡建”和“社会设计”的意义所在。

14

向往的生活，未来会是怎样？

一、“城里人对乡村生活的想象”？

“繁忙的都市生活给人们带来了压力与浮躁，有调查显示近 40.4% 的人希望远离喧嚣，避开拥挤，向往着从城市搬到农村，呼吸自然的空气，寻找内心的声音”，这是 2017 年生活服务纪实节目《向往的生活》第一季制作的初衷。

节目中，由黄磊、何炅领衔的明星团队去乡村生活。一间蘑菇屋，家徒四壁，需要自己搭炉灶、生火做饭，一日三餐自给自足；来了客人，还得化身“巧妇”搞无米之炊，满足客人提出的大餐需求；自己种地、采摘，然后卖钱交换肉、酒等“奢侈品”……观众跟随明星一起，回归朴素生活，重温朴素的生活道理，充满发现感。

不过是满足“城里人对乡村生活的想象”，导演对节目的笑言一语成谶。后来几期，乡村逐渐退化为“城里人”“想象”的舞台，镜头里的乡村生活越来越不自然、不真实，观众吐槽其“无聊”还一度登上热搜。

是“城里人”无聊，还是乡村本来就无聊？城乡价值的裂痕是在缝合还是在扩大？究竟什么才是真正值得“向往的生活”？

二、星巴克能开到农村吗?

电视综艺镜头难免有其浪漫化、被渲染的一面，明星们对生活的态度和需求也不同于普通人，节目效果自然不好作数。要回答什么才是“向往的生活”，还是得回到生活的逻辑本身。在上海郊区的金山区朱泾镇新泾村享莱乐康养社区，就有一群驻扎在这里追求“向往的生活”的城里人。

2022 年，60 岁以上的上海户籍老年人有 553.66 万，算上非沪籍，上海老年人应该有 600 万人以上。再乘以 89.3% 的城市化率，市区老年人有 540 万人左右。

除了居家养老，这么多市区老年人，并没有多少地方可去。他们出行鲜少超出 800 米这个“15 分钟生活圈”；即便是全社会真正的“有钱人”（没有负债，养老金最低 4000 元），面对市区较高的生活成本——“就算去楼下喝杯茶聚个会，也要 200 元起”——依然需要节俭，生活质量也很难说多高。

于是，一些老年人把家搬到了这里。

首先是经济逻辑。

他们把市区的房子以 6000 元的价格租出去，在这里以 3000 元的价格租一套享莱乐康养社区的套房，这样既为城市年轻人腾出空间，自己还能纯赚 3000 元。老两口按退休金每人 5000 元算，每月可支配收入可达 1.3 万元。在乡下，这可是笔巨款，他们是毋庸置疑的富人。

其次是康养逻辑。

乡村食材绿色健康，或租村民的地种点菜，或直接买村民菜园里的菜，物美价廉又健康。饭后在村里、田野间四处走走，800 米生活圈怎么够？在这里，享莱乐康养社区承租乡村闲置民房，根据市区老年人的需求改造，安装了电梯，设计了室内外种花种草的空间。每一栋民房还设计了公共客厅，老年人一起生活、互相照顾，闲下来在一起打牌、下棋，彼此成了同一个屋檐下的好“邻居”。此外，社区还建设了公共活动中心、公共厨房、医疗室，并组织老年活动等，足以满足老年人在乡村的自然康养。

再次是精神逻辑。

老年人生活在城市，通常是一笔“负担”。有老年人就笑称，以前生活在市区，儿媳妇只有在逢年过节时才来看看自己，现在，节假日她也愿意带孩子来乡下看望自己，再买只土鸡让她带回去，每周末她都愿意来。

老年人自己也乐在其中。享莱乐康养社区负责人王红梅女士，就倡导“80 岁也要谈恋爱”，鼓励独身老人谈恋爱、互相照顾——生活之上，“城市的开放精神 + 乡村的质朴”，怎能不擦出更美好的火花？

许多老年人本就是城市知识分子。除了生活，享莱乐康养社区还发动他们为当地农业合作社、“金山味道”直播带货。生活者自己直播，既真实又鲜活，效果不错；老年人自身可以继续为社会发光发热，觉得自己不再是一种社会负担，所以都兴致高昂。

最后是社会逻辑。

市区老年人下乡后，消费能力和意愿大为提升，既顺带提升了周边村民的收入，又可以增加乡村本土就业。譬如，享莱乐康养社区以 4000 元的工资招聘管家并提供培训，帮助大量村民在家门口实现高质量就业。

在这样真实的乡村生活场景中，高质量的城乡融合正自然地推进着。现在，新泾村的超市也卖起咖啡，村里原本只有一家快递驿站，现在已经发展到四家。更多优质城市资源还将随着市区老年人迁徙过来。

“未来，我希望星巴克也能开到农村，那时，才是真正的乡村振兴。”王红梅女士笑言。

“向往的生活”，真的可以在现实生活中实现。

三、城乡“二地居”模式

老年群体如此，城市中产呢？知名乡建人陈统奎是一位城乡“二地居”的代表。他在上海安家、工作、生活，但事业和精神却牢牢扎根在海南乡下老家。

他的老家海口永兴镇盛产火山岩荔枝，营养丰富，个大味美。以往，这种优质农产品只在海南岛内销售，因而迟迟卖不上价钱。2010 年左右，他选择从《南风窗》高级记者的岗位上离职，毅然返乡：从争取政府资金，帮助村民打井、扩大种植规模，修建自行车运动赛道，到带头开办海南第一家民宿；从打响“火山村荔枝”品牌，帮助荔枝王地头收购价格翻了三番，到研发荔枝面包、冰激凌、汽水产品，践行、探索农业“六次产业化”路径，并带动政府打造“永兴荔枝”区域公共品牌；从帮助农民种地，到帮助农民在城市“种人”（培育消费者），他成了一名典型的城乡“二地居”居民。

陈统奎的这些“城乡融合”摸索过程并不轻松。挑战首先来自乡村内部。早期，他作为乡村带头人，比较难处理与村委会、干部的关系；在发动群众开展有机种植的过程中，又面临群众的不理解、质疑；为打造高品质“火山村荔枝王”产品，他以高出市场价 30% 的价格收购有机种植户的产品，又受到其他村民的排挤——**即便在自己的家乡，乡村也从来都不是“乌托邦”。**

面向城市的高端生态农产品，始终难以成为城市消费主流。渠道更是问题，电商或线下渠道永远追求物美价廉，其盈利逻辑总是一头压低农产品价格，另一头提升售价以最大化中间差价，对以“六次产业化”为核心，而不是简单做个生意人的陈统奎来说，始终找不到助力。此外，上海的用工成本又十分昂贵，根本不是乡村从业者所能承受的。

无奈，陈统奎只能自建以家乡为基地的轻运营团队，一点一点搞活动、做社群、搞“共建”创新、积累私域流量……缓慢地在城市“种人”。这个过程无疑是缓慢的，并不像城市经济所追求的那样快速、高效，但缺乏足够的城市助力，也只好如此。

另外，他又是幸福的。他每个月都要在上海与家乡之间往返数次，他在上海有自己的家，在遥远的乡下老家也有自己的民宿和乡村大“别墅”，他可以在城与乡之间随时自由切换，生活既忙碌又充实。

“如果一个人所做的工作，正是他喜欢的事情，那就等于他不是在工作。”他没有城市中产人士普遍存在的纠结、不满，而是始终充满力量，因为他所做的工作，正是在为自己人生的两端——大城市和海岛小村之间搭建

荔枝园

一座平等互通、互融的桥梁。

其实，这种“二地居”的工作和生活模式，在我国台湾地区，早已成为城市中产的一股潮流。许多家庭为了孩子更健康地成长，为了在事业和生活中取得平衡，为了人生事业更圆满，致力于构建起“二地居”的城乡融合生活模式，将事业和生活的重心逐渐转移一部分至乡村。

再如，著名的台湾“主妇联盟消费合作社”，源于给孩子提供更健康、自然的食物，订单联合、预付定金、去中间化，并制定相关标准、直接向农户订制生态农产品。这样，既保障了城市生活质量，又推动了有机和高品质农业的发展，保护了乡村利益，堪称优秀的城乡融合市场化路径。

类似的“二地居”，正越来越多地体现在我们许多下乡的乡村工作者身上。与身边内卷、躺平的城市中产人士不同，他们多是先觉醒的城市知识分子，认识到城乡二元割裂、城市病、城市内卷的根源，不论从自己的家庭出发，还是从社会问题出发，都践行和推动事业与生活的平衡、城市与乡村的融合。

尽管面临的挑战巨大，他们的目标和行动路线始终清晰，在动不动就迷茫的现代社会，这何尝不是一种人生的幸运。“向往的生活”，去追寻，就值得。

四、生活与节日

相比老年人和中年人，年轻人的选择更让我欣喜。在距离新泾村享莱乐康养社区20公里外的金山区枫泾镇中洪村，一场热热闹闹的“番茄好多节”，就在端午期间的稻田间上演。

番茄好多节

“村里的番茄熟了，要和朋友们庆祝一下！”这就是“番茄好多节”的举办初衷。有了想法，是不是要策划一下？完全不需要。剩下的，靠社区居民的自发参与，也完全不需要经费。

中洪村生活着近20户新村民，包括城

市设计师、媒体人、研究员、教育工作者等。不少人在村里生活了10年，化身各路“野生艺术家”。他们各自准备好凳子、桌子、布料、竹子、木料，还捡来村民拆房子时废弃的钢筋和垃圾站的破旧竹篓、席子，接下来有人叮叮咣咣地敲了半天，把它们敲成一个田间舞台。

活动那天，有人在上面吹箫、弹吉他、唱歌，孩子们也跑上去吹陶笛。他们唱歌的时候有人在台下稻田里插秧，孩子们也学着插秧或玩泥巴。田埂上有农夫市集，摊位上的番茄、豆角、土豆等，都是农夫一早去摘的，9点开卖，翠嫩欲滴，正是时候。

番茄多得卖不掉，也没关系。摘回来的番茄被分到了不同站点的社区伙伴手里，被大家搞成不同类型的“番茄野生艺术品”，有野生展陈、亲子教育，还有各种番茄料理、即兴创作。各位社区居民都有手艺，然后活动又分散到各家进行沉浸式体验去了。

节日那天，临了下起大雨。新村民、老村民、外地来的客人，大家聚在田间歌唱、嬉笑，又赶在暴雨之际收场、躲雨，最后各自回家时都变成落汤鸡……

田野间这场自发形成的快乐节日，成了城乡互动最自然的注脚。而这，只是中洪村每月活动的一个缩影。村民把这里定义为一个社区，而不是乡村。不少城市居民在上海市区有房子，却把生活重心放在了村里；一些家庭为了让孩子接受更自然、健康的教育，把家安在这里；还有许多像Jasmine、道峰这样的年轻人，在这里一边生活，一边做着“数字游民”。

年轻一代有着更丰富的自由生活，比如Jasmine是一位市场运营人员，和一些朋友一起运营一个叫云谷的生态生活品牌。他们依托村里的农场，生产、销售有机生态农产品，打造丰富的乡村教育和体验产品，塑造城乡健康互动的生活方式。对他们来说，只要有一台电脑，在哪里工作都一样。

收入来自城市，生活和精神却扎根乡村；生活不一定非得在大城市，从城市解绑，“生活在他处”，更多地去自由组合，在移动互联网时代、数字化时代已成为现实，并正在成为年轻一代多元化人生价值观的一股潮流。

当人们的工作与生活从对立到统一，当人们对自由与精神的认同由纠结到契合，“向往的生活”，何尝不是一种更新更优的社会文明？

五、答案

托尔斯泰认为，“幸福的首要条件之一，是人与自然之间的联系不被割裂”。对普罗大众来说，不管是砸锅卖铁在城市买房，还是回到乡村回归土地，“土地”，都是人安定感的重要来源。

人不能一直飘在高处，回到低处、贴近地（生）面（活）踏实过日子，总归才是生活的常态。只是不知从何时起，同一片土地上的人们被划分成了城、乡两个阵营，随之是城、乡两种生活方式和价值观，然后，人与人逐渐分化、对立，各自不得心安。

什么是美好的生活？答案并不在城市，哪怕你生活在市中心的豪宅里，没有自然、土地的快乐和踏实感，未必就会幸福；答案也不是乡村，你困于资源稀少的乡村，找不到衔接城市的办法，再怎样谈生活方式和精神享受，多少都有些虚妄。

我们无须把乡村浪漫化，也大可不必把城市浪漫化——在两者中间，倒是有一种浪漫和美好，那就是城与乡的融合。上述不同类型的城乡居民，已各自为我们展示了这一点。

如何才是未来更值得“向往的生活”？城与乡都不是答案——城乡融合，才是答案。

15

后疫情时代的乡村振兴

一、回不去了的振兴

2022 年 7 月初，趁上海疫情缓和，我出城四处走访。

我一直跟踪着大南坡村的乡村振兴建设。大南坡是幸运的，一度引发社会各界关注，后来得到各种优质资源的不断注入。比如，政府和艺术家联手，在村里空地上设计了一些极具艺术感的儿童游乐设施，一些乡村教育公益基金、大学教授也陆续参与进来，村庄不断升级着。随着游人渐至（虽然不多，也不需要多），周边村民纷纷将自家房屋改造成乡村民宿。政府也收置了一批民房，打算统一改造成接待、服务设施及乡村酒店。一场由内而外的乡村美学实验，正不断结出硕果。

接下来的变化主要发生在两方面。一方面是主政者的离任，尽管他的内心还想继续扎根本土，将他的县域经济探索深入下去，并期望摸索出一条改变内地县域经济粗放发展的新路径，但无奈任期已满。后来，继任的主政者虽不反对这场乡村美学探索，但热情并不在此。

另一方面，更大的影响还是疫情。当地是一个小县，经济基础薄弱，加之本土曾出现疫情，占财政收入较大比重的旅游收入受到巨大冲击，原本就不富裕的地方财政雪上加霜。加之疫情期间主政者的一再更换，导致包括乡村美学在内的各种积极、创新的探索面临收缩。

最新了解下来，由于出现较大面积的费用拖欠，大南坡的许多政府文旅项目进展缓慢，甚至面临停滞。而与此形成鲜明对比的，是周边村民自己改造的民宿早已投入运营，且运转良好。但政府项目迟迟无法完工、投入运营，一定程度上影响了乡村风貌和发展信心。

各地类似的例子并不少见，以往由政府投资、主导的乡村振兴项目，由于财政紧张，或多或少都面临着困难。这种困难的影响是系统性的，它不像村民自建的民宿，可以根据实际情况灵活应变，有钱就大改，没钱就小改，符合条件了就先开起来，然后再一点一点地缓慢“迭代”。只要“不死”，就一定能慢慢“活”起来。

但政府的项目很难自我缓慢“迭代”，除非领导重新重视，或再来一次“大水漫灌”。随着经济增长的放缓、后疫情时代的延续，这种困境在短期内恐怕不会出现改变。所以，政府不能太自信。传统政府主导型的乡村振兴模式，也必须有所改变。

二、走过世界，回到彭镇

趁着在成都的行程间隙，我抽空去见了一位乡建老友。

政府财政变化的冲击，首先体现在她身上，许多合作的乡建项目不再续约或中断，不少款项还难以结清。她干脆选择暂停，回到老家相夫教子、读书写作。失之东隅，收之桑榆，暂停乡村振兴事业的她，生活状态却令人生羡。

2021 年，她将家搬到成都双流郊区的百年老镇——彭镇。她和丈夫一起，在老街街头上开了家叫“画月”的画室。画室临街，租金一年 2 万元，并不算贵。老镇消费水平也低，对门的小饭馆儿在点好菜后可以送过来，三四十元就够我们几个人美餐一顿，他们一家三口也可以常年不开伙。

进了老街，氛围像时光穿越般温和、恬淡。除了政府后铺的路面、装的路灯，街巷完全保留着旧时模样，老式的缝纫店、铁匠铺中，各种老手艺人都埋头做活儿。店面也不搞装潢、修饰，连店门板也都是一片斑驳，显然没有搞旅游“文创”，也无意讨好外来游客。

旧模样的不止临街商业，生活也是。穿过门洞，后面是居民旧宅。曲折的巷落，深浅不一，左右宅院鳞次栉比，中间往往还夹着公共厕所。路边随处晾着人家的衣物，在微风中飘摇。透过绿植围成的篱笆望进去，许多门户别有洞天，欢笑声不时传来……如此，由繁华大城市到郊区，到老街，到小巷，再到推门入院，这样的归家路，何尝不是一种生活的修为。

彭镇名人辈出，有写《为学》之“天下事有难易乎？为之，则难者亦易矣；不为，则易者亦难矣”的彭淑端，另外，清代儒学、医学大家刘沅就出生并传道于此。其中，刘沅所建槐轩书院依然立在街旁，这个有着 200 多年历史的木结构建筑已四处漏风，门板脱落，但依然像个老者一样倔强地站立着。

我说，政府也不维护一下（事后得知是修复困难，一再延期），朋友却说，就这样，挺好啊……老街自自然然地，政府越少干预越好。

彭镇最著名的当属百年老茶馆观音阁，其盛名享誉成都乃至川西，盖过彭镇。这是一栋明末老建筑，原是一座庙宇，民国初年改作茶馆。“文革”期间，一度作为镇上的会场，至今还保留着许多语录、壁画。

而这一切，都还原封不动地保留着。灰瓦青砖木板，挂满蛛网的房顶，有着百年“污渍”的墙壁，石灰脱落后露出的土木质墙体和四处漏风的门窗棂楣，一切都已斑驳得不成样子。还有熏黑的灶台，幽暗的喝茶环境……显然店家从未想过修缮、改变。

若是有洁癖或强迫症的人，怕是要夺门而出，喜欢的人却视若珍宝、流连忘返。门顶上是“敬祝伟大领袖毛主席万寿无疆”的标语，脚下是人们几百年踩出来的坑坑洼洼的泥地，其坚硬程度堪比水泥地板，却不似水泥地板那样冰冷、有阻隔感，而是充满生活气息的地气和人文的温度。坐在阳光透过来的明处或照不到的暗处，点上一碗茶，呷一口，再将身子靠上竹椅椅背，不由发出一声惬意的喟叹。

历经百年沧桑，茶馆更无意讨好比它年轻得多的游客。它一早开放，来喝茶的多是本地老人，收费一两块钱一碗。随后居民散去，游客陆续到来，收费十元一碗。如此“区别对待”，按理难免引发意见，大家却不以为意，乃至喝的茶成色如何，也没有那么重要。

客人闲散，掌茶的伙计也乐得自在。他拧着水壶晃着，不时停下来加水，手法从容、沉稳，再细看，他精瘦、精神，仿佛青城山下来的得道道士，只不过借此隐修……这个小小的茶馆，竟有一种天人合一的质朴和真意。

出了茶馆，树底下的“苍蝇馆子”生意火爆，一旁还支着不少本地人的麻将桌。你喝你的茶，我吃我的饭，他打他的麻将，大家互不为意。转角处，则是外地青年在老房子里开设的“Candy · Coffee”，卖着手冲咖啡、冷萃咖啡、甜品、奶茶，坐着不少时髦的年轻人，门前还泊着许多宝马汽车、哈雷摩托车，或我叫不上名头的摩托车……人们各有各的所好，各有各的活法，无须因贫穷而惭愧，亦无须在心里互相“问候”，而是充满参差不齐的和谐。

可贵的是，人们就爱这种自然与和谐，政府也没有热衷整齐划一、打造繁华景象，把路修好一点（目前的水泥地仍然破坏了景观）、装上路灯、搞好消防，你们爱咋咋地。也正因为这个“爱咋咋地”，才诞生了独一无二的彭镇。

这或许就是朋友看过世界后，搬来这里的原因吧。

三、令人欣慰的纠结

在成都还有一个设计院的朋友，他正纠结于天府新区城郊的一处乡村规划。而他的“纠结”，却令我备感欣慰。

天府新区是国家级新区，更是成都发展的方向，在新区城市界面与乡村的接合部，政府正在进行大面积的乡村振兴规划。如此优越的地段、体量，以及成都市政府投入的大量资金，自然引来众多企业（包括许多国字头企业）的开发热情。好在，地方政府没有醉心于大规划、大战略、大拆大建，也没有急于动手。因为，政府也正纠结着。

也许，大家的认知是一致的——今天的乡村振兴，正面临一个瓶颈。一方面，从政府到社会，都已认识到不能以城市化的方法“建设”乡村，加之地方财政的紧张，也促使地方的城乡建设由粗放投资转向精细化；另一方面，在飞速发展、城市价值与科技标杆明确的时代，我们很难用传统乡建的方法搞振兴。

这种位于城乡接合部、区位条件较优越的乡村，众所瞩目，利益关系错综复杂。附庸于城市化，大拆大建，或作为城市配套，都不是好答案，各方阻力也很大；搞村民自建、社区营造，或者观光农业、民宿、乡村文旅，又是小打小闹，人云亦云，且满足不了市场定价的预期，将导致区位、生态资源的浪费。加之市面上缺乏对标案例，因此纠结在所难免。

这些乡村真正的发展方向，以及实践意义，不止于乡村建设，更在于探索一种乡村振兴的新机制，是探索一种生态、人文、经济和谐发展的城乡建设新方法。

方法需要探索，但建立原则是首要前提，那就是**明确各方职责、能力的范围和边界。**

第一，政府应做好教练员、裁判员，谨慎成为运动员，尤其防止踢着踢着又踢成主力，导致“乡村运动而农民不动”。

政府的决心和投资不可谓不大，但切忌据此大包大揽，应该以建好董事会、做好董事长，做好顶层规划、战略方向，提供资源支持为主。具体执行、管理理应放给“市场化职业经理人”和广大员工，没有他们的创业热情、市场开拓能力，决心和投资再大，最后都只能砸出一个坑。

投资人接下来要做的是，提供基本的办公设施，打造有吸引力的工作环境。如大南坡村，政府选择把钱花在刀刃上，建好公共配套，打造好乡村书店、碧山工销社、展览馆、儿童游乐等关键亮点，剩下的空间就让给村民、市场经营者，最终激发了多方的积极性。这时，哪怕疫情下政府投资项目有所停滞，这个村庄也不会“死掉”。

随后，政府还要做好裁判员，严格“球场准入”，不能让“见人就飞铲的劣迹球员”、破坏规则的“业余球员”入场，或一旦发现必须立即亮牌，否则，一场好“球赛”必将把所有人都踢得寒心，此时，政府再如何张罗，这场宏大的振兴也只能自娱自乐。

第二，确立以村民为主的运作机制。当然，这里的“村民”，不能是狭隘的“本村村民”，更不能搞成宗亲团伙。

历史反复证明了“小农”的封闭性、局限性，“村民”主体不开放，投入再多外力（尤其不能是以权力平推）也是枉然。

中国几千年的传统乡村管理，以及以晏阳初、梁漱溟为代表的民国乡村建设理论、实践，都强调“教化”，以及围绕“教化”形成的组织，以此克服“小农”的封闭性和自私。晏阳初指出，农村应该建什么？不是“办模范村”、修马路、搞图书馆，也不是办救济，“很简单，一个字就可以答复，农村建设就是建‘人’……我们的工作不是烘托、粉饰，供人欣赏、参观，而是把我们对象的‘人’，能使他们自觉，由自觉进而知道自己能改革，自己创造，自己建设”，由此，他建立了中华平民教育促进会，并在各地乡村广设平民学校。

中华平民教育促进会的学校是开放式的，面向全体村民。一方面，晏阳初针对乡村“愚、贫、弱、私”四大现状，开展通俗、实用的文艺、生计、卫生、公民四大教育。另一方面，他以教育为核心，构建其“管、教、养、卫”体系：“管”包括村级公民服务团、乡镇公民大会、经济建设委员会等；“教”包括乡村民校、同学会、传习处、公民服务训练班（成年农民继续教育）、广播站等；“养”包括农作物品种改良、合作社、信用组等，从产、运、销、金融方面全面组织农业经济；“卫”则包括建立“保健院（县）—保健所（乡镇）—保健员（村）”体系，预防天花、牛痘等常见病，并进行水井改良、建立小学体检及卫生档案等。

晏阳初的这套方案，后来发展为定县县政改革方案，直到被抗日战争打断。其影响极其深远，他创立的乡村卫生体系一直沿用至今，直至 20 世纪 80 年代我国开展教育大普查，定县还是全国唯一的无文盲县。

此外，梁漱溟的“乡农学校”、黄炎培的中华职业教育社等，也走了类似路径。一方面，正如梁漱溟所言，“乡村建设大部分都是经济建设”，他们并不奉行乌托邦，而是通过教育行组织经济之事；另一方面，他们的实践证明，不解决乡村的“教化”和“组织”问题，乡村就无法实现自主的振兴。

现实中，成都蒲江县的明月村也是好例子。明月村的振兴，关键在建立了一个“新老村民文化共同体”。在村庄早期建设过程中，政府真正做到了指导而不参与、干涉，政府派驻的驻村干部、操盘手、核心团队，逐渐走向村民而不是依附于政府。

这个核心团队，第一，没有想过把本地村民迁出去；第二，想方设法“招商引资”引入新村民，事实上，政府的基础服务做好了，新村民自然乐于进入；第三，格局形成后，他们的核心工作转为对新村民和老村民的不断融合——开设“明月讲堂”让新村民带动老村民创业，成立旅游合作社，以及明月之花歌舞队、明月村放牛班合唱团等（这些都由新老村民共同组成），大家遇事相商，共同举办活动，如此，一个集村民教育和“政治协商”的共同生产经营、共同协商决策、共建村庄生态的乡村振兴模式应运而生！

明月村自己办的诗歌音乐会

这种共同体的诞生，既解放了政府投资和管理，又可以帮助村庄抵御风险并统一对接市场，从而实现真正的可持续发展。

第三，政府与村民之间，还需发挥市场的核心作用。

政府的投资应当是引导性的，应该用在刀刃上，但村民的投资往往不成规模，且被动“随大流”，要盘活市场，要创新发展，注定只能依托市场力量。

遗憾的是，中国的市场化乡建力量太薄弱，缺乏批量的、有全套运作能力的经营主体。放眼望去，这些经营主体要么只有前端的规划、设计能力（如众多设计院），它们远离市场，其中多数还抱着城市化改造、搞景观建筑的思维模式；要么只会施工、建造，赚房地产的钱；要么有运营能力而缺乏投资能力，只能走轻资产（类似于民宿连锁管理、品牌输出）的路径；要么只能等市场成形后，跟着做一些亲子游乐、自然教育之类的项目，大家赚一点是一点，原本就分散的乡村，更被搞成前后脱节、一盘散沙！

真正拥有从顶层设计到中间资源整合，再到终端建设运营能力的企业十分稀少，尤其还有研发、创新能力的，更是屈指可数——没有足够数量的、对乡村理解深刻又具有产业塑造能力的乡村建设企业，乡村经济就永远难以产业化，乡村振兴就始终难以盘活。

因此，要将乡村振兴推向更务实、更深入，就必须不断鼓励、培养这种类型的乡村建设企业！

综上，乡村振兴是谁的事情？一定是政府、乡村和市场三位一体的事情。建立乡村生态、人文、经济的“命运共同体”，探索三者的能力激励机制，并逐步明晰边界，进行产业化、规范化运营，才是乡村振兴、城乡融合，乃至中国经济内循环的根本方向。

疫情潜移默化地改变了从个人到企业再到政府的许多习惯。多年后回头再看，这种改变未必不是一件好事。那就让改变发生吧。

16

建筑设计师还有前途吗？

这是建筑设计行业在 2023 年的新问题。清华大学、同济大学、东南大学等高校因相关专业招生不满，一些专业被调为二级学科，以及圈中许多朋友的转型，早就不是新鲜事。

眼见房地产行业陷入低谷，地方政府去债务，各大城市消费与经济活力不足，叠加汹涌而来的人工智能开始抢夺饭碗……这些，都直指建筑设计领域的大衰退，减员、降薪、失业愈演愈烈。还要问这个问题，不是伤口上撒盐吗？

我访问了几位建筑设计师朋友，来看看他们的答案。

一、穆威：不是建筑师的问题，是时代的问题

穆威是一位真正具有国际视野的建筑设计师，先后在西班牙和挪威从事建筑实践，是法国、英国、挪威、西班牙等国多所大学的客座教授。他的建筑作品获奖无数，却很少出现在建筑圈的各种活动中。

他说，自己做的不是建筑，而是“自然 + 社会教育”。而他的困惑，正始于教育。

那还是 2003 年左右，房地产、建筑设计的黄金时代即将到来，柯布西耶等现代建筑四大师的风格还是建筑学教育的主流。那年他大五，像大多数与社会脱节的大学生一样，感到迷茫。他来到台湾建筑师谢英俊开办的河北晏阳初乡村建设学院实习。一开始，每天的事情不过是钉钉子、搬木头等。正是在这些基础劳作和集体协作中，他渐渐感悟到建筑底层的物质性——建筑是由石、砖、木材、玻璃等基本物质构成的。而建筑学其实在精英化教育范式中逐渐被虚化了。

精英式教育，叠加工业化、房地产化浪潮，许多建筑师油然而生一种“救世主心态”，一开口动辄“革命性创新”“作品”；另一种现象是建筑与建筑师网红化，各种获奖作品背后，却是漏水、铝板生锈等各种“小疏漏”，给使用者带来持续的生活困扰。

建筑师一面大谈公共性、社会理想，一面又被甲方“狂虐”，心态日益纠结。后来，盛于房地产，亦衰于房地产，直至近年的房地产困局，潮水退去，各大建筑设计院、事务所隐入尘烟。

中国教育的另一个问题就是容易“造神”，缺少批判性思考，譬如国人奉若神明的现代建筑四大师。后来，在留学期间，穆威了解到国外教育对他们的客观批判，“在西班牙，很多咖啡馆、餐厅都开在老房子里，建筑与生活的传承性一如既往。与

此不同，荷兰出了许多‘很猛的’现代主义大师，大谈创新、动辄‘革命’，却不断制造着建筑与自然、传承的割裂”。

“很多大师晚景凄凉。比如柯布西耶，因为不善经营，一生不断破产，晚年与世隔绝，栖居在朋友提供的9平方米的小木屋里。他们都在时代中获得机会，但都被顽固派打压，并不断战斗，这很伟大、了不起，但本质上，他们都只是满足了工业时代的需求——大家都是时代的产物。

“曾经有一张调侃建筑学的网图：人类最好的建筑，在500年前、200年前是双坡顶，只有现在是‘小盒子’，但100年、200年后，又将是双坡顶。现在被奉若神明的安藤忠雄们，最后可能都只是历史的一瞬吧。”

认识到建筑并不需要不朽，“有一天也会跟我们一样随风而逝”，穆威释怀了。

回国后，他没有热衷于商业性建筑、房地产，而是把精力集中到研究装配式小房子上，并带孩子去自然中造房子。在江汉平原上，几个平常村庄边缘的小树林中，他带着孩子亲手搭建了一个个伴着萤火虫和蛙鸣入眠的自然营地。

“每个人都有回归自然的方式”“每个孩子都是造物主”……他把它们命名为“个个世界”。

不是只有城市化的建筑才叫建筑。建筑的意义，最终都要与个人发生关系、进行情感联结，尤其在最近几年，人们更深刻地认识到这一点。人们开始了解平常的美好，开始关注自然的生活方式，穆威的营地建设也逐渐崭露头角，现在已经发展到5个。

穆威的营地

出乎意料的是，2023年，营地、民宿等现代文旅“消费升级”内容逐渐被传统旅游“消费降级”替代，他的营地也受到影响。与许多运营者的恐慌不同，穆威很坦然，“建筑学的底层还是经济学。不是建筑师的问题，而是时代的问题，我尽力而为就行”。

他打算走开源设计之路，从建筑设计转向生活设计。“传统设计都是设计师来做、消费者来买，并没有给用户参与的权利。接下来，我要和我们的好玩的用户一起设计，让他们来投票、生产。大到一件家具，小到一个笔筒，都是生活的设计。”

对迎面而来的人工智能时代，他更加坦然。“建筑设计只是一项工具。机器能快速帮你实现，但它并不知道你要什么……以后，设计师的技能不在于会做什么，而在于提问，并且知道该用什么工具组合去解决问题”，这也是“个个世界”亲子教育的理念所在。

“多提问，多去感知实际发生了什么。这就是我的答案。”穆威说。

二、王求安：中国农民，还从来没被设计服务过

王求安大概是近年最火的“野生”建筑师之一，他和他的安哲建筑下乡给各地农民设计房子，深受农民、地方政府的喜爱。

王求安只是岳阳师范专科学校美术系毕业的一个中专生，17 岁毕业后开始工作，19 岁跑到北京学室内设计，后来开了家做展陈空间设计的公司，22 岁在北京买车买房，实现草根逆袭。27 岁时，眼看那些花费几百万、上千万元做好的展场，不过十天就全数拆除，他感到价值虚无，后来报了个建筑学自考班，成了个半路出家的“野路子”建筑设计师……

前不久，这个“野路子”前往清华大学建筑系给师生讲述他以“完全以村民为主体的乡建实践”为题的乡建故事，没想到，这给中国建筑学顶级科班的师生好好上了一课。

面对行业和孩子们的迷茫，王求安说：“现在正是建筑师的美好时代。”从群众中来，到群众中去，不做城市房地产，照样大有可为！

他认为，建筑设计方往往只跟决策者交流，不跟使用者沟通，比如城市房地产。但在乡村，**对大多数农民来说，他们的宅基地、房前屋后的一亩三分地，就是他们的全部世界。学会倾听农民的声音、与他们对话并引导他们，才是一切乡村建设的基础。**

中国的县、乡、村，绝大多数地区都没有经过规划，各种类型的建筑混搭，破破烂烂，特别凌乱。如果只是搞一些“穿衣戴帽”的形象工程，农民肯定会反感，因为

它们对生活水平的提高并没有帮助。

“当农民还在为自己的未来生活而担忧时，你跟他们讲建筑学的神性、玩建筑学那一套乡愁，他们一定会反感……**乡村建设，最重要的关键词其实是：公平。**”王求安说。

2020年，老家湖南平江县请他回去建设一个村庄搬迁安置项目。政府免费为村民建新居，农民本该高兴才是，到现场一看，这个项目却陷于停滞。原因是村民集体反对，为何？城市建筑师会找到各种理由。但王求安一眼就看出了问题所在——不够公平！

原来，在原有四四方方、规规整整的建筑方案下，农民都想要更靠近中心广场或临街的房子，因为将来可以做点生意谋生。但这些“地理位置优越”的房子，终归是少数——设计源头的不公平，才是根本。

你能说是因为农民素质低吗？在关乎生计的问题上，谁都不应该去简单指责。

王求安很快从当地农民日常使用的斛桶上找到解决方案，将原来四四方方的布局，改造成三个圆环形的桶状布局——街道呈圆环形设计，家家户户就都可以临街了。随后的村民大会上，农民爽快地赞成了这个方案。

呈圆环形设计的街道

这个方案一眼看去有些古怪，许多建筑师看了都笑，却能顺利解决农民和当地社会问题，无疑是一个好作品。

在陕西留坝县，王求安又做了200个“作品”。2021年，留坝县政府推行“四个一百”建设，其中包含“发展100家精品民宿、升级改造100家农家乐”。但要农民配合政府，统一掏几十万上百万元改造自家房子，谈何容易？

王求安的工作秘诀是“重新组织、动员群众”，其中一个关键是召开村民大会。但要让村民坐下来开一个小时会，何其难！很多会议往往开不了两分钟，村民就自顾自地聊起天来，五分钟后就吵起来，八分钟后就走得七七八八，十分钟后，现场可能就剩王求安和几条土狗了。

他有办法。首先是带村民出去，看最适合自己家的改造效果。回来后，挨个与他们沟通。然后才是村民大会，征得大部分村民同意后，开始挨家挨户地建沟通微信群，为他们制定差异化、个性化的设计方案。

此后的工作大多是设计师唯恐避之不及的家长里短。譬如一户人家，儿子想做欧式，父亲想做中式，争执不下；另一户人家，父亲想大改，儿子不愿意，因为搞下来要花七八十万元，将来还需“父债子偿”；有一户养娃娃鱼的人家，好不容易全家达成共识，认同了“娃娃鱼”建筑方案，但乡村没有具备钢结构建筑经验的施工队，找人一报价，要 400 万元，最后还得让王求安帮忙从外面找队伍，并将报价压缩到 200 万元……

“我们把四分之三的时间花在了前期关于‘人’的研究上。解决了问题，得到了关注，所以才能获得从上到下各方面的全力支持，剩下的工作推进才能顺畅。”他说。

反过来，农民也在不断给予他惊喜。上述养娃娃鱼的人家，房子改造完成后十分自豪，**主人说，这样的房子，全中国只有他家这一栋，**民宿建成后，一晚可以卖到 600~1200 元一间。很多农民原本只打算花 20 万元改改，看到方案后，纷纷主动增加预算（平均 100 万元）。

后来，很多农民偷偷告诉他，以前怎么看自己的房子都觉得别扭，“千篇一律的难看，住着也不舒服”，但不知道怎么去解决。照别人的样子，花几十万元建一栋，过不了几年还是一样别扭。事实也是如此，在中国，“农民房”大概就是最低档建筑的代名词。但农民并非不想追求美好和改变，只是，中国农民从来就没有被设计服务过！

而忽视中国几亿农民的，何止建筑师。王求安举了几个例子。

在给农民设计房子的过程中，他顺手做了下徽标。农民十分惊喜并把它们当作“家徽”。“农民不是不懂、不愿追求，只是压根没人理过他们，”“城市广告设计师的电脑里，谁没有存着几百、上千个徽标过程稿？几十万上百万元的房子都造好了，再花 1000 块钱买一个‘家徽’，农民很愿意。”

“以前，农民根本没有软装的概念，也不知道去哪买。而现在的设计师设计一把椅子，一定要卖 4800 元，否则觉得自己没品味。但你如果卖 480 元，就可能卖几万把。包括中国的家具厂商们，因为城市消费和外贸不行，宁愿将家具堆在仓库、码头，也不把它们卖到农村。”

为天南海北的农民设计了大量房子后，王求安打算主动认领一个社会命题——为各地乡村设计现代民居样板：外在符合当地地理、文化特征，内在实现空间模块化，根据地方气候、材料，设置一个模块化组合方案，让当地农民自己就能建一栋 30 年不落伍的好房子。

“无须怀念城市房地产时代。现在，城市普遍缺乏消费升级的欲望和能力，反而乡村具备。走向乡村，去‘野生’，沉下心做，现在就是建筑师的美好时代。”王求安说。

三、孔祥伟：找到故乡就是胜利

早于王求安多年，孔祥伟就走向了乡村。

2001 年，他成立了一家建筑设计公司，是圈中的“老资历”。他们主要做城市公共景观、旅游规划设计、地产景观与建筑设计，项目遍布全国各地。他的日常，就是在各个城市间飞来飞去。但是，“无论是做城市景观，还是做社区，你的生命状态很难跟场地产生深度关联”，他最喜欢俄罗斯诗人叶赛宁的一句话，“找到故乡便是胜利”，他一直在找寻精神上的故乡。

转折来自 2015 年。这一年，乡村文旅开始进入公众视野，很多人开始对乡村产生向往，孔祥伟感觉时机到了。他认为，未来生活有两个方向：进城大趋势，每一位农民都有权利去享受城市，实现美好的生活；反过来，城市居民对乡村的自然环境充满渴望。

在山东日照，一位与他合作多年的企业家朋友，发现了一个空心村，邀约他共同改造。这个村子离孔祥伟的故乡小村不远，空心多年，破破烂烂，给他的感觉跟小时候的乡村很像。这就是他的“原乡”！孔祥伟给它取了个“凤凰措”的名字，然后带着一帮设计师住进这个荒村。

他说，像凤凰措一样，中国任何一个村庄都是在历史的演变中缓慢累积的，应该把建筑交给时间。他和合作伙伴也希望凤凰措能够在时间中慢慢生长。直到今天，村子的改造仍在继续。

但在彼时，乡村建筑设计还面临着巨大争议。是保护还是创新？乡村改造的方向应该在何方？其间，就有一位地方领导前去视察，指示村子要做乡村博物馆，给城市人参观，“不要动”。孔祥伟则坚信，建筑的意义，终究还是要与自然、与人连接。不论村民还是城市游客，都希望乡村具有适合现代人的人居空间，而非用来“参观”，继续割裂。

在不破坏乡村风貌的基础上，他提出大胆创新的设计理念，将现代空间融入乡村，并采用大量乡土材料建设。建筑方案还好办，漫长的说服过程更加艰难。他说，做乡建，其实综合的是商业业态、村民认知教育、村集体、地方政府的关系，一个建筑设计师可能需要承担规划师、游说家、传播者的综合角色，比城市建筑设计难得多。

从经济角度看，乡建设计比城市成本大得多，建筑设计师要承担大量非设计师的工作（不去承担就推不下去），收益又偏低，如果只考虑赚钱，乡村建筑设计就是一个伪命题。他的工作属于社会层面和“建筑社会学”范畴，是用建筑设计的方式，解决县乡基层社会问题。这些工作，传统的设计院、大型事务所肯定做不来。但一二十人的工作室游刃有余，做得很舒服。

做乡村建筑设计越久，孔祥伟就越认同库哈斯的主张——“世界的未来在乡村”：城市所有的资源都是乡村输送的，未来施展的空间也在乡村；未来，建筑如何跟自然对话是一个核心命题，建筑师都应该有这样一种能力。

对他自己来说，虽然生意越做越小，但个人身心发生了很大变化。他最喜欢的状态就是，拿一个小马扎，找个树荫坐下，吹着风，在场地中指导工人施工。当他心中理想的图景在乡村慢慢施展开来时，他终于体会到古人讲述的“诗性的生活”——这种生活虽然并不“高大上”，却与自然和人产生最真实的连接。

每个建筑师，都应该找到自己的原乡。

四、李逸：建筑是一种传媒

李逸是一个“90 后”建筑设计师，在主流建筑圈并不广为人知，但他通过自己的实践，探索出一个全新领域——党建美学建筑设计。

他最早做的是历史建筑和文化遗产保护，此后，先后进入大型房地产企业、室内和景观设计集团担任设计总监，“等于从建筑保护、发展规划到具体设计完全做了一遍”。尽管一路顺利，但他感受到，城市很难真正给予年轻设计师机会，而在追求高效、快节奏的工作中，日益有一种被程式化、被“榨干”的感觉。

在这样一个大变革时代，“沿着城市、学院派路径发展下去，永远不可能干过上一代、上两代建筑师”，那么，年轻设计师的未来在哪里？

2018 年，他在乌镇主持一个国际艺术村建设工作。一天，河南修武县的副县长来找他。他并不认识，自己要干活，也不想接待，就让副县长自己订酒店，随便看看。副县长立马拍起视频，发给县委书记。拍完，也顾不得那么多，直接找到李逸“摊牌”：“不行，你要跟我走。领导下了死命令，要我一定把你请到县上。”

李逸一看，对方态度诚恳，又跟电话那头的书记交流了一下。原来，县委书记找他做的是基层党建美学设计，作为“江苏省优秀共产党员”的李逸被打动了，于是立马收拾行囊北上。

这位县委书记与李逸一样，都是具有留学背景的开放性知识分子，他们在欧美留学时，都去教堂参观过，从建筑形态，到具体设计，再到实用性，西方教堂都呈现出极致美学属性。回到我们的乡土，党建也是一种信仰，基层党群中心是党在乡村的核心阵地，为什么却是灰头土脸？

他们决定探索中国基层党建美学路径。在选择了一个叫大位村的村子后，李逸用两天时间就做出了设计方案。他的方案，首先是把围墙拆掉，却一下遭到许多部门的反对。

有部门认为，党建就应该是严肃的，不应活泼；有部门认为，村委会就是一个村民交材料、办公的地方，没必要搞成“网红”；有部门担心，大面积落地玻璃没有围墙保护，“万一有人砸玻璃咋办”；有部门开始算账，质疑超出预算的钱怎么赚回来。

幸好，县委书记顶住压力，拍板了李逸的设计方案。最后，在县、村书记的鼎力支持下，一座中国乡村前所未见的党建美学村委会，取代了原本破破烂烂却要围成个“宝贝”似的旧村委会。

今天，我们去大位村村委会，但见开放式广场上，村民可以跳广场舞，节假日挪开花箱就能举办大型群众活动；大落地窗设计，透明化办公，塑造公开公正的行政氛围；党建书吧，除了阅读，附近小学的孩子放学后可以进来读书、做作业；更妙的是，李逸利用阶梯教室高差，设计了一个滑梯，村民都乐意带孩子进来玩耍……

乡村党建变得既美好又实用，开始散发出信仰的魅力：村民有事没事就愿意前往；一年内村里有50多个年轻人申请入党；年轻人结婚，选择在村委会办婚礼；同时，政府将邮政、快递、ATM、商铺等配套往村委会靠拢，形成乡村“党建美学经济综合体”……

此后，各村根据自己的特点、需求，邀请不同设计师，设计差异化的党建美学综合体。这些党建美学建筑，既美好又实用，还能转化为经济收入，改变着地方的精神风貌，受到群众、党员的喜爱，但李逸坦言，“它们放在建筑学中不会有历史地位，但放在社会学中很有价值”。

价值标准应该由谁定？不应该只有专家。

李逸认为，在党建美学引领下，建筑不是死的，它应该自己会发声。“党建空间”应当去行政化，服务人民群众，响应年轻人的时代诉求。它们应该是有声音、有情感的，应当承载一个国家的新面貌、讲述国家的新故事。

除了在各地设计本地化的党建美学建筑，李逸还致力于推动开放性的党建设计：

商业需要人流，党建为什么就不需要？例如，将基层党群中心与民宿、便民超市、快递物流结合，互相借力；市场需要传播，党建为什么不需要？例如，发力红色文创设计，不应只有毛主席头像、五角星茶杯，还可以有很多特色文创产品，通过产品去传播信仰和理念。

社会的进步，终究还得靠一个人一个人，一点一点地去做。在李逸看来，每个基层党建中心就像一盏一盏灯逐渐点亮。这个过程，就是他心目中的“点亮工程”……

建筑设计师还有前途吗？但愿他们的故事，能让建筑设计师，以及各行各业的专业技能者，看到不一样的答案。

17

你真的理解中国城乡矛盾吗？

一、一场讨论引发的思考

我的许多媒体和作者群，最近有很多讨论。说起人工智能、经济、失业等问题，一般观点都比较一致，但每次谈到城乡问题，总是“交锋”激烈。客观上，这也反映了中国城乡差距、城市化与乡村振兴的矛盾依然巨大，社会始终难以达成共识。

过程不赘述，回到讨论的核心问题——城市化与乡村振兴是一对矛盾吗？这其实是一个复杂的问题，先分几层逻辑做一个简要概述。

第一层逻辑，答案是——矛盾。

中国城市化，主要还是农民的市民化进程。改革开放前，中国还是一个以“三农”为主体的农业社会，1978 年我国常住人口城市化率仅有 17.92%，至 2022 年达到 65.22%。40 多年间，中国有逾 7 亿农民进城，推动了城市繁荣，反之，乡村人口越来越少，陷入大衰退。

尽管国家一度倡导“城市反哺乡村，工业反哺农业”，也产生了一定作用。但总体上，两者还是一种此消彼长的关系。

第二层逻辑，主流经济理论——不矛盾。

逻辑也很简单，城市发展起来，容纳更多就业人口，乡村人口少了，人均资源占有量、人均 GDP 就越高。最终，进城农民和留在农村的农民，都因此获益。

主流经济学观点随之认为，解决乡村问题的根本，还在于继续大力推进城市化。一方面，城市资源使用效率更高，需要进一步集中，反之，将资源配置到更低效的欠发达和乡村地区，是生产要素错配，不符合经济规律；另一方面，继续提升城市对乡村人口的吸附力，进一步化解乡村人多地少的矛盾，最终实现城乡人均收入的平衡。

这个观点，逻辑正确，看起来城乡都将因为城市化获益，皆大欢喜。但现实中，又经不起推敲。

第三层逻辑，回到现实，从城乡资源分配、国家政策引导上看，又是——矛盾的。

道理也很简单，资源有限，分配给乡村多一些，城市自然就少一些；对欠发达地区的财政转移支付、基础设施投资多一些，对大都市圈的投资就少一些。

现实中，乡村振兴、县域城镇化、财政转移支付、区域均衡发展是近年的国策，与之相对，控制一线城市人口、控制大城市基础设施投资（如地铁）及房地产发展、严控土地红线等政策也是事实。随之，社会舆论争议不断，也就有了开头的又一次日常讨论。

管中窥豹，城乡矛盾及其资源如何分配，效率优先还是均衡发展，这从来都是问题。

二、西方城市化经验

我们在讨论中国城乡问题的过程中，总是习惯引用国际上的发展经验。引用最多的，无非欧美、日本，正好，它们代表了两种不同的城乡治理模式。

现代西方的城乡治理，强调自由流动、市场配置，政府无为而治。从结果来看，西方城乡关系较为和谐，堪称我们学习的典范。但从底层逻辑上看，西方模式并不好借鉴——历史往往是残酷的，西方几百年的城市化经验有其特定时代背景，今天的我们，实难照搬。

西方城市化，伴随着早期资本主义发展，都或多或少地出现过“圈地运动”。15世纪中叶始，为了规模化养羊以发展毛纺织业，英国地主、贵族纷纷把土地上的农民赶走，并大肆兼并土地，造成“羊吃人”的历史景象。好的一面，工厂实现大发展，被赶出家园的农民可以进厂打工——这既为现代工业起步提供了丰富的廉价劳动力，也进一步促进了社会大分工和消费市场的崛起。

美国历史同样血腥。在内，对印第安人大屠杀；对外，通过多次战争获取大量土地，直至18世纪末北方城市工商业资本与南方奴隶制种植园经济矛盾大爆发。幸运的是，美洲竞争压力小，早期的美国人既聪明又勤劳，每次重要抉择也没出差错。

此后是漫长的技术革命、全球资源的一再重新分配。另一条线是“集中—分工”模型下的现代经济大发展，全球统一市场形成、专业技能者成长、中产阶级诞生等，都推动着城市大繁荣、人类社会大进步。

经过几百年的漫长进化，今天欧美城乡呈现出共同繁荣的和谐景象，城乡人均资源占有、经济效率和收入也相对平衡。因此，很多经济学家、知识分子自然认为，学欧美才是必然出路。

但是，结果并不能替代过程！我们要认识到：

第一，西方城乡矛盾的化解花了几百年。我们有多少年？

第二，资源重组必然有一个“原始积累”阶段，西方主要经济体，大体都经过了对内剥削存量（乡村），对外武力掠夺增量的过程。但现代社会，你还能掠夺谁？还有没有对外转移成本的机会？

第三，还有一个重要的细节差异，即西方城市化进程都伴随着“农民失地—回不了乡—被‘劣汰’—进贫民窟”的必然规律。土地私有及自由市场条件下，巴西、印度等发展中国家的大都市发展，也遵循了这个规律。

那西方是怎样解决这些问题的呢？一方面，物竞天择，自由竞争，你有能力就住富人区，没能力就住贫民窟、流浪街头，谁也别怨谁；另一方面，贫民窟、阶层分化等问题，累积了巨大的城市治安、环境治理、营商环境恶化等产生的社会成本。只不过在这方面，资本主义国家并没有遵循“谁获益谁付钱”的市场规律，这些成本并不是由利益群体承担的，而是分摊给了全社会。

可见，西方的城乡矛盾并不是消失了，而是在某种程度上转化成了城市内部矛盾。

而我国的城市化发展，完全无须如此：中国农民依然享有自由往返城乡的权利，不会因为回不了乡而必须待在贫民窟或流浪街头；中国城市无业游民很少，短期失业者因为有退路，也大可不必以身试法，城市治安、综合治理成本才能处于低位，营商环境才能不断优化，才能实现繁荣与稳定的平衡；除了房价、教育内卷程度、生活成本高点，以及社会舆论焦虑，中国城市居民幸福指数并不低……

我们算经济账，不能只算表面投入产出效率，而应当算综合、深层次的社会成本和收益。而这些，正是我们社会制度优越性的体现。

综上，西方经过几百年发展已成形的答案，并不一定都适合当下的我们，硬贴他人的“成功经验”，并不明智。更不可为了继续高速推进城市化，人为地搞农民失地运动、搞城市贫民窟，最终社会成本将无限放大，得不偿失。

三、日本地方振兴经验

那么，有没有更浓缩、更贴近我们现状的国际经验呢？

有，日本就是。日本从战后大重建，到经济大繁荣，到高达93%的城镇化率，再到社会发展大停滞，走完一个经济全周期，用了跟我们差不多的七八十年时间。且其国情（人多地少）、文化又与我们相近，相比言必称西方发达国家，日本才是在很多领域值得我们参照的最佳对象。

现状亦如此。欧美城乡“不矛盾”的答案，也并不适用于日本。

日本由于独特的行政区划，都市以外（都市率为66%），县辖市、市辖区，町（相当于集镇）、村已混为一体，大部分城镇，其实都混杂着广袤的农村地区，城乡界限并不明显。因此，日本的城乡矛盾，主要体现为大都市与“地方”的矛盾。

与中国改革开放后类似，在二战后的日本，大量人口从农村、山村、渔村向以东京、大阪、名古屋等为中心的近太平洋地区移动，成为廉价的工厂劳动者，顺势推动日本成为先一代“世界工厂”。随之，农村人口尤其是农村年轻人急剧减少，导致城乡经济差距不断拉大。

为了缩小差距、均衡发展，日本政府一度推行中央调控，力度不亚于今天的中国政府。

从20世纪60年代开始，日本就制定法律，将太平洋一侧的工厂分散到全国，并拿出大量财政预算支持。70年代，日本首相田中角荣还主导推出“日本列岛改造计划”，在全国建造新干线和机场，把集中在城市地区的功能分散到全国。同期，推行“故乡创生政策”，各级地方政府（市、町、村等）都可以从国家财政领到1亿日元作为启动地方振兴的资金，只是，由于很少产生盈利业务，这些财政支出广受日本舆论批评。

20世纪80年代，美日矛盾激化，美国遏制住日本强大的经济对外扩张能力，日本政府不得不大力发展内循环，不断加大对经济衰退地区的预算投入。同时，美日结构性摩擦商定的《大型零售商店法》，一下放开大型商铺的开设，加上政府资金支持，地方掀起“造町运动”，一条条气派的街道不断建成。随之，由东京、大阪大资本控制的连锁店铺沿路“野蛮生长”，导致地方商铺落败关门，地方消费反而进一步集中到连锁店铺的大城市总部。这回，不光人口，连仅有的一点消费也都外流了，地方发展更是陷入低迷。

在此过程中，因对抗城市规划而兴起的“社区营造运动”不断发展，即居民自发组织起来改造、振兴社区，以对抗城市大规划及房地产化。从20世纪90年代起，社区营造逐渐成为日本地方振兴的一大主流，并深刻影响了我国台湾地区。

今天，日本的社区营造和乡村振兴一直在推进。虽然年轻人奔赴大城市，町、村总体衰落依然是大势，但也诞生了许多优秀案例、成熟路径。更重要的是，地方振兴逐渐从政府主导中走出来，培养了大批民间力量。

以日本为鉴，在无法照搬西方早期暴力转嫁成本的前提下，城乡差距和矛盾，很长时期内都不可能消除。但另一面，国际化的大都市与优秀的乡村共存，也成为日本现代化最靓丽的名片之一。城乡均衡发展被证明可行，关键还需要民间力量、市场力量的崛起。

四、中国国情下的城乡发展方向

不管是城乡矛盾，还是都市与地方矛盾，根源还是在于人与资源的关系。大致可分三类。

第一种是人均资源丰富的国家，以美国、澳大利亚、新西兰等发达国家，及巴西、阿根廷等曾经一度发达过的国家为代表。

这些国家地广人稀，气候、水文等自然条件绝佳，农业生产采用大农场规模化作业，农民（尤其是农场主）是富裕的代名词，政治地位高，当然不存在“三农”问题。更何况，其农业早就是外向型产业，并牢牢掌控着全球粮食定价权，具有向全球转嫁成本的优势。

第二种是人均资源占有平衡的国家，以欧洲发达国家，尤其是北欧诸国为代表。

这些国家虽谈不上地广人稀，但土地、自然、水文等条件都不错，农业主流生产方式为中型家庭农场，生产技术先进，且农民擅于组织、联合，可牢牢掌控市场主导权，并影响政府。因此，欧盟制定了极高的农产品准入标准及高额农产品关税，以阻止全球农产品的进入，保护欧洲农民利益。

显然，以上两者与我们的国情迥异，我们无法照搬其先进经验。

第三种是人均资源贫乏的国家，以东亚为代表。

以中、日、朝鲜半岛为代表的东亚地区，自古人多地少，多山而少平原，气候、水文条件也不理想，地震、旱涝等自然灾害频发，对内防风险优于向外谋发展。因此发育出小农经济作业模式和相对保守的文明特征。

由于人地矛盾突出，在古代生产力水平不高的情况下，为了社会稳定、人人有饭吃，就必须走重农抑商、重乡村控城市的道路。可见，城乡矛盾自古有之，只不过发展到现代反过来，重城市工商而轻“三农”罢了。

以上人与自然资源的关系，是第一层国情。第二层国情则体现为社会制度。

我国是工人阶级领导的、以工农联盟为基础的人民民主专政的社会主义国家，以共同富裕为目标，土地制度也迥异于全球，以城市土地国有、农村土地集体所有为土地制度。这些制度是长期历史发展和大多数人民的共同选择，是立国之基，不可能轻易更改。

“不是只有经济常识才是常识”，很多经济专家、知识分子在以市场化为导向分析城乡矛盾、社会关系的时候，不要忘了这一点。再举一个最显著的事实，中国最大的群体是谁？

中国有 5.8 亿农民，其中 2.9 亿为农民工，依然是中国最大的群体，而且这个群体一直处于相对弱势地位——一个以人民为核心的社会主义国家，不去保护最大的人民群体，还能去保护谁？

第三层国情是文化。

中华文明的底层一定是平民主义而非精英主义文化基因。我们自古讲究人与自然和谐、人际关系平衡、社会均衡发展；士大夫精神则一向强调民贵、爱民、天下为公等，与西方精英化、现代化思想并不同。

因此，中国历史上和现实中，凡是以精英自诩，或试图单纯以精英价值观主导的社会发展者，基本都要失败，大城市精英主义也概莫能外。当然，平民主义是文化基础，但还需要精英主义视角的引领，否则容易陷入封闭、民粹主义、“大多数暴力”，这也是历史上血的教训。

如此，我们应当追求大城市精英主义与乡村平民主义的文化融合，不可简单求其一，否则必然失败。

综合经济、政治、文化的基本国情，我们自然可以得出一个结论，那就是中国必须走城乡融合、平衡发展的道路。先发展、后平衡，先效率、后公平，先城市化再“自然”解决乡村问题的西方经验，并不符合国情和大多数人的愿望。

五、当前时期的城乡关系

上述国情相当于在“空间维度”上思考，我们分析问题，还需要讲“时间维度”。这个问题比较复杂，简言之，可以归结为当下时代的生产力发展水平——因为生产力决定生产关系，城乡关系本质上也由当前社会的生产力发展水平决定。

道理很简单，如果当前我们的生产力发展水平很高，可以给每户中国人发一套城市住房、一套乡村别墅，谁都可以按照自己的心愿在城乡自由切换，那就根本不存在城乡矛盾。显然，这不现实。

那么第一个时代特征依然是，我国的总体生产力发展水平并不高。

若从局部看中国，江浙沪、大湾区已基本达到发达国家生产力水平，并实现了城乡平衡发展。显然我们不能以江浙沪、大湾区为标准看整个中国，进而得出结论：只需要把人口引导到江浙沪、大湾区、环渤海等沿海发达地区，以及一些国家中心城市圈，并打破户籍、土地供应、耕地红线等制度障碍，鼓励人口自由流动，就能最终实现城乡及跨地区之间人均资源占有和收入的平衡。

这个逻辑，显然过于简单——最核心的制约因素依然是生产力发展水平。

以前我国实行计划生育政策，本质上是因为特定时期内生产力发展水平承载不了人口增量；今天，我国早已放开生育政策，但大城市人口生育率依然持续断崖式下跌，其本质，也是城市生产力发展水平跟不上过快上涨的城市成本，叠加大量失业人口，人们自顾不暇，还谈何二胎、三胎？

此时，你继续人为地推动人口增量，岂非加剧城市内卷，让所有人都雪上加霜？因此，在特定生产力水平限制下，适度控制一线城市人口，发展新一线、二线城市，推进县域城镇化，巩固乡村底线，以自然、缓慢地提升城市化率，就显然更均衡、合理。

第二个时代特征是，当下的城市内卷。

城市以市场效率为核心逻辑。以往提升效率，主要走“集中—分工”的工商业发展模式，所以产业与人的“集中—专业化”的不断提升，必然不断推进城市大繁荣。

对这种传统模式构成挑战的，正是城市追求的效率本身。现代国际化大都市发展到今天，各种成本越来越高，要追求更高效率，就必须搞产业升级。传统工商业主导模式，就让位于产出效率更高的“科技＋资本”主导模式。

问题在于，科技、资本将进一步加剧城市分化，具有科技能力、资本转化能力的塔尖群体，将获得越来越大的话语权，而占城市人口多数的普通中产、专业技能人员，将日益被人工智能、数字化技术替代而越来越不值钱，于是，广大中产必然陷入内卷，城市两极分化、阶层固化就将成为市场发展的必然！

此时，连城市中产群体都无能为力，再不顾规律地往大城市导入人口，又有什么意义呢？另外，被城市“劣汰”，或深受内卷影响的人，还能往哪里去？

人，终究才是发展的意义。新的历史阶段，当大城市“发展”反过头来开始压抑人时，平衡发展、县域城镇化、乡村振兴，就成了城市化的解药。

所以，不只有城市化才是乡村的解药，乡村，同样是城市化的解药。城乡融合、乡村振兴与城市化均衡发展，就是中国现代社会的一味解药。

所以，城市化与乡村振兴到底矛不矛盾？我最终的答案，已经很明了。

叁

农·村

18

乡村觉醒年代

一、乡村音乐之声

最近有两场音乐会让我印象深刻。

一场在河南孟州市源沟村。乡建者陈奇邀请建筑设计师穆威给村党支部及返乡创业村民授课，在授课之前，陈奇还特意请来了孟州本土民谣“浪潮乐队”做开场。主业卖净水器的主唱闫林弹着木吉他，腼腆地唱了一首原创歌曲《忆往昔》，又唱了一首《风吹麦浪》，傍晚的风吹进来，伴着土地上麦浪的和音，让我恍然感到，这首歌终于回到它的故乡。

这场“音乐会”，听众不过十几个人。唱完这两首歌，这个六人乐队，开着五菱宏光 MINI，又摸着黑回到孟州。不远百里，全程免费。

为什么要在讲课前特意来这么一场演唱？“生活不止眼前的苟且，还有诗和远方的原野”，村民需要认识到，城里人眼中的原野和诗，本就在自己眼前。

另一场在重庆荣昌区经堂村。端午那天，禾木有方社区营造团队组织了一场“大地民谣乡村音乐会”，邀请到了民谣歌者孙恒、西南大学乡村建设学院的张斌、北京小毛驴市民农园创办人之一黄志友……说是“邀请”，他们本都是计划去村里玩的，被乡建者和村委会“逮到”，顺便做了一场村民家门口的田野音乐会。

音乐会上，民谣歌手和村民、游客齐上阵。守教堂的罗叔叔已经 70 多岁了，在教堂默默地拉了 20 年二胡，也终于能登上自己的舞台。罗叔叔不光能拉二胡，还能唱，在孙恒的吉他伴奏下，他又唱起了《康定情歌》。

此前，在村民的排练中，团队的阿诗发现，罗叔叔竟然能指导 68 岁的杨娘娘唱歌，这才知道，罗叔叔原来也很喜欢唱歌。多年前父亲快去世时，罗叔叔很难过，生活压力也大，就唱歌来疏解，父亲还骂他。父亲去世后，他就也没再当着大家的面唱过。想起这段往事，罗叔叔就笑起来，最后答应献唱。

结果面对台下的乡里乡亲，罗叔叔一紧张，把词给忘了。不过村民、游客和稻田里的青蛙、虫子一起，早已唱成一片，在大家的带动下，罗叔叔最终顺利完成演唱。

田野里的歌声

杨娘娘问阿诗：“你们要在这里工作多久呢？要是以后走了就没人管我们了。”

阿诗说：“不会的，村里的艺术团会搞起来的。以后我们在与不在，你们都要生活得丰富和开心，这样我们才会放心离开。”

我也希望，属于村里的艺术团能尽快搞起来，让这些质朴且自由的音乐之声能久久回荡在寂寞的大地上。

我希望他们能在外出打工、做小生意或在家开个农家乐的烦劳中醒来，在附庸于城市化的大潮中醒来。

我希望他们也能看到，在辛苦地赚点小钱之外，还有文化和艺术的存在——而且相信它们的存在。

二、孤独的觉醒者

在政府和乡建者帮助下觉醒起来的乡村还是不多。还有许多乡村，仍在孤独地觉醒。

河南修武县的一斗水村，位于海拔1100多米的太行山巅，最近的村庄也在数十公里开外。村庄历史悠久而鲜活，太行八陉的“白陉古道”穿村而过，建于1845年的李家大院、1850年的贾家大院，用巨石垒筑，固若金汤，至今还有人住。

入了村，接待我们的“导游”不是年轻漂亮的姑娘，而是一位50多岁、黝黑憨厚的大哥。大哥只有初中学历、其貌不扬，讲解起来却了然于胸，感染力充沛。

他叫郭文胜，生于1970年，是土生土长的村民，早些年在山下的云台山景区做生意，时常接触导游，耳濡目染，便“自学成才”。前些年回村做民宿后，他自告奋勇做了村庄的义务讲解员。我留他一起吃午饭，详聊之下，才认识到他是一位可贵的“乡村觉醒者”。

刚回村时，郭大哥便发现村里建于1765年的关帝庙年久失修，残破不堪，“见证了几百年晋商文化、白陉古道繁荣和落寞的关帝庙，也是村庄的信仰和精神寄托，差点就都丢了”。他找来几位八九十岁的老者，一起记录、研究，还拍下大量照片、画了图纸，才将原貌、变迁和民俗典故记录下来。终于，他等来了政府的支援——关帝庙被列为省级文物。

难怪他的讲解生动流利，关于关帝庙、一斗水村的导游词就是他写的。热爱写作的他，早些年就开始搜集、撰写村庄的许多传说，还被收录到中国民间文化遗产抢救工程的《中国历史文化名村》和《走进云台山深处》等书中。没有郭文胜的努力，这个百年历史文化名村的许多事物，恐早已流失；没了村魂，今天留下来的，恐怕也只是一个跟随市场经济浪潮的平庸旅游村。

作为早期的乡村文化觉醒者，郭文胜又是孤独的。

郭文胜的民宿位于村庄的角落，规模不大，人气也不旺，但他自建了一个书室和凉亭，以及研究中草药的小苗圃。他说：“我淡泊名利，不是不缺钱，而是想让村民跟我一起致富。虽然这条路很难，但我要一直走下去。我要把一斗水村的风土人情、人文历史全部写出来与大家共享……我梦想中的一斗水村正在崛起。”

这些年，来村旅游的人不少，村民大多开起了民宿、农家乐。一间拥有 2~3 个床位的房间价格是 100 元一晚，一整只土鸡做的土鸡汤价格是 100~120 元，赚得不多，凭着原生风貌和诚实厚道的经营，主做回头客生意。

自由竞争的旅游市场下，难免一些小小摩擦。更重要的是，小农分散经营，村民各做各的，村庄缺乏统一规划和公共建设，对未来的发展也缺乏共识，加之法规限制，外力难以介入传统保护村落，村庄要往前再走一步也不容易。

譬如公共卫生问题，只有村口村委会旁有一个公共厕所，其余都是村民自家的老式旱厕。进去上个厕所，对城里人尤其是女游客来说，恐怕是个灾难。要有个总体改观，要培育农家乐之外更生动、深度的乡村体验，只能走觉醒者的联合之路。

我建议他们学习的是成都蒲江县的箭塔村，先觉醒的农民作家、赤脚医生、非遗传承人、生态种植者……联合起来，成立社区营造中心，组建理事会，大家互相激励、协商、协作，对内组织、带动村民，对外以集体的名义谋求话语权和帮助，才能带动村庄再上一个台阶。

历史已经证明，分散的小农经济要融入现代化、城市化、市场经济，只能输出廉价的劳动力和农产品，或者售卖自然资源，即便有条件发展乡村旅游的村庄，也还是难以掌握市场主动权。

“不讨好众生，众生自随你而来”，一味地跟随并非好的出路。

我希望乡村觉醒者不要被城市精英化舆论带入歧途，为什么要为“大国大城”的城市化、未必更可爱的城市生活放弃自己的安生日子？为什么不能在过好自己日子的同时，站着把城市的钱给赚了？为什么发展市场经济就必须抽干乡村、制造城乡对立？如果照搬西方经验，缺乏民众认知，只顾市场所需，不顾人民所思所想，就容易陷入一元化思维困境。

我们要相信市场，也要相信集体的力量。只有觉醒者组织、联合起来，以我为主，建立文化自信，形成比较优势，才能更加主动地参与市场经济，并推动乡土走向真正的振兴。

三、觉醒者之歌

本文开头提及的孟州市源沟村，便在这样一个希望中。

源沟村居民只有 394 人，原是省级贫困村。像许多村庄一样，村民以外出打工为主。

四年前，外出做生意的汤长军响应镇、村号召，回乡做村支书。陆陆续续地，一些“70 后”“80 后”也逐渐回到村里，或加入村委会，或承包起果园、鱼塘、林地。

在外见过世面，更知如何振兴。这些村干部和创业者，作为源沟村早期的觉醒者，在乡村振兴的感召引领下，集聚在一起，共同学习、进步、实践。他们组建起集体合作社，并流转建设了 20 座蔬菜大棚，他们注重“源沟品牌”建设，出产的菜品在周边几个县市大受欢迎。

对村集体，除了每年 500 元 / 亩的租地费用，合作社还聘用贫困村民，解决了部分就业问题。利润上缴集体，留下一部分作为集体建设外，再向村民分红，目前每年每户分红 1000 元。

随之，结合村庄原生态和大棚采摘模式，源沟村大力发展乡村旅游，并邀请规划设计团队和文化建设团队，目前，民宿经济和文化发掘工作正在推进中。

虽然源沟村集体分的钱还不多，并且一二三产融合刚刚起步，但一个“产业有特色、生态有呵护、文化有传承”的村庄，正在走向由内而外的觉醒之路。

一斗水村山下不远，一个叫沙墙村的村庄更进一步。

以前，沙墙村人主要收入来源也是打工，或开农家乐。50~80 元一间的民宿，也能吸引不少云台山外溢游客，日子也还行。

伴随着修武县“县域美学经济”影响力的扩大，沙墙村人决定“向美而生”。2019 年，83 户村民自发集资 200 多万元，修建了 3.0 版本的“党建美学村委会”。这座新时代的美学村委会，不仅是个“网红”，而且功能强大、实用，充满本土文化及社会主义的文化自信。

村委会呈开放式设计，门前有一个大广场，村民可以在广场上跳舞，做点小生意，节庆期间还能举办丰富的群众活动；进门是党建书吧，村民和小孩可以在里面阅读、做作业，旁边是一个阶梯教室，是党员教育、村民培训的场地；此外，一楼还有儿童活动区、调解室、餐饮区、时尚的露天餐吧等。

二楼建有村民健身区、村务活动区、党建活动区，还建设了农产品展销区、游客休息区、先进的 VR 视频区等。各项设施既接地气又时尚洋气，成为村民乐于前往、游客络绎不绝的乡村文化、旅游地标。随着人气的聚集，入股村民对尽快回收成本、盈利，也充满自信。

更重要的是，除了埋头赚钱，村民逐渐认识到还有“美”的存在，而美学的出现，也不断推动着经济升级。紧随村委会建设，村民各自邀请知名设计师，对他们的民宿进行重新设计、装修。经过美学改造，从一晚 50~80 元的家庭旅馆，直接升级到最高达 1080 元的美学民宿，甚至还需早早预订。

富而思齐。沙墙村的先觉醒者和先富者，除了雇用生活较为困难的村民之外，还聚在一起商量，成立志愿者协会，不定期捐款捐物，并出资、雇用困难村民参与村庄卫生、修建等公共建设，在推动村庄发展的同时，带动村民共同富裕。

市场能解决富裕问题，但无法破解共同富裕问题。曾几何时，“先富带动后富，最终走向共同富裕”的美好愿景，在“抓到老鼠就是好猫”的自由市场下，反倒变成日益贫富悬殊、阶层固化的社会现实。“摸着石头过河”，常见的或是成功过河者回过身来高举优胜劣汰、马太效应的市场化大旗，演变成为过河拆桥者。

许多乡村振兴的实践证明，“共同富裕”，反而在还处于传统感情社会和熟人社会、市场经济相对薄弱的广袤乡村，有着更多实现的可能。

我们要破解的是，在资本主义发展和宣传模式下，将精英与民众划分、对立，以及将市场经济与社会主义区隔、对立的思潮。凭什么先富与后富一定是零和博弈？凭什么精英和民众一定要泾渭分明？凭什么市场和主义一定要二元对立？因为“别人的模式是成功的”，所以“自己的模式就是不对的”，这个逻辑，是自卑而愚蠢，或者别有用心的。

我希望（也正在看到）越来越多的乡村振兴实践，能不断实现且证明，“共同富裕”和集体发展的可行性与先进性。我也希望越来越多的觉醒者，能清醒地相信且看到，社会主义市场经济的民族性与科学性。

四、新觉醒年代

2021 年大热的电视剧《觉醒年代》，将百年前那个上下求索的热血年代呈现于世人面前，陈独秀、李大钊、鲁迅、蔡元培、刘半农、胡适之……许多觉醒者向外求索，致力于将最先进的社会理论与实践带到中国、改造中国。

因此，如果说百年前的觉醒时代是由外而内的，即引进外来的文化和理论体系改造中国，以便在“世界史”的视野中找到自己的定位，那么今天的觉醒时代，则应该是由内而外的，即通过文化自觉、重塑，在“百年未有之大变局”的“新世界史”中更加明确且坚守自己的位置，才能走好自己的路。

纵观百年现代史，以及近两百年近代史，总体的思潮是向外的，即学习西方的“德先生”“赛先生”、工业化、市场经济、法治、管理、文化、生活方式……学到今天，逐渐后来居上，许多方面还从学徒变成老师，大有扬眉吐气的阵势。

今天的中国，问题在哪儿？大家讨论最多的是经济，但中国经济有什么大问题吗？我看没有，社会主义市场经济已经过证明，是正确且有利于大多数人的，必须坚持；政治也没有大问题，有中国特色的社会主义、共同富裕、四个自信，符合多数人的利益，也证明了自己的成功。

中国当下问题的解决方案，与乡村问题一样，其实关键在文化。

持续百余年的革命与自我否定，将传统文化压在身下；中华民国民族资本主义实践，加重了城市对乡村的否定和剥削；新中国成立后以乡村为主要阵地的共产主义实践，一方面为国家工业化、城市化打下基础，另一方面又由于脱离市场规律造成了巨大问题；而改革开放后的市场化经济时代，在取得重大建设成就的同时，也积累了不少问题。

稻田醒来

今天，我们得到了很多，但又总感觉若有所失。我们的物质生活无疑更好，但人本身很难说同样变得更好。

因此今天的中国，就好比武侠小说中一个好学上进、历经磨难的青年，终于学成各种武林绝学，成为一代大侠。对外，面对各种江湖险恶，都可以游刃有余；但在内，装的东西太多（且越来越多，又都不可能放弃），所以需要承受各种内力冲突，乃至经脉堵塞之风险。

历史证明，唯西方、唯主义、唯市场，乃至今天的唯“科技＋资本”，都会失之偏颇（当然更不是唯传统）。

这位大侠脑袋都要炸了，此时还用外来的经灌输思想，无疑就是电影《大话西游》里的唐三藏了，而世上不再有大法，这位大侠也不可能挥刀自宫、从头再来。他所应当做的，必然是修炼内功，从源流溯起，融贯所学各派之长，最终开创自己的新功法。

这位大侠只有一条路，就是成为融贯百家的宗师，任何唯一论，都将以偏概全，致使自己走火入魔，陷入万劫不复。

所幸，这位大侠正逐渐觉醒而自信的，正是放眼天下，唯他有足够的包容与积淀。不失文明本源，融汇主义与市场，善用科技与资本先进性，他必将崛起并成为一代宗师！

不失本源。显然，本源并不在城市，因为城市正是用现代手法新建且大拆大建而成。片面追求城市化、鼓吹“大国大城”，也是一种走火入魔。

本源在何处？自然在广袤乡土。

所幸，社会主义制度保护下的中国小农，没有在唯西方经验、唯市场、唯城市的主流思潮中变成失地流民涌入城市。

所幸，传承千年的中华文明在广大乡村依然根基牢固。

所幸，曾在各种“外来经验”中迷失的广袤乡土，正在慢慢醒来。

19

明月下的理想乡村

一、天府上的村庄

我们坐在村里的“山涧竹苑”。露台下面是绿油油的茶园，乡间道路、清浅溪流、竹林疏影，三五民宅掩映在树林间……如此数百里。百里外的尽头是苍莽的群山，群山之巅，是白雪皑皑的大雪山。

沿海来的人见到雪山分外激动。“那是什么雪山？”

大家都不知道。老板是村里人，也摇头不知。一圈平静的成都人看着我，仿佛在说，这有什么好激动的。富饶、闲散、平静，便是我对川西平原乡村的第一印象。

明月村便藏身于这壮阔的平静之中。它离成都90公里，曾是茶马古道和南方丝绸之路上的驿站。村里有一口古窑，茶园、雷竹各数千亩，橘林若干。此外，若说特别大的看点，一时也不太好找。

以前的明月村是市级贫困村。2008年的地震把村里那口古窑震塌了，这导致一个乡下碗厂关张，但相对地震造成的灾害来说，这点损失微不足道。4年后，一个叫李敏的爱陶人无意间来到，发现这竟是一口有着300年历史的古老邛窑。她留下来修复，使得窑火重新升腾，1年后出产了许多精美器具甚至是艺术作品。

许多人跑来看，一批陶艺人还在此成立“明月国际陶艺村”。还有些人第一次来就喜欢上了这里，比如一个叫宁远的前四川电视台主持人，看中了村里人家的老式洗脸架，想出钱买下，没想到主人直接送给了她。宁远说，就是在那一刻，她动了在明月村住下的念头。后来她在村里办起草木染坊，成了新村民中的一员。

类似的故事越来越多。新村民不断到来，带来了新鲜的想法、各自的资源，明月村的名头也逐渐传播开来。成都人在周末也不断来到这里，看看这个平凡小村上的新鲜事儿，吃顿农家饭，在民宿里住个一两天。那些平常的茶园、竹林，在平静的乡村氛围中逐渐有了不一样的诗意。

明月村小酒馆

更多政府投入也在跟进。平静的小村庄名声大噪，各种省市级荣誉纷至沓来，还被评为“2018 年十大中国最美乡村”。

若仅限于此，明月村离“理想乡村”还是有巨大差距。毕竟，类似的旅游村不过是城市化发展到一定程度的外溢，在许多大城市周边都在发生。

二、从美丽村到理想村

时光倒退回 2014 年，古窑炉火还不那么明亮，国际陶艺村还只是个概念，那个叫李敏的姑娘选择剃度出家。年底，县里派了个叫陈奇的文创人到村里，并要求她一年引进两个文创项目。

作为县领导和乡村建设者的徐耘对陈奇说，要做乡村操盘手，你就要选择与乡村长期相伴，将自己的生活，乃至人生的命运都与这个村、这个社区紧紧相连。否则，只怕会蜻蜓点水，徒流形式。陈奇便鼓动家人一起参与明月村建设，自己则成天在村里东奔西跑、忙这忙那，不久就赢得村民口中“奇村长”的尊称。

2015 年，陈奇带领驻村工作组完成了两件大事：一是“招商引资”，引进了 27 个文创项目，大大超出考核要求；二是用了大半年时间，对明月村进行了一个整体定位、策划。

定位归纳为两句话：一、明月村是一个以当地手工艺、陶艺为主的手工创意聚落和文化创客聚落；二、明月村新老村民互助融合，是一个共创共享的幸福美丽新乡村。

策划归纳为三个关键词：在地产业 + 乡村建造 + 新老村民共同体。这成了“明月村理想村”建设路上的灯塔。

依托农业，一产“精致农业”+ 二产“精深加工”+ 三产“休闲农业”，辅助陶艺、竹艺、草木染等手工艺，以及丰富的乡村活动，形成一二三产融合。

乡村建造，不破坏原貌。在民宿、餐饮休闲配套及村史馆、展厅等公共建筑建造中，陈奇团队倡导使用本地生态材料，由外来设计师带着当地老工匠一起完成。如此，既保留了在地性，防止过度“讨好”城市，又使得当地泥瓦匠、木匠在与来自全国的建筑师、设计师合作中进步。建造出来的建筑作品上了中央电视台和各种画册，地方传统手工艺和文化自豪感不断得以发扬。

更需重点介绍的是，明月村建立起的新老村民文化共同体。整个发展过程中，团队从未想过把本地村民迁出去，而是想方设法让引入的新村民和老村民不断融合，共同生产经营、共同协商决策、共建村庄生态。

村庄规划完成后，首先开设了“明月讲堂”。讲堂专注乡建，邀请到全国各地乡建实践者、研究者。大量接地气的案例和理论，激发了探讨，逐渐统一了新老村民的认知，打牢了“思想建设”基础。

成立旅游合作社，新老村民共同协商。由合作社、村委会和新村民、创客艺术家一起，组织“明月夜校”免费培训，涉及开客栈、开餐厅、陶艺、制作手工茶等。比如陶艺培训，村民学了以后可以加入陶艺工作室，成为工作人员，也可以在家里做陶，再交由新村民工坊或合作社代售。

川西平原好山好水、古镇古村众多，明月村自然景观并不突出，那就从环境保护开始。2017 年，明月村和成都奥北环保科技公司合作，率先启动垃圾分类。和村里小孩晨跑捡垃圾，建立全县第一个可回收、可积分兑换商品的自助投放站，还将这种做法扩展至全县。

文化与环境同步美化。相继出版诗歌集《明月集》、“村刊”《明月村》，所有的诗歌和文章都是新老村民写的，散发着浓郁的文艺气息。明月之花歌舞队、明月村放牛班合唱团、明月诗社、民谣乐队等文艺团体，春笋艺术节、中秋诗歌音乐会、竖琴田园音乐会等文化活动也如春笋般涌现。新老村民、大人小孩、专业和非专业人士齐上阵，歌声、琴声、笑声，晕染了明月……

当村民认识到还有文化的存在，而不只有经济时，明月村便从外在的美丽乡村，逐渐成为人们内心真正的“理想村”。

我心中的理想乡村，并非含着金钥匙的乡村，如城市郊区的富裕村、知名景点内外的旅游村。一者，它们是少数，广袤大地上的“草根乡村”学不来；二者，它们的先天优势也将使它们形成路径依赖，收之桑榆，失之东隅——市场化的过程往往导致文化、生态或组织的缺失。

明月村已率先蹚出一条道，并已整合成一个足以走向未来的“生态经济”与“生态文明”的优秀乡村。

“王侯将相，宁有种乎”，天赋平平的明月村，给了许多普通乡村一条可以借鉴的理想路径。

三、理想之后

理想不易，理想的建设更不易。随着名气越来越大，“理想村”参与者增多，分歧也难以避免地出现。

工作组希望做深做精，如发展生态农业、服务好新老村民创业者、区域公共品牌建设与产品推广等；政府则期望加快复制，“将 1 个明月村变成 10 个明月村”，2018 年工作组期满撤销，明月村管理权被划到镇里。

后继管理团队做了众多活动宣传工作、潮流的网红活动、选美走秀活动等，但未得到一些村民的理解。一些村民希望拓宽道路，吸引更多游客，而一些村民希望保留原样，维持理想田园的定位而非追求旅游氛围。村民自组织的内部协调能力也受到影响，有老村民在新村民经营的民宿窗外用大粪淋菜，引发争执，最后只能找政府解决……

理想路上的问题都在一点一点解决。但明月村要防止的是，从民间自发的活力转变为“官方式”的旅游景区管理，或政府管理型乡村振兴。

政府主导型乡村振兴之路往往有一个通病，那就是沿用城市建设惯性，“市长 + 市场”，即政府直接引导市场。而在乡村，政府与市场之间，还存在难以逾越的“最后一公里”。这最后一公里，上接国家政策，又需将工作深入千家万户。

有些事儿，政府直接做，就会显得“矫情”

由于乡村的自治属性，以及农民对基层政府存在一定程度的不信任，政府操作起来往往困难重重。比如，政府在农村干事必须具备一定财力，不谈钱，很多事就难以推进，而一谈钱，制度管理严格，针对性与时效性又不足；由于乡村依然处于感情社会而非完全的市场社会，以及乡村文化有着复杂性，企业干起来也很吃力。比如市场讲究收益及风险可控性，除非有地方政府的强力支持或与地方强人合作，否则市场资本往往不敢涉“险”。

因此，乡村振兴就市场谈市场、就产业谈产业，往往事倍功半，甚至事与愿违。

综上，乡村振兴必须依托第三方专业力量。乡村振兴的理想路径，应当是“政府—文化—市场”。在政府与市场之间，对乡村进行文化在地性修复、重建、凝聚，降低制度及市场交易成本，是绕不过去的坎（即使绕过去，回过头来也得补课）。

陈奇团队的文化发掘型乡建之路，在其他地方的乡村继续实践着，同时收获着广泛赞誉。从明月村到重庆的经堂村、核桃村，再到河南修武县的大南坡村、孟州的源沟村；从带领村民捡垃圾、美化环境，到建设村庄讲堂、培训课堂；从重建村庄文化组织、培育地方文创产品，到赋能村党支部，通过文化与组织活化，培育起乡土自信、自我管理与自发建设力量，完美地协助政府解决着“最后一公里”问题。

明月村附近的许多村庄也在借鉴，并结合各自村情进行着探索。

不远处的麟凤村，政府前些年推动合村并居（现已停止），建设了集中社区。虽然帮助一部分贫困村民解决了居住问题，但并没有解决相应商业及公共配套问题、产业发展问题。社区文化营造上，有过短暂投入，但延续性不足。

总体来说，政府耗资建设的集中新村，环境优美，整洁有序，但从原来的川西林盘小院到配套和产业欠缺的城市别墅式社区，更像是锦上添花而非雪中送炭，更像是扶贫样板而非真正意义上的乡村振兴，也因此未得到许多村民的理解。

数十公里外的铁牛村，也建设了集中的社区。乘着城市郊野公园的建设，政府一边组织社区营造，一边打造水乡式田园生活度假社区。

铁牛村引入了乡建人施国平和他的乐芒实验室。他们扎根铁牛村，承包了 66 亩土地，投资上亿元，以期用实践解决“土地 + 生态环保 + 乡村建设 + 体验品质 + 投资回报 + 农民增收”六大乡村难题。通过成功建设麦昆塔社区及打造丑美农业、丑美生活节等地方性品牌，他们对铁牛村的建设和推广贡献巨大。

作为一家有乡土情怀、有责任心的社会企业，乐芒的实践和理论探索是富有建设性的。但企业作为独立法人，本身不太好承载社区营造、沟通并协调新老村民的重任。一些做法，外部村民也不能很好地理解。

制度的不到位，也在同步损耗着他们的精力。乐芒的几位创办人将身家投入铁牛村，老骥伏枥，呕心沥血，甚至将全家从上海接到川西乡村来生活。可由于非本地农村户口，一些年后，当他们干不动了，这个地方未必会有他们的容身之所。

当上海的户籍制度“歧视”着许多默默奉献的乡下人，这里的乡下人，也在“歧视”着倾其所有为之奉献的上海人。这算不算一种畸形的“公平”？

四、平凡之路

人们喜欢的，往往只是“想象中的乡村”。经得起乡村的平凡与日常琐碎的消磨，才能成为一个合格的乡建人。

乡建其实是一门专业，而专业人才的欠缺，正是当前乡村振兴的短板。用“奇村长”的朋友“伍书记”的话来说，“基本上得‘废掉’一个村（项目），才能培养一个优秀的乡建者”。

2016 年，在成都市政协工作的伍茂源被派到箭塔村担任驻村第一书记。刚到箭塔村的伍书记，天天蹬着自行车穿梭在田野，向村民请教一个个小地名：闹子冲、马园子、马道子、水口寺……还仔细绘制成地图。

村民私下里都嘀咕：这个伍书记做不做实事哦?

不久，伍茂源公布了他的调查收获：村子西边的“闹子冲”，是宋人的俗语，指热闹的乡村集市；“马园子”是元代的养马场；“马道子”是走马的大路……村里人这才知道，原来村里那些土得掉渣的小地名，竟承载着南方丝绸之路留下的辉煌历史。

但这些埋没的历史能给村里带来现实变化吗？村民继续嘀咕。

伍茂源清楚，地方历史文化既是乡村的根脉，也能成为新的经济增长引擎。他没有急于向一路之隔的明月村学社区营造与产业振兴，而是继续找他的文化“突破口”。他还真在“老古董”中挖到了宝贝。2016 年年底，伍茂源听老支书说，箭塔村以前有“年猪祭”民俗。伍茂源两眼放光，就搞这个！

他立马动员村民，同时与城市社群联系，邀请城里人来箭塔村一起过年。活动极具地方特色，喜气洋洋。应邀前来的城里客人参加完活动，买走村民大量腊肉香肠、土鸡肥鸭、柑橘茶叶，又在村里品尝九斗碗，大块吃肉，大口喝酒……村民这才看到伍书记口中文化的力量。

后来的“年猪祭”越做越大，还登上了中央电视台。一张乡村特色旅游牌逐渐成形。

2017年年初，上级要晋升伍茂源，他却选择丢掉“大好仕途”，干脆辞职扎进箐塔村。这时的“伍书记”得打上引号了，但他在箐塔村的声望反而越来越高。这几年他的两大成果，一是帮助村里成立了社区发展中心，组建起村民自己的理事会；二是建立乡村创业孵化器，帮助新老村民在箐塔村实现自己的价值。

作为箐塔村社区营造中心理事会成员之一的卢树盈，曾长期在雅安市摆摊卖水果，虽然只有小学文化，但她喜欢写作，是小有名气的农民作家。她从朋友圈里看到“年猪祭”带来的变化，毅然回到村庄。在发展中心和“伍书记”的鼓励与支持下，她经营起农家乐，并专职写作，相继出版了多部文学作品。

“伍书记”团队还发现她在戏剧创作方面具有突出才能，帮助她对接到专业人士，并一起进行参与式戏剧创作。她的参与式戏剧，免费向村民开放，还建立定期课堂，帮助乡村孩子摆脱不自信的状态。让她惊喜的是，孩子如雨后的春笋，喜欢演还喜欢写，饱含自信、朝气和对大地的热爱。

她说：“下一步，我更希望岁数大一点的村民来参加。岁数大的人不喜欢学习，到了四五十岁就完全放弃学习。我希望有40~60岁的人来听课，否则都去打麻将，回头只骂小孩学习不好。你自己都不学习，这怎么行？”

另一位理事会成员周先才，是当地小有名气的“赤脚医生”。周医生身材精瘦，戴副眼镜，言语精准犀利，充满民间智慧，让我联想到“赤脚医生版的鲁迅”。

他说，以前的他跟只想着卖自己水果的卢树盈一样，采自己的草药，治自己的患者，意识不到其他的地方，现在的他才知道自己也能帮助更多人。他一般上午看病，下午做好自己的事，周末坚持带小孩爬山、了解草药和中医药文化——在自己力所能及的范围内，“赤脚医生”也在践行着可贵的乡土公益。

“农民不是不想做公益，只是以前没有机会，只想着培养自己的小孩，现在不一样了。”“做乡村公益，还得靠我们自己。企业老总难以带动，走出去的地方名人也带动不了，他们大不了捐一些钱。但做公益并不只是钱的问题……”

除了卢树盈、周先才，还有“想干事情”的社区营造中心理事长郑述琴，“幺妹灯”非遗传承人曾姑妈，种生态粑粑柑、养“中药猪”的曹春枝……他们是在广袤乡土上成长起来的“大树”，这些“大树”相互汲取营养，很快又长成了自己的“森林”。

如今的箭塔村，多次荣获省市两级“四好村”，以及入选优秀社区营造案例。前来参观学习的群体络绎不绝。

我问“伍书记”：箭塔村的发展模式能复制吗?

“不能。我们团队也服务了一些其他乡村的创业孵化器，每个村都不一样。箭塔村做的也还远远不够，乡建整体的生态还没建立。比如以一个普惠的价格做一件普通的事，都很难。我们的供应商还得靠自己本地培育。”

“你心中的理想村是怎样的？”

“没什么理想不理想。解决掉路上遇到的各种问题，就是理想。”

五、理想之路

在“伍书记”的设想中，箭塔村社区发展中心相当于村里的政协，起到协商、沟通作用。随着凝聚力的强化，它与村委会、创业孵化器一起，成为带领箭塔村发展的核心自组织。

箭塔村有今天自发的凝聚力，恐怕还得溯源至2016年的年猪祭。看到“伍书记”、周先才、郑述琴等年轻人忙里忙外，村民问：政府给了多少钱?

“政协委员”说没有。大家看到“伍书记”、医生都在免费做，也主动帮起忙来。后来的箭塔村，大家做事就都没有谈钱的习惯。试想，当时如果是政府或企业主导，跟钱挂上了钩，大家就事论事，恐怕后面的路就走不成今天的样子。

箭塔村的实践还有一个重要结论——即便政府投入不足，没有“新乡贤”、外来新村民，依靠老村民和乡土自身的力量，“底层”的人团结起来，也能办好事，也能实现振兴!

2021年是“伍书记”在箭塔村的第五年，他的乡村创业孵化器也做到了第二年。他的团队承担着NGO组织的作用，但没有外部资助，生存压力很大，他觉得要开始跟村庄谈钱了。钱是一方面，“我想传达，公益服务虽然是公益的，但并不是免费的”的理念，“不然我们就搬到别的村”——其实团队乃至村里都知道，就算不给钱，赶他走，他还是不会走。

1988 年出生的他，至今没有成家，而箭塔村，就是他的家与业。

他还有一个“理想”，就是告别“007”的生活方式。团队说，五年来，他都没有好好休息过。临别的前天晚上，他又忙到凌晨一点，第二天一早六点又和团队一起，带着村庄的文创产品赶去成都参加推介会……

什么是“大地上的中国”？“奇村长”“伍书记”、农民作家卢树盈、“赤脚医生”周先才、乡建人施国平……这些在大地上默默扎根、点滴付出的平凡人，就是。

什么是理想乡村？并非“人们想象中的乡村”，解决掉路上遇到的一个一个问题，就会是理想乡村！

20

胥岭的故事

一、上胥岭

胥岭的迎接方式有点特别，当汽车七拐八拐地爬上胥岭村，迎面而来的，是两个吵架的村民。

一个看上去 70 多岁的大爷，一手拽一根一米多长的竹笋，激动地向年轻的新村民吼着，吼到忘情处，动手推了面前的姑娘两把。姑娘的泪水“哗”地流下来。旁边新村民一看怒了，纷纷吼着“你凭什么推人”。

情势看上去有点难收拾。带我们上山的新村民小王有点尴尬，弱弱地对我们说，这里好久没吵架了，没想到你们第一次来就遇上了。

我们连忙说没事，乡下吵架，常有的事儿。

张大驰和几个人站在旁边准备帮忙，我跟着小王去放行李，学员租的农民房顺山势而上还得走老半天。房子简陋，小王他们只在水泥地板上铺了个铺盖当卧室。学员在客厅里画的画、写的黑板报提醒着我，这里与农民房的差别。

出门，阳光灿烂起来，学员养的小狗一路奔来。一看，宿舍居高临下，村庄和山谷一览无遗。微微抬头，山巅、白云，坐在院子里，相看两不厌。简朴而诗意，淡然而执着，这里有一种世外桃源、乡村乌托邦的气质。

远处的吵架声把我从乌托邦拉回现实。回去一看，大爷气消得差不多了，拖着两根长笋往家里走。被推搡的小姑娘眼泪还在流，一旁的新村民还在劝着。还有一位新村民，在教育自己的两个孩子："以后要什么东西，一定要跟农民伯伯说，得到了允许才能做。"

张大驰说，应该是两个孩子弄断了笋。这两棵笋已拔出地面一米多，这么一断，两棵未来的竹子就没有了，吃又不能吃，大爷喝了点酒，一怒之下，跑过来不分青红皂白地"骂街"。被骂哭的小姑娘是"三生谷"驻守的负责人之一，被骂哭也不是一回两回了。

正说着，走远的大爷还大声嚷着："你们到底来这干吗……你们都来这干吗？"我们几个"局外人"相顾一笑，是啊，大爷还真给大家提出了个深刻的哲学命题——

你们，到底，来这干吗？

二、胥岭风云

胥岭位于杭州建德市，海拔 998 米，离最近的镇上还有 20 多公里，因春秋时伍子胥逃亡到此而得名。总的来说，山不是名山，村不是古村，风光也够不着景区的标准。

好在半山腰还保留着一片规模不大的梯田，油菜花开的季节，青山白云、层层叠叠的油菜花，吸引着越来越多的游客，渐渐小有名气。除此之外，由于缺乏足够的亮点和相应的配套，且交通不便，平常游客并不多。

因山得名的胥岭村，位于海拔 400 米的半山腰，跟中国大多数普通乡村一样，青壮年纷纷外出打工经商，能搬出去的也都搬走了，徒留一些和大山一样沉默的老人。

简单来说，胥岭村是一处有些特点，但总体普普通通的小山村。

有人看中它的油菜花，有人看中的却是它的普通和朴素。2016年，在地方一位副镇长的支持下，几个在大城市生活的中年人到此，建起一个致力于实践乡村振兴和生态文明教育的社会企业——三生谷生态村。

它的第一个概念是“国际生态村”。“全球生态村联盟”是一个松散的国际民间组织，它信奉“简单奢华”的理念，以“文化、世界观、经济、生态转型”为关键词，即以文化、经济、生态的手段，依托在地资源，重建高质量的生活方式，建设可持续发展的理想社区。

第二个概念是“社会企业”，即以商业手段解决社会问题为目标，而非盈利。他们试图解决的社会问题是系统性的——乡村凋敝、食品安全、人际关系异化、环境、教育等。

第三个概念是“三生谷”，创始团队给它的定义是“生命、生活、生态”。

经过四年多的努力，三生谷生态村以四个创始人为核心，慢慢建立起十余人的核心团队，至今已有六七十人加入新村民的队伍。胥岭村也慢慢有了一些乡村乌托邦的气质和名气。

只是，无论是“国际生态村”还是“社会企业”，还是“三生”概念，始终得不到村民和地方政府的理解和支持，便有了千言万语汇成的一句话——

“你们，到底，来这里干吗？”

油菜花开、游人如织的日子，当村民养的鸡能卖到两三百元一只，酿的豆腐能卖到七八元一斤时，老村民好像知道新村民是来干吗的；而当游人散去、生活归于平静，日常的平淡消耗掉商业掀起的小小波澜时，老村民又不明白了。

当老村民荒废的房子，被新村民以不低的价格租下时，老村民好像知道他们是来干吗的；而当租金水涨船高，从最早的一年两千元到现在的一年两万元，自由竞争的“租房市场”形成，新村民退租而去或另换房东时，老村民又不明白了。

拧着断笋“杀上门来”的老大爷，正是因为房子被退租了，心里不爽，趁机发泄；偶尔爆发的新老村民吵架，也不过是没有得到利益，或利益露了个脸又走了的老村民心里的不满所致。阳光之下，并无新事，“躲”到哪里，都逃不过小小“利益”

的纠缠。不远百里、千里，来到此处半定居的新村民，也逐渐接受了现实：村民对我们有看法也无所谓了，反正鸡同鸭讲，索性不跟你交流。我做你看，我做你笑，都随你们吧……

不理解的还有地方政府。当四年多过去，除了有一些“隐士”聚集，偶尔有一些活动，“国际生态村”并没有给当地带来多大变化。既没有带来多少投资，也没有增加几块钱税收，更无法拉动地方的 GDP。去村里一看，村还是那个村，人还是那些人，破房子还是那些破房子（有些里面装修了一下），失去了耐心，不禁也要问——

你们，到底，来这里干吗？

于是，在镇里的一本对外宣传册上，三生谷团队的“生命、生活、生态”，就被改成了领导理解得了的“前生、今生、来生”。

对此，生态村建设者也很无奈，短短四年多，当地从镇到村的主要领导班子换了三茬，原来的设想早被推翻，原来谈好的支持无从兑现。甚至当三生谷团队提出胥岭村以后的农业生产不打农药、不施化肥时，村干部觉得他们是在瞎搞，跳起来就骂娘。

连最基本的有机都无法实现，“生命、生活、生态”又从何说起。“你们，到底，来这里干吗”，倒成了个灵魂拷问。

三、胥岭成败

采访中，我以为三生谷及胥岭国际生态村创始人之一的 A 总会激动，其实并没有。

我采访过不少政企领导，他们站在时代潮头，慷慨激昂、满怀社会责任又身体力行，令人尊敬。坐在山下的小小茶室里，生态村建设得并不算顺利的 A 总和长期支持乡村建设的副镇长，同样令人心生敬意。

我问：“胥岭生态村搞了这么多年，你觉得它搞起来了吗？”

A 总笑着，回了一句：“为什么要搞起来？”

我哑然。是的，我也是采访过他们的众多教授、学者、记者中的一个，也在以“成败”、经济的视角看待他们的努力。

在三生谷团队看来，其核心并非商业运营，而是三生谷柯布生态书院。书院名字来自美国国家人文科学院院士小约翰·柯布先生，他是世界生态文明学科的泰斗，也是“绿色 GDP”概念的提出者之一。柯布先生还将其毕生财产全部捐出，并以 94 岁高龄在世界各国努力推广生态文明理念。他认为，中国可能是工业化、城市化高速发展过程中，唯一还保留着悠久且完整乡村文化的国家，所以生态文明的希望在中国。

书院主要培养生态人和生态村设计师、运营师，长的三年，短的两三个月，一年的学员不过一二十人。书院也延伸到半商业半公益的自然、人文教育，面向都市家庭和白领，培养市民“真的爱上乡村，真的爱乡村生活方式，以及对传统的文化自觉”，大体看来，这类学员并不多。照这个速度发展，要看到点成果，得有个十年八年不可。

“国际上的生态村，往往要三五十年才能看到成效。我们做的事，不是以三五年为尺度的。”A 总倒是不慌不忙。

为推广有机生态种植，他们曾向本地种粮大户宣教。一番苦口婆心，以为大户懂了，不料大户迟迟不动。无奈之下，三生谷团队只好自己承包 90 亩稻田，不用化肥、农药，恢复耘禾、人工除草等自然农法。及至收割，大获丰收，亩产竟高于大户。

大户们不信，开着收割机过来，对三生谷团队说，你们站着别动，我免费帮你收割。收割完上秤，产量果然不虚。更惊掉大户下巴的还在后头，当三生谷团队的万余斤有机大米以每斤 20 元的价格销售一空时，大户就坐不住了。

宣教了四五年，最终还是得靠实践和“实力”说话。有大户明确表示，接下来要发展有机种植。团队花大力气找过来的上海农科院专家，也终于能派上用场。

乡建者明白，现实不是乌托邦，经济依然是重点。从有机大米，到手工麦芽糖，再到今年涉足的野茶采摘、加工，团队始终在摸索着新产业。因为有机产品的产量有限，形不成规模收益，生存始终是问题，但团队一直坚守着其“三生”理念。

经济纵然是核心，但乡村经济发展的关键，并不在经济本身。全世界生态文明路径的机会在中国，而最好的机会，其实是教育。三生谷花了四五年时间，才“教育”了几个种植户，培训出三五十个乡建人才、一两百个热爱乡村的新市民。“十年树木，百年树人”，道理都懂，但真正能花十年、百年去树木、树人者，实在少之又少。更多的，是这边刚播种，明天就问收成；今天刚定方案，隔天就问绩效。源于西方的市场经济，改变了生产效率，也改变了人类的品性。

一教三五年，教出来了又怎么办？三生谷团队依然自然、“佛系”，他们认为自己做的，不过是一个去中心化的、唤醒的过程。

伴随着区块链技术发展，近些年主流舆论才号召“去中心化”，但包括三生谷团队在内的许多乡建者很早就开始这么做了。“聚是一团火，散是满天星”，聚不是目的，散才有希望，种子播撒出去，在各地一起思考、实践、建设，乡村的未来才更有希望。

“教育当然还不够”，A总说，从乡村重建的角度看，他们接下来做的，其实是吸引爱土地的人回来。把年轻人吸引回乡，才是健康的乡村经济，也才是生态村事业成功的标准。

在他们看来，现代人被西方思维洗脑，可以建购物中心，可以搞大企业，但并不能解决人的问题。乡村建设核心要解决的，就是人的问题，“外人为什么要去”“出走的村民为什么要回来”，这两个问题不解决，给农村砸再多的钱，把农村建设得再漂亮，搞再多的民宿，也不过是表面的振兴。

在胥岭山下的下包村，三生谷野茶工坊旁，一个山地自行车运动基地运营得风生水起，良好的山地条件，充满野性的自然体验，吸引着大量山地自行车运动爱好者聚集。来自全国各地的年轻面孔，又吸引着年轻的创业者聚集，主题民宿、骑行驿站、规划中的运动主题公园相继诞生。而清澈的胥溪、溪畔的伍子胥古庙，也跟随着穿越千年时光，焕发出年轻的光芒。

中国乡村振兴的方向，就应当是这般年轻。

四、从胥岭到早午岭

山间清冷，围炉夜话至深夜。“胥岭（建设）可能还是要失败。”他们淡然地说着。

胥岭虽然开始小有名气，但三生谷团队始终没有外力支持。老村民不理解，新村民各过各的，团队既没有外部资本，也缺乏政府支持——镇、村政府所思，是希望整村打包卖给外部开发商，拉动投资，做甩手掌柜。

去年，镇政府基本谈好一个商人，对方拟出资 4000 万元买断做度假村，并将全体村民易地搬迁至山下，大家乐得迅速变现、一卖了之，村民、政府皆大欢喜。但是，一则后来乡村振兴政策趋紧，二则商人和政府后继投资估算不可控，在最后的决策会上被 14∶1 否决——14 票赞成卖，1 票否决。

否决的这票，来自前文提到的那位副镇长："度假村是不是乡村？""卖掉乡村，谁来做农业？""卖是乡村振兴还是逆振兴？"这些问题直击根本，却难以唤醒唯 GDP 思维的主政者。

即便好不容易唤醒个别主政者，四年三届班子，基层恍若政治跳板。乡村说简单也简单，说复杂也复杂，现在村民的自我意识不断加强，"对抗"心理和方法多样，糟心事并不少，要基层党员干部爱乡村、建设乡村，实在有些为难。加之没有产出、政绩，莫说百年大计、十年大计，三五年之计都是"远景"。

既然短期出不了成效，要你何用?

发出"要你何用"的，也不只政府。早在入驻之初，三生谷团队便与上上届地方政府联合制订了一份方案：入驻生态村的企业或个人，需每年上缴利润的 10%，这其中 30% 上缴镇资产管理公司，70% 用作胥岭环境整治、水电等公共配套建设基金；三生谷作为首家入驻企业，率先上缴一年 12 万的保底投入。

如此，政府不但不需要花钱找团队运营，还能赚钱；村民在收租、分红之余，还能在被企业招去种地、维护的过程中赚工资，而村庄也可以得到基于长远利益的有序发展，本是皆大欢喜。不久，镇、村领导班子短时间内两次换届，基于乡村振兴认知及实践经验的严重匮乏，以及 GDP 目标、政治心理等多层面纠葛，镇政府不再支持，村里不再拿出资源，村民也被"市场"诱惑，导致方案被撕毁，有序运营化为泡影。

今天的胥岭村，恐重回乡村自生自灭、粗放经营的老路。乡村缺乏组织、公共意识，小农意识这种老毛病重新抬头，房屋租赁自由、租金水涨船高，公共规划与建设等公共事业止步不前，市场自由而杀鸡取卵，以及农药和化肥卷土重来等问题陆续浮出水面。

今天，再以缺少投资、税收的"社会企业"身份获得政府支持已经很难，再去规劝见过利益的农民已经很难，再去以"共同体"的理想约束新村民也越来越难。即便团队内部，分歧也在加深——缺少外部支持，缺乏足够的商业转化，理想和情怀已经支撑不了所有人。一些核心成员，以及后来加入的企业，要求“适度”使用化肥、农药以节约人工及管理成本，扩大生产以实现规模收益……

胥岭真正的风云，其实在此。

新村民何去何从？走非上策。对他们来说，付出这么多年，有了感情，并不想走。关键是这些问题，中国哪个乡村都有，换个地方，蜜月过后，过不了多久还是老样子。“对我们有看法可以，那不跟你交流，总可以吧？”沟通受阻，又惹得失去利益的老村民意见更大。

老村民何所思？有一回新村民搞活动，把设备器材用车运到山下。老村民见了，以为新村民要走，不免叹息：他们走了，晚上亮起来的灯又要灭了，也不会再有年轻人、小孩子的笑声，想来，还是喜欢他们在的。然而日日相处，互不理解，利益又不持续，又将翻来覆去验证“相见不如怀念”这句话……

食之无味，弃之可惜，如之奈何？

时光再阔绰地倒退2500年，吴国大夫伍子胥败退浙西，上胥岭前，途经一小山岭，饥肠辘辘，见陇间农人“遗留”饭食若干，窃而食之。

农人辛劳，清早外出干活，带一盒饭食，到日落而归，全靠这“早午饭”。农人见吴国大夫窃食，略略责怪，也不深究，任大夫吃完而去。后来伍子胥东山再起，念及农人的一饭之恩，便名此村为“早午岭”。

早午岭村枕山岭而面胥溪，同样山清水秀，且人口仅40余户，关系简单，“小国寡民”，更易践行理想。胥岭国际生态村的一些核心团队，便将精力陆续投入到此。一个数百亩的生态茶园及休闲公园即将落户此地。

夜已深沉，炉火微暗。

“井冈山虽然是革命圣地，但共产党人成就事业以及日后的首都，都不在井冈山。胥岭的火把也许注定式微，但蒲公英的种子已经飘散开来，在其他地方落地生根。我们的理想之火也并未熄灭，而是将它换到早午岭再次实践。生态村的未来一定光明。”

“嗯。”

（按：胥岭后来得到当地市政府的重视与投入，重焕生机。）

21

集体主义的余晖

一、集体主义“活化石”

如果在 50 岁以上的人群中做个调查：中国知名度最高的农村是哪一个？答案大概率会是大寨。

著名的大寨村，位于山西省的太行山腹地，至今公共交通还不是很便利。从隔壁阳泉市高铁站拉我过去的出租车司机李师傅说，他开车 3 年，只拉过三个去大寨村的游客。

也许是因为下雨，那两天村里游人稀少。“来玩的基本都是年纪在 55 岁以上的老年人，你这个年纪的，还真不多，”村口小饭馆的东北老板娘说，“等这些老年人都走不动了，大寨恐怕还要降档。”

她还说，饭馆生意越来越差，再过两年，他们两口子就打算退休回老家了。

激情燃烧的岁月

与今日的“冷清”不同，20世纪60年代至70年代，这里可是热火朝天的“国民圣地”。从1964年，“农业学大寨”运动发起，至20世纪80年代初运动结束，这个当时只有400多人口的小村庄，共接待全国近千万人次以及五大洲134个国家的2.5万名外宾来访。其影响力，远非后来的“天下第一村”华西村所能及。

原本大寨村十分贫瘠。新中国成立初期，大寨共有700亩土地，零星分布在“七沟八梁一面坡”，共4700块，平均每块地约100平方米。地少而贫，跑土、跑水、跑肥的“三跑田”，粮食亩产仅有87.5公斤。而且灾害严重，每十年中有五到七年春旱，夏旱十有三四，秋旱十之一二，又因山高坡陡、石多土薄，不旱则涝，每十年还有一两年洪灾。

这样一个叫天天不应、叫地地不灵的村庄，如何能成为榜样？答案是集体。

办起农业合作社后，为改变贫穷落后的面貌，以陈永贵为首的党支部制定了依托集体治山治水的宏大计划。从苦干一个半月改造白驼沟，到1955年发起“三战狼窝掌”（一人牺牲两人重伤），从在山上修建6个水库（池）、建成32.5公里引水干渠，到大力推进机械化，经过全村20年战斗，1979年大寨粮食亩产达606公斤，是1949年的近7倍。

30年间，这个一穷二白的小村，向国家缴纳公粮360多万公斤，其艰苦奋斗、自力更生的精神受到中央肯定。“不劳动不能当干部”的标准，“海绵田”“三深种植法”等高产技术，大力兴修农田水利的做法，成为全国农村学习的样板。

“集体是社员的靠山，社员是集体的主人”，截至1978年，大寨人均收入比1953年增长3.6倍，人均住房2间（孔）。大寨医院媲美县级医院，文艺队、武术队等享誉中外。“大寨”，成为集体主义经济富裕、文明的代名词。

20世纪80年代后，大寨模式一度作为“教训”受到检查和嘲讽。与全国一样，大寨也将土地、集体资产分给村民。尽管村民生活水平有所提升，但十年间，农业生产徘徊不前，工业实力薄弱，集体没收入没积累，十年四换支书，两委凝聚力丧失，大寨逐渐泯然众人。

难道集体主义命该如此？

1991年，在村民及政府多方奔走下，大寨“铁姑娘队”骨干、原村支书郭凤莲阔别十年再回大寨任村支书。她带领村民成立村办集体企业大寨经济开发总公司，并到全国各地考察、合作，“以前是全国学大寨，现在是大寨学全国”。在各方努力下，大寨羊毛衫厂、旅游公司、水泥厂、酒厂等陆续成立。

集体主义在工业时期照样好使。1997 年，大寨生产总值达 5000 万元，2002 年达 1 亿元，2010 年超 10 亿元。集体积累、公平分配的优越性再次体现。20 世纪 90 年代起，大寨人陆续搬入集体分配的单元楼、小别墅，中小学教育免费，老人可领取养老金，还有医疗报销，可以领取分红……大寨再次回到聚光灯下。

但今天的大寨难掩失落。村企中仅有制衣厂、旅游公司还在运转，订单还多是工作服之类。绩效好一点的酒厂在县里，饮料厂在外市，都是合资（更像是品牌输出）。旅游体验也较为落伍，传统观光、红色旅游缺乏创新，游客主要是怀旧的中老年人，好在晋中地区将党员教育培训基地放在此。

如此，大寨村民在村企上班月工资有 2000 多元，每年每人还有 1000 元集体企业分红、每户 3000 元旅游公司股份分红。此外，义务教育、基本养老金，已经和全国平均水平差异不大——这是国家经济发展、农村福利制度初步健全的进步。

这种停滞并不为奇。中国工业去产能，山西资源型经济转型，这种困难是整个区域性的。即便如此，大寨村民的收入在山西农村地区依然是较高的。面对集体经济的起起落落，人们的心态、对集体的满意度也还不错。

人们心中唯一的阴云，都写在脸上：“只是未来会怎么样，我们也不知道……”

二、集体经济的灯塔

中国的富裕乡村不少，但集体富裕且能保持富裕的不多，河南省临颍县南街村就是代表。

紧随大寨，20 世纪 80 年代到 90 年代的南街村风头无两。1990 年，南街村集体产值达 14 亿元，成为河南首个“十亿元村”。富裕起来的南街村，衣食住行、养老教育，甚至水电煤气、买菜钱都由集体承担，成为全国人民羡慕的共产主义“理想村”。

南街村成功的原因是什么？关键是坚持毛泽东思想加有好的带头人。

20世纪80年代，“农业学大寨”的余晖隐去，由公转私的市场经济成为大势所趋。村支书王宏斌却逆势而行，提出重走集体经济道路。村里先是回收耕地开办起砖厂、面粉厂，并通过预定的先进经营方式，迅速滚动做大。随后相继进军食品、调味品、饮料等领域，都大获成功，不少北方人的童年回忆“北京方便面”，正是南街村产品。在此期间，南街村推行“低工资、高福利”制度，快速完成了集体资本的原始积累。

物质富不算富，还得加上精神富。20世纪90年代，南街村就兴办了图书馆、养老院、大型娱乐活动中心等文化及公益机构，其中村幼儿园师资、教育理念和水平就已经是全国标杆。直到今天，南街村中学的教育质量在整个漯河市依然数一数二。

事实上，南街村的发展壮大并不奇怪。20世纪80年代至90年代乡镇企业大潮，曾造就无数富裕村。后来随着国家政策转向城市化，以及集体企业自身管理弊端的显现，2700万家乡镇企业或倒闭或转私营，万千农民对集体富裕的第二次憧憬再次破灭。

南街村的胜利，在于对集体主义的始终坚持。南街村人将其归纳为“外圆内方”，即对外采用灵活的市场经济，对内实行高度的集体主义。除了主要宣传阵地东方红广场，他们还在每栋建筑物上镶嵌毛泽东思想及集体主义相关语录，南街村人从小在这种教育氛围中长大。而毛泽东思想和集体主义大旗，也帮助南街村收获了众多外部关注与帮助。

随着市场经济迎头赶上，今日南街村的福利水平不再那么高。我联系的顺风车司机夏师傅，以前就在南街村企工作。他现在在漯河高铁站旁的鞋厂上班，由于是熟手，每天能赚300元，月收入八九千不是问题。而在南街村企，同层级的收入比较平均，一般在4000多元。

南街村标语

南街村规定，在村里工作15年可享受分房（拥有使用权，退出或去世需归还），但像他这样有追求、有能力的年轻人，几年下来多赚的钱，也可以在县城买一套属于自己的大房子。自由市场经济下，只要肯吃苦，获得的生活质量也不低。

无独有偶，路上偶遇的一位朋友就是南街村人。南街村人热情、淳朴，即使是陌生人，也邀请我去他家里参观、就餐。他说，他曾是村企销售人员，觉得村集体虽然稳定，但难以实现自己的梦想，便选择出来创业。但由于南街村人相对单纯，内部及渠道商也相互信任，结果他一出来就被骗，损失了 500 万元。

随着生意逐渐稳定，他本想鼓动妻子也出来工作，但家里人不同意。高福利制度下，村里工资虽然不高，但每一分钱都是“纯利润”。在南街村工作到退休的人，拥有三五百万元资产的人比比皆是，南街村人的富裕，真不是盖的。

南街村抓住轻工业黄金期崛起，今天面临的挑战，也正在于相关行业巅峰期已过。一面是发展的乏力、人才面临一定流失；另一面是集体福利能增不能减、集体主义的大旗不能倒，压力越来越大。

但这些都是正常的产业结构调整，与集体主义并无特别关联。外部也常有怀疑，说南街村模式靠的是国家贷款，但有几家企业发展可以不靠贷款？相反，今天南街村强大的集体积累与品牌价值，稳定、高素质的工人和管理队伍，忠诚的渠道商体系，这些集体主义强大资产，正是自由市场之稀缺。南街村找好点，依然可以再次腾飞！

路上偶遇王宏斌书记。他于 1974 年回南街村，1977 年任村支书。当下中国基层治理往往一把手调动频繁，乡村仿佛成了升迁跳板，但这个扎根一方水土、实事求是、信仰坚定的老人，何尝不是浮华社会中的一座灯塔？

这位老人亲切、随和，由于还有一位客人接待，他和我只能在村委会路口简单聊几句。他说：“今天的南街村，依然处于社会主义初级阶段（不少舆论赞美南街村已处于中级阶段）……只要去实践，我们的社会离共产主义就会近一点。”

南街村，依然是中国集体经济的一盏明灯。

三、天下第一村之困

江苏无锡华西村，闻名遐迩，集体分房、分红时的轰动，以及近年面临的困难，在各种报道上屡见不鲜，在此不赘述。

时势造英雄，20 世纪 60 年代至 70 年代大寨村自力更生发展农业，80 年代至 90 年代南街村抓住轻工业黄金期，90 年代后期开始，华西村把握西部大开发、基础建设和房地产机遇走偏重工业的路径，都获得过成功。一方面，三个村庄加一起，清晰反映着中国产业升级之路；另一方面，中国产业不断升级，三个村庄逐渐跟不上时代，则是它们面临困境的根本原因。

华西村的起落更为典型。尽管华西村民认为目前的困境是短暂的，但要明白，华西村重资产的经营思维与今天轻资产运营主流思维相左，才是面临困境的关键：作为华西村支柱产业的钢铁和纺织，近年面临巨大的产业调整压力；陆续投资的众多资源型领域，亦难言理想；后期重点发展的旅游业，也散发着浓郁的重资产风格，譬如 328 米高的龙希国际大酒店，装修金碧辉煌，四处展陈着名贵沉香木、石雕、金器，以及著名的一吨重大金牛，这些“土豪风”重资产，并不符合现代年轻人审美。

华西村对“天下第一”仿佛有执念。村里的大金塔、148 吨重的铜钟王，村外斥巨资仿建的天安门和长城，以及各种“吉尼斯世界纪录”，旅游体验并不佳。2011 年购买的直升机，也因为机场紧邻居民区噪声扰民而基本废弃。反倒是华西游套餐上的“社会主义富华西”展览馆，独一无二，令人印象深刻。

与之形成鲜明对比的是隔壁新桥镇。新桥也是著名的纺织业重镇，海澜之家便坐落于此。而海澜之家的成功，也证明了今天重运营可能要优于重资产。

同样，华西村旅游也被海澜之家的飞马水城抢去风头。飞马水城占地 1000 亩，号称东方威尼斯，以马术表演、博物馆、美术馆、水上休闲娱乐为特色，涵盖奥特莱斯及主流百货、餐饮品牌，环境优美、时尚现代。尤其晚上的烟火表演，使之成为无锡乃至整个苏南地区的旅游新地标。从华西村出来进入飞马水城，也让人有一种从严肃、仰望到放松、平和的心理感受。

当然，华西村的集体积累与资产依然丰厚，村民生活质量、心理状态都还不错，但随着吴仁宝老书记的去世，华西村光环的消退，高资产、高负债经营的困境以及家族化管理的弊端显现，华西村人对未来也开始产生疑问。

四、我们还需要集体主义吗?

在资本原始积累阶段，集体主义可以凭借低工资进行个体“自我剥削”，促进集体资本快速积累，加之集体生产的稳定性，其竞争优势是巨大的。大寨、南街、华西三村莫不如是。

后来三村各自面临困境，也并不奇怪。若把三村作为三个企业看待，我们可以自然看到，它们面临的困难，不过是处于企业生存发展的正常周期。甚至绝大多数企业，压根不会有它们长达三四十年、六七十年的生命周期。企业经营，重要的是把握市场形势并因时而变，当三村完成集体积累、形成路径依赖后，逐渐跟不上形势，困难便在所难免。

随之，人才欠缺、管理不善的现象，也在三家“企业”身上显著体现。这些集体主义乡村，都有着强力乡村能人。但能人的“能上不能下”，决策缺乏足够制衡，以及决策者本身的老龄化甚至家族化，年轻能人断档，又成为再发展的瓶颈。其中，大寨村掌舵者郭凤莲 77 岁，南街村王宏斌 73 岁，华西村吴仁宝老书记去世时 85 岁（华西村现由其子女继续经营）。

时代的淘汰是现实而残酷的，乡村能人再能，思维、技能也不可能一而再，再而三地跟上时代。我们正迅速进入数字化时代，“科技 + 资本”，辅以文化创造，成为发展主驱动力。

陈春花教授在其《价值共生》一书中指出，在数字化时代，企业关键价值已从“满足顾客需求”，变成“能否为顾客创造需求”，因此组织面临的挑战，需要更多依赖个体创造力。强个体崛起，其对组织的贡献增强而依赖性减弱，组织需要更多地赋能而非强调管理；同时，人们更关心领导者的价值贡献而不是权威和岗位，领导者是否真正愿意放手、改变自己，也是组织变革的关键……这正是三座村庄面临困境的真实写照。

时代终究是发展的最终决定力量。我们不能将企业经营管理的落伍、市场竞争的不力，简单总结为集体主义的失败。相反，集体集中力量办大事的优势、组织的凝聚力、一支稳定且高素质的员工队伍，以及外部对集体品牌的信赖，在多变的市场竞争中，反而是稀缺优势。集体主义，必须且理应发挥出更强大的生命力！

视野离开三村，近两年我所调研的许多村庄，都在隐隐约约地呼唤集体主义。集体主义，或是商业与乡村结合的解药。从河南修武县“云台冰菊”的宋总希望村里成立集体合作社，再凭借“公司＋集体合作社”的方式带动乡村共同富裕，到在成都蒲江县箭塔村伍茂源组织数十位乡村“觉醒者”团结起来，成立社区营造中心和理事会，乡村运营者对集体组织的呼声正日益强烈。

类似案例还有很多。也许光讲乡村还不够，那么，城市就不需要集体主义吗？

城市更高效，一个很大的原因就在于有企业／单位作为集体进行整合、衔接，只不过乡村以地缘或血缘构筑集体，城市以契约形成集体。那么你可以脱离企业／单位，独自一人开展业务、发展壮大吗？你可以只讲个人主义，不讲集体协作、集体主义吗？

尤其在数字化时代的科技和市场自由背景下，个体正被切割得越来越细小、越来越孤立。我们可以一个月坐在家中，点外卖、买日用品、看电视、玩手机、打视频电话、玩游戏。这是技术的进步，也是市场对个体的碾压与麻醉。

当市场为了利益日益切割、分散个体，作为个体的我们，要实现更大的个体价值而不只是市场价值时，就更需要走向社会联合、寻求集体合作。那需不需要集体主义？答案显而易见。

五、未来之问

回到三村未来之问，答案并不复杂：继续发挥集体优势，自我变革，引进人才，走在时代前沿，才能不负内外热望。

由于地理及市场较封闭，大寨不适合搞工业，要做的应当是做强文化而非实业。但要选择的合作对象，应当是具有现代、时尚基因的企业，而不是观念落伍、只能携手走向淘汰的企业。

不管是大寨酒还是旅游，大寨需要开发年轻群体。革命精神对老年人来说是怀旧，看一看就行，能不掏钱就不掏钱。对年轻人来说，却是经典的时尚。大寨红色旅游，不一定只能怀旧或针对党员教育，也可以转化为一种有文化底蕴的时尚体验。近几年，各种老牌企业、景区纷纷变身为“网红”、新国潮，就是可借鉴对象。

南街村需要更注重运营，加强市场研发、品牌运营，而非过于强调产品研发。

以旅游为例，难道只有党政机关、老年群体对集体主义感兴趣？事实上，在强调私有、个人自由的市场经济下，所有企业、单位都有加强集体精神建设的需求。在南街村这么一个灯塔下进行集体主义学习，总比去一个度假村关起门来拓展、团建要深刻、生动吧？

华西村同样如此，而且其自然生态、土地储备、观光农业基础等，均是上述两村无法比拟的。同时，华西村的投资应抓住地处长三角的优势，成立投资基金引进专业人才，往高科技、新能源、新材料等方向延展，而非继续投向资源占有型、重资产型领域。兼具一二三产，拥有强大的资本实力，加之集体主义深厚底蕴、整合力强大，华西村的“天下第一村”，完全可以成为新时期乡村振兴的“第一村”！

包括三村在内，当我们说到集体主义时，往往想到的是集体分配。恰恰相反，集体主义的优势，首先应该是集体生产而非分配，有了丰富的产出，才可能有集体分配。

其次，集体的形成，应是现实需求而非意识形态。是个人跑去市场上单打独斗强，还是集体拉出去优势大？集体善谋长远，多数市场竞争者只能求于当下。因此，集体主义本质上是个人利益放大化，是在一定背景下个人更好地实现或获取个人价值的一种好途径。

集体主义与市场经济、个人主义并没有那么对立。我们要提防的，一是将集体主义意识形态化，或向市场经济投降。集体主义首先是经济，然后才是“主义”。客观看待优劣，与时俱进调整，任何时候都不落伍。

二是以集体主义为名行个人主义之实，以个人为中心搞英雄崇拜，或回到小农式的家族化模式。这是个人主义而非集体主义，过往许多村庄因为强力带头人崛起又陨落便是例子。

三是刻意混淆集体利益与个人利益的边界。先需有明确的私，才能有为了更大化个人利益，合理、明确地向公让渡私的健康的集体主义。以集体利益打压个人，以集体权威压制个人，或混淆公私边界谋私利，才是真正的破坏集体。

所有的社会组织形式和理论，本质都是在处理国家—集体—个人三者间的关系。

与自由市场一样，集体主义也是一种社会组织、发展方案。它不仅不落伍，而且有其科学性、先进性。实事求是，互相借鉴，勇于实践，与时俱进，是所有主义发展的共同使命。

当集体主义收拢起它的余晖，穿过昏沉夜色，我希望它会迎来更璀璨的光明。

22

一锅石头汤里的苍葭村

一、石头汤的故事

话说有这么一个村庄，饱受苦难、贫瘠、村民冷漠、没有希望。有一天，三个饥肠辘辘的和尚来到村里，但村民没有伸出援助之手，而是都躲进家里，不肯靠近。

三个和尚没有沮丧离去，而是架起一口小锅，准备煮一锅石头汤。村民依然冷眼旁观。

终于，有一个小女孩勇敢地跑过去问："你们在做什么？"当得知和尚准备煮一锅石头汤，而锅又太小时，她立马跑回家拿了一口大锅。

接下来，好奇的村民一个一个走出家门，想看看石头汤到底怎么煮。三个和尚便开始耐心地引导：加点盐和胡椒粉才会香，加点胡萝卜会更甜，来点洋葱、蘑菇会更香……于是村民陆续跑回家拿出来盐、胡萝卜、洋葱、蘑菇、面条。

一件不可思议的事情发生了。当一个人敞开胸怀付出时，下一个人就会付出更多。结果，一锅丰盛、鲜美的"石头汤"真的做成了。人们品尝着一起熬出来的石头汤，空气里充满欢声笑语。原本冷漠的村庄，坚冰开始融化，重新变得温暖。

这个故事可能很多人都听过。有人为和尚的聪明叫好，无中生有，“空手套白狼”，大有借鉴意义；有人据此想出个“众筹”，找一个概念，吸引一些人过来，让他们掏钱买单，不也是一个很好的商业模式？

其实，这个故事想说的很简单。离开的时候，和尚对村民说，幸福就像煮这锅石头汤一样简单。很多事情原本也像煮石头汤一样简单，只不过多年来的商品化、市场化过程中，人们已经习惯了把它们搞得很复杂。

譬如乡建，今天，你要问什么是乡建、怎么搞乡建，恐怕大多数人会一头雾水：“啊，去乡村怎么赚钱？”“乡村有希望吗？”“城市好好的，我为什么要去搞乡村建设？”

要回答这些问题，还真是有些伤脑筋。那就讲一个真实的“石头村”的故事。

二、张家冲的故事

张家冲

中国曾经“盛产”这样冷漠、没有希望的村庄，湖北省罗田县的张家冲就是其中一个。

罗田位于大别山革命老区，曾以民风彪悍、“不好搞”著称。“丑卵”，这句当地常用的骂人话，就是其缩影。张家冲距离县城还有 20 多公里，人口不到百户。同中国许多乡村一样，20 世纪 90 年代以来，青壮年农民纷纷外出务工，村庄凋敝，徒留老幼，环境脏乱差，更谈不上什么前途。

“小女孩”迈出的第一步，是“石头村”变化的关键。没有她的热情和好奇，就不会有“石头村”后来的故事。

张家冲的第一个“小女孩”出现了。2008 年，县统计局局长丁汗平退休回到家乡，他收拾了尘封多年的老屋，带着简单的行李搬了进去。他的初衷也很简单，即做点事，改变一点父老乡亲的生存环境和生活状态，让群众觉得生活有奔头，也让自己的晚年生活有所寄托。

那时的张家冲，不堪远甚“石头村”：村里当时只有 52 户人家，每人年均纯收入不到 1000 元；塆里垃圾遍地，污水横流；组内财务混乱，人心涣散；少年大量辍学，成年乐衷赌博……要改变，谈何容易。丁汗平先是以退休老领导和家族长辈的双重身份，组织了“五老”7 人议事组。议事组提出用 6 年时间，实现“出门不走泥巴路，夜晚走路不摸黑，吃喝用上自来水，健身可去运动场，塆容塆貌大改观”的目标。

像开始的石头村一样，村民选择了观望。

“垃圾就是污染了的人心”，议事组决定先从环境整治开始。第一步就是拆掉村民私搭乱建的猪圈、牛栏、茅棚等“五小建筑”。由于触及村民利益，还要改变他们的生活习惯，不少人极不情愿，有的还张口要补偿。

从乡镇摸爬滚打上去的丁汗平，十分清楚群众工作的重要性。他从宣传和沟通开始，开了 3 次群众大会。同时发挥议事组的带头作用，7 人各自动员家人、亲友，宣传整改办法，划分各户责任区，建立垃圾分类标准等。丁汗平还率先把自己祖屋旁的牛栏和猪圈拆除。

群众工作、榜样力量是党的基层工作法宝。大家逐渐行动起来，涣散的人心也团结起来，环境整治效果立竿见影。

环境改善还可以依托群众实现“零成本”，但接下来要搞建设，必须要有资金。钱从哪里来？丁组长定了一个原则：自己动手，不等、不靠、不要。他们先将张家冲的 300 多亩山林资源进行林权制度改革，然后用好自身资源，跑到武汉、北京联系客商，一个多月后，最终将山林以 23 万元的价格租赁出去。

当时的 23 万元无异于一笔巨款，许多人认为钱是大家的，主张分掉。丁汗平顶住压力，坚决反对分钱。议事组认为必须将这笔钱作为集体资产来搞建设。为打消村民的疑虑，他们建了一个专用账户，规定必须由 7 人议事组、党员代表、群众代表同时签字才能使用，并定期公布事项账目、实行民主管理……后来的事实证明，如果没有这笔集体启动资金，诸多集体建设就只能打嘴仗。

后来，村里用这笔钱统一修建了48户沼气，安装了太阳能路灯，建起2座安全水塔，改建拓宽了11口池塘，分布了8处垃圾箱……不过两年，张家冲人就靠自己的力量，恢复了自己家乡的美丽。

张家冲的事实证明，乡贤对乡村建设的带动作用是无可替代的，他们有能力、有感情，还有着极强的乡村黏合力，用好他们，乡村振兴才能事半功倍。

今天，张家冲又有以丁映森为代表的新一代乡贤站出来，丁汗平终于可以真正地退休了。我们在村外的菜地遇见这个70多岁的老人，他准备抢在霜降前往地里施肥。我们走上前握手，他往身上擦了擦手，想想又摆了摆手。闲聊几句，他就转身去照顾他的菜地了。老乡贤丁汗平比村民更像一个农民，又比农民还爱自己的土地。

三、从张家冲到苍葭冲

丁汗平通过自己的努力，实现了他梦想的第一步"让家乡美起来"。但离他的第二步，"要让群众富起来"，依然差得很远。彼时的张家冲，虽然环境和民风大为好转，但村民依然要靠外出打工谋生。

需要外来"和尚"登场了。

2016年，在丁汗平的感召下，王伟华带着武汉西厢房乡建联合机构来到张家冲。他们支起了一口叫"文化"的锅。但这口"锅"能变成钱吗？大家将信将疑。

第一步，给村庄改名。

在调研过程中，西厢房惊讶于这个叫张家冲的村庄，竟然没有一户张姓，通过走访、翻阅史料，这才发现，村庄原本叫苍葭冲。两者读法差不多，但在贫穷年代，饭都吃不饱，还谈什么诗情，为了好理解，才简化成了张家冲。张家冲这个"冷漠的"村庄，不过是蒙了一些灰尘。抹掉这些灰尘，苍葭冲显露出它原本的精气神。

第二步，打造"荆楚家学第一村"定位。

苍葭冲本是有着600年历史的古老村庄。明朝中叶，自先祖从江西迁到此地，丁氏一族就不断传承发扬着"家学"传统。数百年来，这个小小的村庄出过许多进士、举人，新中国成立后至今，又培养了26位博士、硕士。今天，这里还完整保留着2座古祠堂、2段古城墙、3栋古民居大宅，以及48株百年大树。而且村庄民风淳朴，还从来没有人犯过事、进过派出所。

西厢房帮助村庄树立起“荆楚家学第一村”的鲜明定位，继而与村庄一起，大力修复宗祠、家庙、书院、私塾等，针对城市亲子市场、中小学传统文化和自然教育市场，一下打开了突破口。

第三步，引入资源，做深研学市场。

事实上，苍葭冲缺乏足够的资源禀赋，观光旅游、现代文旅这样大开大合的商业模式根本行不通，“小而美”才是出路。西厢房继而帮助村里建设了“家学展馆”“农耕展馆”“苍葭书院”“家学村宿”等主体，还引入了两家教育机构，最终在苍葭冲恢复了立体的传统文化体验：爸爸可在田间跟农夫学古法农耕，妈妈可以跟着村妇学绣鞋垫、做油面，孩子在桌前习字诵读，也可以去苍葭书院沐浴国学开笔礼，还可以去农家学习拓印、制作古法豆腐……

接下来，西厢房拟围绕“老文化、老手艺、老故事、老种子、老民俗、老味道”不断扩展。随着武汉、黄冈等市的学校和家庭不断到来，村庄逐渐热闹起来。其实对苍葭冲这样一个小村子来说，这就够了。真要每天涌入成千上万的大众游客，指不定是建设还是破坏。

第四步，授人以渔，帮助村里自建平台。

苍葭冲的变化，吸引了越来越多的村民返乡创业。他们陆续开起民宿、豆腐工坊、油面工坊、古法酿酒工坊等，一面恢复、发扬着传统文化，一面发展着差异化的消费市场。

西厢房继而帮助苍葭冲开发了一个统一的小农数字平台：一方面，各种经营主体可以在线展销、预订，从而建立起属于村庄而不是依赖于电商巨头的私域流量；另一方面，平台链接起在外村民、研学客群，积累了多达5万名成员的高交互社群，使得投资、消费、设计、建造、生产等在同一个社群里完成——这个创新性的“乡村区块链”探索，值得另行研究。

同时帮助村庄建立自己的经济组织。集体经济是实现乡村共同富裕的最佳路径，在西厢房的帮助下，村庄建立起生态农业专业合作社，村民可用房屋、土地或现金入股。随着研学经济的深入，村庄又正在推进康养民宿、老手艺文创、老种子种植等其他专业合作社。

疫情期间，严重依赖人流量的传统文旅，受到了极大冲击。但在苍葭冲，这种并不需要特别大的人流量的、小而美的体验经济，受到的影响反而要小很多。譬如在苍葭冲开客栈，年收入可达 10 万元以上，村民开的油面工坊的收入可达 6 万 ~8 万元，若民宿和研学同时做，收入更为可观。而且乡村生活成本低，环境更好，人生活其中也更能活出自己——若说人生更优解，也并非不可。

去乡村能不能赚钱？赚大钱我不敢说（毕竟城市赚大钱的机会也不多），但对于普通人来说，获得等同甚至优于城市的经济质量，还是可行的。

做到今天，西厢房已与苍葭冲深度捆绑。但王伟华想的，却是“离开”。一方面，他已经用实际行动告诉人们，“乡建其实是简单的”，也顺利地放手给了村民；另一方面，他正致力于将西厢房平台化，推动更多有志于乡村的年轻人走向乡村，与乡村一起共创业。

西厢房的经验验证着，“和尚”的作用在于启发、唤醒、陪伴村民，而不是用一锅“石头汤”去物质控制或精神控制村民——这正是“外来和尚”做乡村振兴所需谨记的一大原则。

四、蒹葭苍苍

2021 年 11 月 20 日至 21 日，苍葭冲举办了第一届美好生活市集。与我们常见的农夫市集不同：第一，这个市集是位于大山深处的小村庄，卖的都是些村民自己种的萝卜青菜、笋干、手工特产类，摊主也都是村民；第二，这个市集是由两个刚毕业的返乡大学生丁益和丁震，在村委会、合作社和西厢房的帮助下举办的。

村民一开始还担心：“真的会有人跑这么老远来买这些？”结果两天下来，前来的市民不少。有村民小赚了一笔，也有少数摊主一件也没卖出去，但大家都很开心，表示要总结经验，后面还要参加。

苍葭冲第一届美好生活市集

像这样自发而野生的市场活动，还有很多。今年，由生态农业合作社生态种植的50亩传统小红稻获得不错的收成。种植还行，但农民不会营销推广，而且这种小规模的探索，经济价值有限，基本不会有专业机构来帮他们做。怎么办？

合作社的办法是，与西厢房拾野团队合作，由拾野团队负责包装、设计、销售，大家按比例分成。西厢房继而调动其社会资源，联系了武汉职业技术学院的老师，老师又带着学生来到苍葭冲，以社会实践的形式参与。学生以往是在学校的围墙里，根据老师的布置完成“作业”，但一来到村里，就立即被这种场景化、鲜活的乡土实践激活，迅速完成了简洁、实用、大方的包装设计方案，帮助小红稻迅速销售一空。

良性的循环正在发生。这些进一步加强了合作社成员恢复老种子和生态种植的信心。事实上，国家的粮食安全、种子“芯片”计划，不应该只由政府来干，“将鸡蛋放在不同的篮子里”，像这样组织、发动农民力量，或许是一种更优解。

再如，今年苍葭冲举办的农民丰收节，全是由村民一起自发举办的。他们用农具、作物营造丰收场景，打造创意“无动力农场”、小动物农场等，还邀请了老乡贤提前返村写书法……活动既丰富新颖，又生动有趣，吸引了大量城市亲子家庭。完全不同于政府花钱搞的“农民丰收节”，这场不花一分钱的村级活动，虽然规模不大，也不被广泛报道，但真正提升了村民的自信心和凝聚力，而且通过门票和活动收入小小地加强了集体经济。这才是真正的“大地丰收节”！

今年，村里还将闲置多年的小学变“废”为宝，与西厢房共同成立乡创中心，拾野共学社就是中心的第一家入驻团队。团队骨干朱紫光说，他之所以选择扎根苍葭冲正式创业，一是已经喜欢上了乡村的生活状态，二是享受城乡双栖的工作节奏——在苍葭冲，他们一方面进行着乡野办公，做自己专业范围内的事；另一方面在帮助乡村干它没有能力干的事的过程中，感受到被需要，以及乡村不断反过来给自己赋能。

今天的苍葭冲一个深层次的重要变化，在于村民自己知道怎么变现、怎么做了。合作社社长丁映森说：“我们要请外面的能人，请他们合作。他们出智慧，我们出资源……以前我们把事情想复杂了，总觉得要花很多钱改变，现在发现不是如此。”

是的，乡建原本就不复杂。虽然从古至今，乡村从来都不擅长提供“发财”的机会，但如果你想在这里追求一些简单、充实、新鲜的生活质量，倒是并不难——前提是，你不要把这件简单的事搞得太复杂。

五、乡村振兴下半场

尽管说了好些年乡村振兴，但人们说起来，恐怕大半都还觉得这是个缥缈的概念。

事实上，乡村已经在振兴了。今天如果你去全国各地的乡村走一遍，就会发现，不论是云南高山上几户人家的小村，还是内蒙古大草原上的蒙古包，不论是新疆天山深处的柯尔克孜族小村，还是西藏雪山下的藏族村寨，哪怕再偏僻的农村，路都好走了，新房子建起来了，网络拉进去了，快递也到家门口了……

20 年来，从取消农业税、退耕还林，到社会主义新农村建设、乡村基础设施建设，再到美丽乡村和脱贫攻坚战，广袤乡土的面貌已经彻底改变了。这场在大地上默默发生的振兴，已经改变了一个国家的命运。

过去的 20 年，乡村更多地表现为“硬件”的振兴，相当于乡村振兴的上半场。那么，接下来的下半场，重点应该是“软件”的振兴，即人的振兴。只有这样，我们才有可能在 2035 年基本实现农业农村现代化目标。

有一回，一位乡建研究者跟一些领导交流。他问在场的人：“乡村是谁的？谁说话最管用？”县委书记想了想，笑着说“不是我”，镇长和村主任也都摇头。最后大家都想明白了，乡村归根到底还是农民的，而且乡贤说话最管用。

在“石头村”的故事中，虽然小女孩、和尚是故事的关键，但他们都还只是唤醒者，村庄变化的根本，还在于村民开悟、自信自爱、共创共生。

王伟华将乡村建设比作一场球赛，政府要当好教练，既要“有所为”，又要“有所不为”；社会资源要当好陪练，做好该做的事，只赚该赚的钱；乡贤要当队长，成为广大村民的领头羊和主心骨；只有村民自己，才是真正的运动员，要成为赛场上的主角，全心全力地为胜利拼搏。

可以想见，随着今天乡村振兴进入下半场，以后或将频繁出现“卡脖子”，其原因多半会很简单——好不容易干出了一点成绩，各方都想当主角，又忘了真正的主角应该是谁。

政府不能做着做着，做成“家长”；乡贤不能做着做着，做成“领导”；“和尚”不能做着做着，做成“老板”。

愿这样简单而诗意的苍葭冲，会越来越多地出现在我们的大地上。

23

唱支村歌给你听

一、《蚯蚓》

夏天雨后，常有蚯蚓爬上小区广场，孩子看着这些黏糊糊、蠕动着的“小动物”，都躲得远远的，我两岁的女儿也不例外。

它们从黑暗的地下爬上来，仿佛带着污秽或者邪恶。一些大点的孩子跑过来，喊着踩死它们，不一会儿就尸陈一地。城市新一代的孩子习惯了脚不沾泥，觉得这种有土壤的地方就有的“小动物”陌生甚至恶心。

事实上，蚯蚓的韧性和智慧远超人类的想象。地球在过去的5亿年间，发生了5次生物大灭绝，许多大型动物先后灭绝，而小小的蚯蚓，已经在地球上生存了数亿年。

达尔文把晚年献给了挚爱的蚯蚓，在他的封笔之作《腐殖土的形成与蚯蚓的作用》中，他就热情地赞美了蚯蚓的生态作用：

“未被赞颂的生物，无以计数的它们改变了陆地，就像珊瑚虫改变了热带海洋一样……”

“使地质巨变、抚平坡地的搬运工……”

“人类值得信赖的朋友……”

“保持土地肥力的守护神……”

“我们很难找到其他像它们一样的生灵，看似卑微，却在世界历史的进程中起到了如此重要的作用……”

它们清理着各种动物粪便、枯枝败叶，连同泥土一起吞下肚，再产生新的肥土。数据显示，蚯蚓每年翻土达每英亩（4047平方米）1000吨，普通庭院中1英亩土地就有53 767条蚯蚓，在每英亩土地中每年由蚯蚓带到地面的肥土达18吨。

多年来，城市的人们远离土地，对这些土壤间的小生灵有着太多歧视。他们不会知道，这些遍布房前屋后、田间地头的小东西，可是遥远乡下农民的宝贝——当然，农民和蚯蚓一样，也成了他们并不了解的存在。

蚯蚓、土壤、农民，是这个世界文明的源起和根本。他们都不应该被忽视，都应当被重新看见和尊重。

放牛

二、村歌计划

本质上，世上所有的产出都源自土壤。所以有什么样的土壤，就有什么样的世界。

科学家发现，蚯蚓粪便还有强大的杀毒能力。只是，不知从何时起，人们不再信任蚯蚓，而是大量采用农药、化肥，美其名曰，为土壤“杀毒”。在今天的许多乡下，翻开一块土壤，已经很少有蚯蚓，土壤板结，肥力失去。而虫害威胁，迫使人们更加依赖农药、化肥、催长素。

现代工业往乡村倾灌的不只有农药、催长素。随着时代发展，城市往乡村倾销劣质商品的时代正在过去，倾销劣质文化的时代已经来临。

今天的乡下，青少年热衷于玩手机游戏、刷短视频，社区团购、电商无孔不入，网贷、赌博四处泛滥。县城的房地产广告被刷在墙上、挂在横幅上，刺激着乡下人掏光最后一块钱、背上两代人的负债奔赴城市过“繁华”的生活。年轻人发动通过贷款买来的小汽车，去县城、镇上吃早餐、住宾馆，空留年老的父母在家吃咸菜稀粥、剩饭剩菜……

规模化生产的劣质文化，消费主义的侵袭，唯城市论的片面灌输……薄弱的乡土文化土壤，在汹涌而来的“文化农药”“文化化肥”倾销下，毫无抵抗力，村民逐渐失了神，人心涣散，无所凭依，沦为内在发育不健全的人。

居于城市、代表城市及工商业利益的地方决策者，一面通过撤并乡村中小学教育、合村并居等行为继续扩大城乡差距，一面响应国家号召，通过“家电下乡”“汽车下乡”，将城市消化不了的产品送到市场日益萎缩的乡下。

甚至还有“送文化下乡”——虽然这是一个巨大的伪命题。通常的手法是，市、县组织地方歌舞团、文化馆、戏团去乡下演出，演出的节目可想而知。而一旦文化“下乡”上了规格和规模，台下坐的也多半不是农民。

“送 ×× 下乡”本身就带着一种居高临下的外来者视角。且不说并不喜爱乡土的城里歌舞团来了就走，根本不可能产生文化，更根本的是，文化根本不可能靠别人给予，而必须是扎根本土、经历时间演化累积而成的。你可以说“送节目下乡”“送表演下乡”，但实在缺乏依据说“送文化下乡”。今天的乡下，当《在希望的田野上》被城市的流行歌曲取代，当曾经年轻过的老人几十年都不再唱歌，当孩子每天哼唱抖音神曲、情情爱爱歌曲，并对故乡的一切嗤之以鼻，乡村文化振兴，又何尝不是个伪命题？

城市有市歌，学校有校歌，企业有司歌，乡村为什么不能唱自己的歌？

2018年，乡建机构爱故乡团队，与民谣歌手孙恒团队共同发起“村歌计划”，通过深入乡村的田野调查，以村民为主体，以专业后期制作的形式，开展在地化的村歌创作。

《风情外普拉》所演绎的外普拉村，位于云南楚雄彝族自治州永仁县的大山深处。它始建于元朝，至今还保留着完整的村庄构造和彝绣、彝乐等非物质文化遗产。

2021年3月，“村歌计划”工作组一行5人抵达外普拉。在乡野调研中，音乐工作者走访曾是文艺骨干的中老年人、彝乐传承人及众多普通村民。著名音乐人张楚也特意赶来，与人们一起唱起彝歌、跳起左脚舞，欢声笑语互相感染着彼此。

好山好水哪里都有，不同的是人。不同的村庄讲述着不同的故事，不同的文化历史衍生出不同的人，不同的人创造出不同的家园。村歌就是村民抒发最真挚的情感与心愿的方式之一。经过数天的音乐调研，音乐工作者与十余位村民代表一起组建起“外普拉村歌音乐工作坊”，通过“生命故事”“村庄大事记”“歌词接龙”等，串起个人成长与村庄发展的轨迹。每一句歌词都要经过大家反复斟酌讨论、修改完善。通过集体创作，他们终于创作出大家想唱的歌。

村歌诞生了，村民决定在村委会举办一场乡村音乐会。音乐会上，音乐工作者与小孩子临时组成了“段玉 & 小葡萄组合”，身着传统服饰的妇女组成了“合唱团”，彝族大哥带来了彝族乐器表演。最后人们一起跳起火波诺玛左脚舞，外普拉村歌“全球首发音乐会”在大山里的村委会小院温情落幕。

音乐工作者带着歌曲回到北京进行专业后期制作，制作还没有完成，这首热情、简单的村歌就火爆开来。老人坐在一起聊天的时候唱，妇女在干活的时候唱，孩子在放学路上唱，然后村民通过抖音，带动着全县10万彝族人一起唱……

其实许多村庄都曾经有它们的村歌。在福建屏南县四坪村，“村歌计划”找到传统四平戏的演唱者，但这位老人已经几十年没有唱过，一时沉默。在音乐工作者和村民的鼓励下，老人打了一些电话，一下子请来了数十名老人。

原来四平戏是帮腔（一人唱，众人帮）的一种，一个人并不容易唱。最终，融合了本地四平戏、评讲戏、帮腔元素的村歌《云四坪》诞生。

唱村歌

歌曲的“全球首发”，是在村口池塘边的大树下进行的。唱完村歌，老人拉起二胡，吹起唢呐，唱起那些古老的歌谣，眼中有光，脸上有笑。那些传承数千年不息的乡魂，在月色下轻轻叩开人们的心扉。

老人在音乐中找回了尊严，年轻人在音乐中找回了乡愁。池塘边榕树下的音乐会结束后，村里成立了文艺队、合唱团，一位新村民还去政府申请了专项基金，开办了传统评讲戏、四平戏传习所。被人遗忘的乡村，唤回了自己的灵魂。

这样的村歌，已经在安徽、河南、云南、重庆等六省市的十余个村庄落地生根。所到之处，都催生着乡村文艺自组织的诞生，村庄也渐渐恢复了自己的文化凝聚力、表达力。这些，远远不是劳民伤财的“送文化下乡”所能比拟的。

孙恒说，“村歌计划”是一项社会工作，而不是音乐圈里的工作。他的希望是，把这套方法总结、推广出去，做村歌培训，带动更多人去推进。乡村振兴尤其是文化振兴，多么需要更多这样微小而伟大的“蚯蚓”。

三、大地民谣

作为曾经的城市音乐工作者，孙恒认为，城乡音乐的最大差别，在于脱离感——城市里唱歌、听歌是产品，要花钱，城市音乐节也限制了很多人，没钱的人、行动不便的老人和残障人士，都没有资格参加。而在乡村，音乐从来都会出现在生活场景中。

他和他的新工人乐队，有一次去一个乡村大集演唱，一个妇女拉着残障的老公听了两个小时。政府修建的乡村大舞台空空荡荡，平时根本没有人使用。还有一次他们受邀在一个乡村舞台上演唱，结果台下只有一个6岁小女孩安安静静地听了两个小时。

文艺脱离民众已经太久，音乐远离大地已经太久。2019年，孙恒、姜国良、路亮等一行6人，从北京平谷出发，举办为期45天、遍及十多个省市的“大地民谣音乐会”。他们依靠的是朋友圈的众筹，两辆车，自驾一万多公里。他们不去城市剧院、体育场，而是走向田间地头、古村老巷，为万千农民义务演唱。

一块小小的广场，立一块喷绘板，就是闪光的小小舞台。他们和志愿者发掘、发动乡村文艺骨干——有的是守教堂、看大门的老人，有的是刚从地里回家简单收拾一下的农妇，有的是七八岁的小朋友，有的是前来游玩的游客，他们拉起二胡，拿起话筒，组成临时小乐队，在乐手的专业伴奏下，唱着自己的歌。

台下是十里八乡赶过来的村民，多是“386199部队”。他们带着自家的小板凳，与大地上的虫鸣蛙声合唱，真挚的欢声笑语响彻沉默了多年的乡土。

孙恒经常想起，有一年他去重庆山区访问一位当地曾经十分有名的民歌手。他们翻山越岭两个小时，一路问了好多人才找到，结果老人死活不唱，只好无奈地离开。后来，他们才知道，老人之所以不唱，是因为那里的民歌属于“薅草锣鼓调”，是集体劳动时的民歌。时至今日，集体已消失，劳动者也不再自豪、有力，老人已经几十年没有开口唱过……这种地方民歌，也许将化为乌有。作为音乐工作者的孙恒觉得很悲伤。

事实上，贫穷不是沉默的原因。在大西南、大西北的贫困山区，人们再穷也要唱歌。侗族的大歌、西北的信天游，充满乡土的力量，支撑着一代又一代人在贫瘠的土地上乐观地繁衍生息。真正的原因是，尊严与自信的丧失，广袤乡土、社会的多元文化走向唯市场化、商品化，生活在大地上的“蚯蚓”被漠视、被歧视、被压制。他们太需要抒发自己的声音，太需要属于自己的歌唱。

这些乡村音乐工作者，自己的生活也很不宽裕。“村歌计划”与“大地民谣音乐会”都是公益性质，加上疫情的影响，一支五六个人的乐队（3 人专职），一年收入不过十余万元，却还在不遗余力地为农民、为大地歌唱。他们也是被市场和主流文化所轻视，却又极为根本的文化“蚯蚓”。

四、大地好声音

疫情几年，叠加前赴后继的猪瘟、粮食威胁、种子危机，今天的人类都应当反思：未来，怎么样的生活才是健康、有尊严的？健康，关乎土壤、种子、水、空气、食品安全等。尊严，在于唤醒人们不再片面地追寻别人的认同，而建立自我认同，在于摆脱被动的外部文化倾袭，重塑文化主体性。

其实，健康与尊严是一回事。当整个社会将“蚯蚓”踩在脚下，没有给予起码的尊重，还不断用产品和文化上的“农药”灌输，却还指望他们在土地上安居乐业，老实本分地为城市供应健康，本身就是一个巨大的悖论！

历史不是孤立的。回望 20 世纪 70 年代至 80 年代，经济腾飞后的日本也面临过经济放缓、环境恶化、社会断裂、人心动荡的时期。从 20 世纪 70 年代末起，日本进入大反省时代：乡土文学运动、民歌运动及新电影运动互相激荡，促使着一代文学家、音乐人、电影人走向乡土及文化自省，伴随着乡村社区营造运动一起，塑造了一个国家、一个地区的文化风貌，深刻地影响着一代乃至几代人。

今天的中国，硬实力远超当年的日本，面临的环境恶化、社会割裂问题的严重程度也差不多，国家也推行着乡村振兴战略，但以乡土和传统为根基的文化内省、重塑、新生，却不成气候。

文化与市场媾和，片面追求流量、商业模式——当代文学被火爆的网络小说、快餐式的短视频压制，国产大片简单成为西方电影工业化的模仿者，音乐人以欧美、韩流为荣而以乡土为耻……虽偶有互联网化的文化传播者，以及 Tiktok 这样走向全球的火爆应用，但能联结内外的文化共情力，依然羸弱。

不从联结你我的文化根源上寻找，片面跟随市场讨好大众需求、小众品位，譬如前赴后继的好声音、歌手、选秀，尽管能新奇、偶发性地流行一时，却永远只能浮于表面，难以真正地触动人心、形塑文明。

孙恒，以及我所喜爱的民谣歌手洪启，不约而同地将心中最尊崇的音乐人的位置，给予了王洛宾——这位公认的“民歌之王”，从来不认为自己是“王”，而只是一位传歌者。而无论历经多少苦难，他的音乐总是带给人们乐观与欢乐。

孙恒和他成立于2002年的新工人乐队，从为进城农民工及其子女演唱，到走向大地推进“村歌计划”和“大地民谣音乐会”，从来没火过。洪启和他的新疆民谣，也从来不温不火，但都拥有着一种我所珍视的大地性、健康与尊严。

我宁愿坐在月光下的小板凳上，听你唱一首村歌，也不愿坐在舒服的座椅上，听你倾诉那浮在城市上空求而不得的虚弱苦闷。

24

搞农业还有前途吗？

一、被动农业

2023年，许多地方政府面临一个压力——退林还耕。为此，西部某省会还从100公里长的环城生态公园体系中，拿出10万亩土地出来复垦为耕地。有市民算了笔账：建公园花了341亿，10万亩水稻一年能赚7700万，要442年多才能收回公园成本，一度引发争议。

这个现象的确广泛存在。2023年年初在老家，我就看到村旁一片森林被夷平，几台挖掘机正费力地挖着树根——说是要复垦成耕地，必须把树根挖出来。

20年前，这里本就是一片良田，当时响应国家环保政策，被拿来“退耕还林”，后租给几位村民种经济林。这里好不容易长成一片森林，为何又大费周章地“退林还耕”？问下来，原来是村里被派了指标，需新增几十亩耕地。这块地20年租约到期，正好拿来完成指标。

只是多年过去，这块地原本的灌溉渠早已废弃，由于没有水源，复垦为耕地完全不现实。村里只好撒了些种子，先过了卫星遥感监测这一关再说。

有些地方抓得严，就把压力摊给乡、村干部。种地本就不赚钱，加上复垦地一般不宜耕种，农民不愿意，乡、村干部只好请农民吃饭、送礼，或者动用财政补贴，用更多优惠政策将之流转给大户。这是政治任务，如果还是没人种，一些乡、村干部就只好自己下地，被逼成种粮大户。

百年未有之大变局下，国家日益强调粮食安全、端牢饭碗、守住耕地红线，并在粮食种植上投入了大量财政。这有助于夯实农业基础，但客观上也加重了中国农业成为高度依赖补贴的“被动产业”。

以我老家为例。2022年，我国稻谷最低收购价为每斤1.24~1.31元（各地略有不同），常年稳定，但种子、化肥、农药、机械、人工等要素价格越来越高。据抽样调查，本地每亩双季稻纯收入约470元，单季稻约750元。因此村民无须动员，都倾向于将耕地集中流转给种植户承包。对种植户来说，由于人工和管理成本居高不下，更倾向于种单季稻——一般是再生稻，第一季收割完不用管，秋季可再收两三百斤。

国家权威部门指导，小农家庭作业种植面积为1公顷（约15亩），家庭农场为10公顷（150亩）。算下来，150亩的种植户，收入为112 500元，但至少需夫妻二人耕种，即每人56 250元，合月收入4687.5元，相当于进城打工。

收入低、风吹日晒、劳心劳力，农业自然成为财政补贴型产业。算上自身人工，种植堪为保本，补贴就成为主要利润：本地政策，种植50亩以上，每亩补贴100~150元，按最高150元算，150亩合22 500元。只是，近年来许多地方财政困难，补贴并不好拿，大户的积极性迅速下降，所以地租一路从以往的每亩500元左右下降到350元。

这个状况，在东北平原粮食主产区略有不同。东北大米价格更高，近两年，玉米、大豆等作物随国际粮价波动提价，种植户的积极性同步大为提升。同时，地方又鼓励合作社种植，与种植大户相竞争，就将地租推升到每亩1600元，合笔者南方老家的4.5倍。东北的其他成本也更高，比如用工，普通用工为每天150~180元，农忙季一些带点技术的工种，比如卷秧盘、补苗等更高达四五百元。

好处在于东北更适合机械化作业、大规模生产，补贴虽然更低一点，但结合规模效应，同样非常重要。

站在国家层面，“三农”工作，农业为首，毕竟吃饱饭才是大国之基，因此制定“三农”政策也以农业为核心。“补贴 + 政治任务”，一层一层压下来，刨除东北平原、华北平原上的国有农场，对许多地方政府和种植户来说，农业多成了被动选项。

再宏大的国家使命，都要落到具体的种植者、基层管理者。对他们，尤其是中小种植户来说，除了被政策和政府推着走，始终还面临着一个灵魂拷问：种地，到底有没有前途？

二、农业现代化简史

我国历来重视农业现代化。1964年底至1965年初的第三届全国人民代表大会第一次会议上，周恩来总理正式提出“四个现代化”的战略目标——我们今后发展国民经济的主要任务，就是“要在不太长的历史时期内，把我国建设成为一个具有现代农业、现代工业、现代国防和现代科学技术的社会主义强国，赶上和超过世界先进水平”。

改革开放前，农业现代化的主要思路是用集体生产取代小农作业。这条路径，虽损伤了农民积极性，但从农业基础设施建设、推广机械化等角度来看，对农业初步现代化作用巨大。

1978年，安徽小岗村的18位农民为了生存，在破旧茅草屋内签下契约，标志着改革开放的开启，也标志着农业思路的转变。此后40年，我国的农业现代化，大致走了四个阶段。

第一个阶段，20世纪80年代。由集体回到小农，包产到户，农民生产积极性迅速提升，粮食连年丰收，一举完成养活十几亿人口的壮举。

这个阶段，以“一产”为核心，农民搞“在地生产”。国家依然限制农民进城，农民进行在地生产；乡镇企业风靡全国，兼具集体和市场优势，在与国有企业的竞争中风生水起；农民不离土不离乡，半农半工，纯收入增长速度曾连续五年超过城市居民，乡村相对繁荣。

综合来看，中国在20世纪80年代发展的焦点在农村、乡镇，农村放宽搞活，城市工商业则在反复的争论、探索中萌芽、成长。80年代后期，随着国家明确将重心转向城市及国有企业，并退出乡村治理和服务，乡村开始衰落。

第二个阶段，20世纪90年代至21世纪前十年。城市工商业、房地产、互联网相继爆发，城市大繁荣，乡村大衰退。

这个阶段，以“二产”为核心，农民“离地生产”。农民大量外出打工，乡村空心化；近城或工业化发达地区的耕地被城市工业、房地产大量占据，远离城市的乡村则抛荒大量土地；国家倡导小农退出耕地然后土地集中流转，走规模化农业，北方平原地区大力推进机械化，南方水稻产区推行园田化，农业规模化作业初步实现；此外，2004年，国家放开粮食流通，与农业相关的农副食品工业也迅速发展。

“城市反哺乡村，工业带动农业”，总体还是一个美好愿望。随着分税制、土地财政、房地产发展、地方政府公司化等现象愈演愈烈，城乡差距、矛盾日益扩大，群体事件频出，基层治理压力加大。农业技术越来越先进，但难以抵消生产关系的破坏。2004年起，国家相继启动农业补贴、取消农业税，以及大力推进社会主义新农村建设，开始纠偏重城轻乡的路径。

第三阶段，21世纪10年代。制造业产能逐渐饱和、过剩，对农业人口的吸纳力逐渐于2018年达到峰值。第三产业、城乡融合日益成为社会发展共识。

乡村同步进入“三产”化探索阶段。2010年左右，一批设计师、艺术家、媒体人开始反思城市进入乡村，带动了中国民宿业的起步。政府层面，以浙江为代表，从“两山理论”的指引，到推动万村景区化、打造“百县千碗”品牌、进行区域公共品牌塑造等政府行为，文旅逐渐成为乡村振兴的切入口。

文旅、民宿，成为阶段发展主旋律。此外，房地产主导的田园综合体、养老地产、旅游公寓、特色小镇，社会资本推动的亲子研学、自然教育、现代农庄，互联网带动的农村电商、直播带货等，都成为农业“三产”化的重要组成部分。它们都有效促进了农民返乡和城市人员流动，并带动了乡村建设。

2017年，随着乡村振兴国家战略的提出，我国的乡村建设事业有了总引领。但客观来说，地方文旅投入大、收效低，房地产主导的乡村建设也说不上成功，亲子教育、农村电商等，也只是农业现代化的补充。包括民宿，也被证明并非成熟的商业模式。农业“三产”化，局部探索成功，收效显著，但总体还不成功。而且偏离了农业核心，一度引发国家大棚房整治、土地红线严控等政策回调。

综上，历史证明，纯粹搞“一产”“二产”或“三产”化，都有各自的问题，都难以实现农业与乡村的现代化。

那么，随之进入新的时期，农业还能怎么搞？

第四个阶段，从2020年左右开始，广大乡村工作者、市场化力量逐步认识到，要赚钱，要发展产业，要振兴乡村，必须走“三产融合”的道路。

何谓“三产融合”？举一个小例子。民宿并非一个成熟的商业模式，原因在于其经济账算不过来：民宿主一般在城市有较好的收入和地位，下乡做民宿后发现，不但收入赶不上在城市做高管、开公司，还可能在服务别人时“受气”，自然觉得不值当；要么只能扩大规模，但超过14间房就进入酒店业范畴，需要另外一种商业逻辑。所以，民宿始终难以实现市场逻辑自洽。

跳出民宿、做“三产融合”就可以实现突围：比如在民宿周围搞一些农业种植，既可以营造田野民宿的差异化，又可以提供有机餐食，衔接亲子或自然教育、搞直播，进而实现从卖房间到卖生活方式的转变；同时，结合地方特色发展“二产”，比如文旅企业“隐居乡里”在北京延庆山区，将本地卖不出价钱的山楂做成土法山楂汁，一瓶48元，大受住户欢迎，口碑传播后成为小众爆品，还带动了村民增收。

如此，一二三产融合，实现价值链和消费的升级，即可弥补单一产业发展的不足。同理，从“一产”“二产”向“三产”同样推导。

经过一二三产融合，乡村就可以从发展单独产业，升级为发展生活方式、价值链和乡村振兴平台。“一产”×“二产”×“三产”，当价值被聚合、传导、放大，市场逻辑和乡村振兴逻辑就开始成立。

三、导向问题

当然，“三产融合”还不是最终答案。

现实中，多见的还是以“三产”为导向的“三产融合”，言必称文旅、民宿，是各地乡村振兴的不二路径。凡出圈的乡村振兴项目，也多以民宿、文旅、“网红打卡”为标签。以“一产”为核心搞“三产融合”，要么受制于消费群体不足，要么受制于土地规模、难以量产（比如有机农业），要么就受制于“三产”路径依赖（干着干着就将精力集中到更高效的“三产”上），始终难以打开局面。

扎扎实实搞农业，如何以“一产”主导融合，带动农业产业升级和乡村振兴？如何将“一产”做得高效，做出市场化价值？依然是中国农业迈向现代化需要去攻坚的核心课题。

当然，我们是有一些成熟答案的。

比如北大荒农垦，早在 20 世纪 70 年代就全面实现了机械化，连施肥、喷洒农药都要开飞机。现在，无人机、机器人、数字化管理等现代技术也已经十分成熟，农业现代化早已实现。但中国大多数地区，缺乏运用这些技术的自然条件。

以猪、鸭为代表的养殖业，则早已实现以“二产”为导向的农业现代化。

成立于 1982 年的新希望集团，亲历和见证了中国农业现代化的路径。企业从养鸡开始，到饲料生产，到养猪、养鸭，再到制造综合食品，现已拥有全球第一的饲料产能、中国第一的禽肉加工处理能力、中国第三的生猪出栏量。以养猪为例，以新希望为代表的中国猪企早已实现“二产”化养殖，且已率先进入数字化、智能化阶段。

今天的新希望，流传着三句话。第一句话是新希望六和董事长刘畅说的：“数字化母猪繁育场的环境和我坐月子差不多。”

在新希望最新的智慧猪场，小猪住楼房，坐电梯上下楼，享受中央空调、新风系统，繁育期母猪还有专门定制的“月子餐”。在这里，通风管道通到猪鼻子底下，猪舍采用滤网加微生物喷淋的除臭工艺，饲料、水一键自动投喂，温度、湿度、风速智能调控，清粪机器人定期出动。人们传统印象中脏乱差的生产环境，早已彻底改变。

第二句话是新希望人经常挂在嘴边的：“想见猪比见董事长刘永好还难。”为防范生猪感染疫病，全部猪场实行全密闭管理、“全进全出”生产。员工进场需先经过72小时外部隔离，随身衣物全部留在场外，在进入过程中更换三次衣物，消毒两遍，再洗一次澡。外部人员进入，则需提前5天隔离。

第三句话是：“猪过得比人健康。”猪舍配置国际领先的空气过滤系统，可隔绝PM10以上颗粒，祖代场更达到PM2.5级防护。新希望开发的“慧养猪”系统，给每头猪建立档案，母猪何时配种、孕检、保健，扫码即知。

新希望现代化猪场

此外，新希望猪场已实现“种养结合”的生态养殖。源头端采用智慧水务、干清粪工艺、清粪机器人等技术，控制污染物。养殖过程中，通过“预处理+UASB厌氧罐+A/O池”主体工艺，实现污水变净水，粪便变有机肥，废气变沼气。

最后是“末端利用”，发展“一产”种植，将上述水、肥还田利用，并通过无人机、24小时机器人巡检等，使得农业种植变得酷炫。他们还与周边农户合作，通过“公司+家庭农场/养殖合作社”模式，建设有机蔬菜生产基地，帮助农户改善种植养殖条件、发展种养结合模式。此外，新希望还开发了“云端放养系统”“聚宝猪在线生猪交易平台”，利用大数据、互联网技术，帮助农户种养、销售。

可见，“二产”化对农业现代化的升级、改造是全面而深刻的。中国的养殖业，养猪、养鸭已基本实现“二产”化，牛羊鸡等的现代化养殖，也大步实现了规模化。

当然，国有大农场、社会大企业生产，无法代表我国多数地区农业种植小而散的先天生产特点。那么，还有更柔性的农业现代化模式可以借鉴吗？

四、东北小朱家村的故事

在黑龙江省镜泊湖畔的小朱家村，我看到了不一样的突破。

程连坤生于1989年，是土生土长的小朱家村人。2014年大学毕业后，他先去了大连实习，感到自己并不喜欢大城市的运作体系和生活，于是选择做一名“逆行者”。2015年，他正式回村做一名乡村创业者。

当时，他的手上只有父母经营的一家农家乐。学市场营销的他，对它进行了改造，先是打造餐饮文化，譬如将传统铁锅炖升级——镜泊湖、牡丹江的野生鱼一锅炖，并命名为“连（鲢）年（鲶）吉（鲫）利（鲤）”，大受欢迎。

随之，大力发展“一产”，以拥有本地优势的稻米生产为核心，挖掘水土（火山熔岩）、文化优势，将全村近万亩优质稻田整合，发展“千年贡米——小朱家村石板大米”品牌，并采用线上销售结合企业订单，卖到15元一斤。他深感“东北品牌走不出去”——不少东北优势农产品都是别人深加工后卖回东北——随之建设3家观光工厂，一年实现6000万元销售额，同时推出大米研学课程，并进行现场“厂播”。

随之发展“三产”，建设石板米仓民宿，带领村民开发江中荒废岛屿，打造丛林穿越、摩托越野、野外CS等团建、亲子游乐项目。同时组织开发冬季冰村旅游，以及帐篷节、渔猎节等活动，每年吸引约20万游客。

近年，他又带领小朱家村走向全国。他在牡丹江、成都、三亚等城市开了7家小朱家村体验餐厅，主打小朱家村传统拌饭。他希望把餐厅建成一个“让城市人像回家吃饭一样的温馨空间”，快速发展到50家店，并借这个空间在全国打响小朱家村品牌，吸引全国人民到村里、到牡丹江游玩。

他带动着众多年轻人返乡创业，从事农家乐、家禽饲养、鸭蛋开发、农业服务等，大家形成联盟，共创、共进；他带动全村100余户村民共同探索，共建龙泉岛、民宿村，共同富裕；他帮助村里建设村史馆，用市场行为带动传统民俗、文化复兴；他帮助小朱家村搭建“校—政—企—村”模式，以市场化为导向，全面带动家乡的乡村振兴……

尽管“二产”“三产”赚钱要比“一产”多得多，但程连坤清晰地认识到，做好农业才是小朱家村的根本。除了种好地，生产好大米，他还积极进行产品研发，探索了爆米花、米糕、饭团、寿司等大米深加工产品，并研发出冰村烤鸭蛋等特色美食。他还清醒地认识到，这些还远远不够。接下来，他有意与新消费企业联合，做深大米的“二产”化、国潮消费，讲好文化自信、乡村振兴的中国故事。

尽管事业已走向全国，但程连坤依然把根牢牢地扎在村里，只要不出差，他几乎都猫在村里。他开车带我去看江畔的土地，春耕还未开始，拖拉机刚刚把地翻完，黑油油一片不见尽头，而山那边就是镜泊湖。

他想对标日本的优秀乡村。他认为家乡跟北海道一样，同纬度、四季分明、水土优厚，但**“东北怎么就做不出来一个国际化的好乡村”**？

他相信，把根深深扎在乡村，以土地、以农业为核心，以市场为导向，一定可以做出产业和乡村的大振兴。

五、广州“作物王国”的故事

位于广州珠江中的大刀沙岛，是一个冲积加围垦形成的岛屿，耕地少，且主要租赁给商户经营经济价值更高的花卉园林。

广州中联实业，数十年前在岛上建设了一个接待型小型农庄，兼种果树。近年来，企业响应国家号召，陆续流转农户耕地，积极向农业和乡村振兴领域发展。2018年，中联实业成立独资子公司喜越农业，前三年走流行的农旅综合体项目路线，由于规模小、资源禀赋不足，所以难以突围。2021年开始，农民出身的企业创始人陈锐文，决心带领喜越农业回归农业核心。

除了集中流转农户耕地，喜越农业还花高价转租了部分园林地，并拿出部分林地，移栽清理了数千棵林木，进行退林还耕。目前，已形成230亩的规模。其中，原有农庄、林木、鱼塘占大部分，其余，水稻田30余亩，玉米、番茄、地瓜等作物各10余亩，规模都说不上很大。这样的小型农庄，如何“在螺蛳壳里做道场”？

首先，做“农科公园”。他们引进农业专业人才，与农科院合作，以农业设施、作物品种、种植方式、生物技术、农业信息化为核心，打造农科示范。

譬如番茄种植，虽然只有11亩，但精心培育、种植了黄金果、黄洋梨、青霞66等十余个品种，不少品种是广州市场独有的。他们采用有机种植，在土壤改造方面，持续投入各种有机肥、麦饭石、草木灰、花生麸和豆粕勾兑红糖粉发酵的水肥等，光此一项，每亩每年的成本就高达 7073 元。

此外，他们恢复并发扬传统轮作农法。例如，通过玉米种植，利用玉米秆的氨基酸改良土壤；每年年底水稻收割完，种上油菜花、紫云英，既做观赏用，又是传统绿肥。

品种丰富，加上有机种植，其出产的农产品大受欢迎。譬如一盒“七彩小番茄”，包含不同品种，五颜六色，煞是可爱，售价 30 元（2 斤），且产量有限，供不应求，专供一些中高端社区商超，完全避免了渠道成本。类似地，“幸福米”“小岛番薯”等也已打造为“大刀沙特产”。

其次，做“作物展示”。农业做扎实了，就可以做好亲子、研学教育。

2013 年，国家提出“逐步推行中小学生研学旅行”的设想；2016 年，教育部明确要将研学旅行纳入中小学教育教学计划；2020 年，国家又明确提出加强大中小学劳动教育。国家要求与民众需求结合，使得研学教育成为一大市场亮点。

在果蔬、粮食、经济、药用作物方面，喜越农业已建立起一个扎实而专业的展示、教育基地。他们以农为本，组建青少年成长和儿童教育专业团队，结合大刀沙围垦文化、疍家文化，开发出多种农耕主题课程，以及农业实验室、农事体验、农业夏令营等活动。其市场价值被迅速放大。

再次，品牌化运营。以农为本，以教育为核心，打造农业科研、农业创意、农产品展销、研学科普、旅游观光等多种功能于一体的都市农业公园，并集合为“作物王国”品牌。

喜越农业总经理陈剑能介绍，他们计划寻找外部合作做“三产”，自己和核心团队则坚守农业和教育，通过做好农业作物和市场研发、研学及亲子教育研发，实现科技和市场运营能力自主，夯实、打响“作物王国”品牌。

未来，喜越农业将致力于品牌及市场运营能力赋能，打造“农庄联盟”。

中国大多数农业从业者，依然处于中小农庄、家庭农场作业方式，困于消费市场难升级或生产规模难扩展，始终难以应对市场化大课题。喜越农业致力于打造的品牌赋能加“农庄联盟”的模式，是目前来看能破解中小型农业经营主体与规模市场化矛盾的为数不多的有效路径。

仅以研学教育为例。广州市有中小学生160余万，形成每年数十亿元级别的研学市场。扩展到全国，研学教育正迅速成为一个千亿元级市场，一旦形成价值联盟，完全可以催生一批全国性大型农业教育企业。喜越农业探索的以“农业+教育”为核心、品牌运作、联盟发展的模式，具有广阔的市场化和资本化运作空间。

搞农业与多数产业不同，最大的敌人正是盲目求速度和“效率”。只要沉下心来，做好基本投入，允许“缓慢”，尊重技术和自然规律，自然会有收获。

搞农业还有前途吗？在这个急吼吼的年代，要问的，也许还是人们的内心。

25

一个“包工头”的转型

一、从种房子到种苹果

老刘是我的一位朋友，东北人，曾经是一位房地产工程承包商，还承建过东北某大城市市政府。前几年，他却提早从“高大上”的房地产业转型到“接地气”的农业，不但告别了内卷，还开辟出一片新天地。在充满困惑的当下，他的转型故事，具有相当的启发性。

老刘家境普通，2002年，20岁的他还是小刘。小刘来到上海，在万航渡路一家新疆餐馆端了半年多的盘子。在2002年至2004年期间，随着《中华人民共和国物权法》的立法推进，其中对40/70年产权的制度设计，解决了中国城市土地国有制度与市场需求之间的矛盾，瞬间点燃了中国房地产的大势。此后，中国房地产节节攀高，进入黄金十年。

也正是在这个过程中，小刘亲戚在东北某省开创出一片天地，小刘便跟随亲戚，一起去东北发展。不久，市政府建设招标，承建商需出资建设，政府不支付费用，但可以置换一块土地——施工要求高，投入资金大，还收不到钱，这在 21 世纪头十年，还是一个冒险举动，吓退了包括一众国企在内的开发企业。

他们敢想敢干，果断筹资承接，从此在该省房地产行业站稳脚跟。此后，小刘在各地干了十多年的工程承包，其间无数跌宕起伏的故事，逐渐把他磨炼成老刘，在此略下不表。

2011 年，山东某市政府前往东北招商，老刘与亲戚一起来拿地，做开发、建设，帮助政府做安置。从第一期价格每平方米 3500 元，逐渐做到 2018 年的 8000 多元。该市作为一座海边山城，土地紧张，此时，某央企开发商进入该市，寻求购地。老刘家族干了多年房地产，有些疲惫，一盘算，发现利润不错，但他们不贪心，便将后续待开发土地转让了出去。

对民营房企来说，这个转型无疑是正确的。虽然转让出去的地块比较优质，后来一直涨到每平方米 12 000 多元，但民营企业抗风险能力较弱，他们提前去了杠杆，还躲过了房地产下行周期及三年疫情的困扰，堪称幸运。

2018 年至 2019 年，社会心态还没那么焦虑。手握一定现金的老刘该何去何从？“走过世界，回到自己”，出身农民家庭的刘家，一路打拼，也获得了成功，此时却选择了回归，重新做起农民。他们在该市山区农村租了 1000 亩土地，种起了苹果。

该市位于北纬 37°，与烟台栖霞市相邻，受海洋气候调节，昼夜温差大、湿度大，是中国最优质的苹果产区之一。栖霞以“红富士”苹果著名，而中国老百姓消费的品种，也主要是“红富士”。按说，“红富士”市场大，种植技术成熟，又毗邻优质产区，选择这个品种最保险。但老刘家族多年的商业经验告诉他们，种“红富士”的话，迟早陷入“内卷”。

他们选择的是一种叫“维纳斯黄金”的新品种。该品种原产日本，10 年前由该市果树茶叶工作站引入，并聘请日本花甲协会果树专家指导，经过数年摸索，逐渐培育成熟。该品种果型大，呈金黄色，成熟后向阳面有一层薄薄的红晕，外观漂亮，香气浓郁，甜脆可口，且以 20° 的甜度独占苹果界鳌头。2018 年，该市果树茶叶工作站将其命名为“威海金”，并逐步打响该品牌。

2019 年，老刘家族农场全部种植该品种。以往复杂的房地产建设、运营经验，拿到乡村就是“降维打击”，他们采用机械化种植、家族式管理及企业化运作，种植与销售分开且绝对授权，一家家族农场运营得有声有色又轻轻松松。

老刘的状态也非常好，他坦言，自己完全度过了以往焦躁的日子。他讲求“农禅合一”，过上了农民的作息，晚上 9 点睡觉早上 5 点起床，气色好，管理轻松，每天的“工作”就是喝茶、会友，再不时外出学习、交流。接下来他致力于做“三产融合”和带动村民“共同富裕”，与一些本地干部和商业伙伴一起，探索符合本地特色的乡村振兴事业。

老刘的企业虽然不大，但转型做到这个程度，路径又十分清晰，堪称优秀。

二、农业经济账

现代农业生产说起来轻松，但它还是一项重投资。光初期投入，含三年租金、土壤有机质改造、水网及机械化改造，1000 亩就需投入 1000 万元。在农业贷款还较困难的情况下，种植户需要倚靠自有资金。

老刘算了一笔账。这 1000 亩家族农场，他的种植面积为 300 亩，初期投入 300 万元，此后四年，持续投入 1200 万元（包含劳动力、肥料、运营成本等）。至第三年开始挂果，亩产 2500~3000 斤，第四年达 3000~3500 斤。按不同等级，地头价 4.5~12 元一斤。另一大好处在于，品种优、认产地，销售不成问题，全部由经销商包圆儿。去年，其 300 亩果园，年产值即可达 1000 万元，预计 4~5 年就可以回本。

或问：市场这么好，会不会有大量跟进，导致价格一路下行？的确，这正是中国农业常见的“内卷”陷阱。

答案是，不会。原因在于，老刘做的是现代农业，是一项产业升级——只有去做升级，才有持续的活路。“威海金”培育技术成熟后，也有本地农民进行种植。但上述这本经济账表明，其规模化种植，需要相当高的门槛。

首先是重投资，从土壤改良、管网建设到机械化，都需要相当大的投入，分散的小农难以承担。每年的投资也不是个小数目，劳动力（套袋、采摘）、有机肥、管理成本，都是投入大项。

其次是专业技术，水肥滴灌一体化，固体有机肥通过微生物菌种转化为液态肥料，通过连接到每一株果树的管网，以滴灌的方式直达根部。机械化作业，其成本又需要一定规模，小农难以承担。种植过程中的各种细微技术，需要具备专业背景的人才和科研单位的支持。

最后是销售。如果没有标准化的作业模式、技术，很容易导致同一片地里不同果树之间的果品良莠不齐，难以满足市场的标准化需求，价格就上不去。因此，小农种植“威海金”，质量不佳、难以标准化，不但无法融入产业化，反而容易亏本。显然，“威海金”的产业化种植，以及政府对区域公共品牌的培育、引导和保护，是一种值得借鉴的农业产业升级优秀路径。

虽然小农难以参与，但随着市场的发展，越来越多的投资商加入该赛道，未来，“威海金”的供应量上升也是不可避免的。那么，老刘未来的出路又在哪里呢？显然，升级是无止境的。除了“六次产业化”（一产 × 二产 × 三产）、销售端的品牌化，新品种研发和种植技术的不断升级，终究才是必经之路。

于是又延伸出下一个问题，中国农业“种子芯片”和技术，为何老是要靠进口？

三、中国农业的前途在哪里？

以苹果为例，中国供需最大的“红富士”品种就源自日本，“维纳斯黄金”也源于日本。而老刘果园的种植模式，则源自意大利。

当前，全球苹果种植的两大主流，即是以意大利为代表的西方种植模式和以日本为代表的东亚种植模式。西方模式以产业化为导向，大规模种植，机械化作业，并不断推进品种改良、“多中心干树型”等树形改良。

日本、韩国土地面积狭小，多采取十几二十亩的家庭种植模式，且土壤、气候等自然条件难言优越，难以深度产业化，却始终能走在苹果种植的最前沿。如果说西方产业化模式还可以通过集中科研来实现，那么以小规模家庭作业为模式的日韩，既缺乏研发费用，又缺乏科技人员，为何还能始终走在农业研发的最前沿？

其实，大多数农产品的品种和技术研发，并没有想象中的那样高精尖。无他，唯时间与稳定传承耳！

在日韩，由于实行农业保护政策，国家给农产品进口设置超高的标准和关税，并广泛采用农协组织生产、销售，保证了苹果价格和果农利益。农民，包括果农大多是“令人羡慕的职业”。因此，许多日韩果农都是世代作业，具有稳定的经验、技术传承。因其“匠人精神”，细心观察、研究、不断嫁接，就能在实际生产中及时发现亚变，结合更贴近实际生产的农协、“花甲协会”老专家指导，并不断改良，往往能诞生新品种。

同时，由于日韩家庭农场规模小，难以开展机械化、平台化作业，就会不断推进更适合人工作业的矮化、化学疏花等技术。这些技术，都要领先中国很多年，用老刘果园管理员的说法，“我们采用的‘新品种’‘新技术’，依然要落后日韩十年”。

此外，对比产业化职业经理人制，东亚家庭作业模式还有一个巨大优势，那就是不存在人才流失及生产不稳定的问题。市场稳定、技术稳定、传承稳定，因此其整体产业就能稳定发展升级。

反观中国，一般的果农还处于原始小农生产模式，规模不足，品质不稳定，既缺乏技术升级能力和意识，又缺乏“农二代”的稳定传承，相关科研、农业组织又较远离市场，因此始终难以摆脱看天吃饭的命运。以该市传统的“红富士”为例，果农地头价往往只能卖到每斤 2 元左右，种苹果日益成为老年农业的象征。由于苹果不值钱，没有年轻人愿意传承，加上“非粮化”整治及种粮奖补，大量果树被砍伐，种植面积一再压缩。

我国的人均土地占有、土地制度及乡村保护，决定了我们难以走西方农业大资本、大规模产业化之路。以苹果为例，中国农业产业升级，未来可能还需走“家庭农场化 + 适度产业化（控制相对规模）”之路，即通过适度投资、控制规模，建立现代农业基础，并通过家庭 / 家族联合，保持生产和管理的稳定，以及实现更贴近生产和市场的研发、技术升级。

四、老刘的启发

交流中，老刘还有几个启发，值得做一个小结。

其一，不论个人还是企业，转型升级都是一生的课题。毕竟大多数企业、大多数人从事的都不是垄断性产业，既然不可能永远稳定，那就应当勇于且主动突破自己，主动升级。否则，迟早遭遇困境。

其二，“家庭”与“家族”，是中国文化的核心。无须过度批判“传统”，在现代市场竞争中，家庭与家族依然具有相当的竞争力。“家族”组织的稳定性，加上现代商业规则，对“共同富裕”具有相当的启发性。未来，家庭 / 家族农场的作业方式，也将在农业现代化中占据重要地位。

当然，家庭与家族作业，可以做到中等规模、“共同富裕”，但未必适合高新技术产业或大企业。具体过程中，还需就事论事。

其三，如果有选择的机会，尽量选择“做难而正确的事情”。调研中，2018 年、2019 年左右，有一批与老刘家族同期进入乡村领域的商界朋友。其中不少朋友选择的是投资更低、市场更成熟、运营压力更小的“三产”（文旅、民宿之类），但几年过去，“三产”日益陷入瓶颈，再倒推回去做“一产”“二产”，不论从投资、用地空间，还是团队架构、运作方式来考虑都已经很难实现。

反观老刘，从投资更重、风险更大、运营更难的“一产”入手，经过几年创业、发展，“一产”逐渐稳定，且逐渐形成一定的利润积累。此时，再向与苹果相关的“二产”（如“严选”，加工，研发苹果汽水、苹果冰激凌等）、“三产”（如仓储、贸易，苹果研学，民宿等）延伸，自然是水到渠成的事情。其深度参与乡村振兴的可能性，也大为提升。

目前，老刘正在浙江考察学习，并打算联合周围几个村主任，引入外部资源，进行地方的乡村振兴探索。以发动民间、更贴近市场化的力量去做，中国的乡村振兴也能有更多希望。

愿老刘的转型故事，可以给正处于困惑中的经营和管理者更多启发。

26

7 亩地上的王

一、三分之一理想

冬日午后，暖阳，乡下，喧闹远在长江以南，世界如岛上的爱国村，安静地在枕在江河的怀抱中。

这是老贾来崇明岛做农民的第 11 年。他黑瘦精干，眼神干净明亮，一笑满脸褶子，裤腿膝盖处还缝着两个大花补丁，看起来倒是有种野性的高级时尚。这 10 年间，他从 200 亩“喜愿农场”，“发展”到今天的 7 亩地的“废柴农场”，充满平和的喜悦。

在此前，他在上海南汇租了 5 亩地。再之前，他在广东做一个 NGO 组织乡村项目志愿者。再之前，他是北方老家一家国有企业的管理者。若不是 30 岁那年选择下乡做农民，生于 1975 年的他，今天可能也是个国企高管了。

“为什么不呢？”我问。

“那里跟我心中想要的生活不一样。我是个理想主义者，追求公正、公平、廉洁……后来在广东做农村实验。城里人觉得农村需要的是图书馆、篮球场，上来就帮农民建设‘文明’，但农民并不需要，很多问题还是找不到答案。申请项目也是，一个村申请下来，意味着其他村就没有了，并不公平。

“后来遇到包地的农民，才知道可以租地，那我也可以。于是从 4 亩地开始，到 15 亩，再到 100 亩、200 亩。自己去找答案。”

“然后到今天的 7 亩地？”

老贾嘿嘿一笑，露出一脸老农民式的褶子：“‘喜愿农场’是跟前妻，拉着几个朋友合伙投的。当时租了 200 亩地想做合作社——我希望不是以雇佣、剥削价值的方式，而是大家剥削自己，然后将创造的东西共享——但农场做来做去还是公司。盈利有一点，还是没有办法分配给农民和来工作的年轻人。

“年轻人无法接受真正的合作，他们也需要收入，倾向于领工资。事实上，只需要给他们发不多的工资，他们就能留下来，但这样又回到雇佣关系上来了，就不是合作社了。而且我们也发不起比较高的工资。

“对农民也是，我们拿走（租赁）了农民的土地，但只能用差不多当地最低工资标准雇用他们。他们还得自己去买粮食、买菜吃，但又买不起我们的农产品。所以很难说他们的生活质量是提高还是降低了。这对他们并不公平。”

五年前，老贾和前妻离了婚，把农场留给她，自己跑到爱国村办了这个“废柴农场”。农场中的简陋大棚，是他现在一家子生活的地方。他的媳妇棠棠哄好刚出生几个月的儿子，这才坐下来吃午饭。她煮了一大锅芝麻糊，吃完用木饭勺沿着锅底刮干净往嘴里送。

岁月静好。

“现在是你的理想生活吗？”

“现在就很好。我的日常生活就是干活，干到天黑。虽然在村里租了房子，但我们一个多月没回了，我们宁愿住在地里，方便。除了拿快递平常也不用去镇里……我有自己独立的生活，还有精神的独立，这就够了。”

我没想到，访问会以聊起“理想”开头。长久以来，我们已经习惯将工作和生活、个人情怀分得清清楚楚。人们都说，工作是工作，生活是生活，不要混为一谈。尤其是理想，就像自己的底裤，贴身穿着就好，拿出来谈多幼稚。

小小的“废柴农场”

二、自然农法

第一次知道老贾，是在《碧山》杂志上看到他的一篇文章，叫《自然农人笔记》。

他写自己的老茧："这种有老茧的手掌会很粗糙，抚摸皮肤会有划痛的感觉，所以一想到那些对劳动双手的赞美就知道这是多么可笑的事情，至少女人和孩子都不会喜欢被这样一双锉刀般的手抚摸。"

他寄语自己的种子："种子本土化很重要，这就是草生命力很强的原因，它们都是土生土长的原住民啊。今天我在除草时，就发现艾蒿和一枝黄花各有自己的地盘……各种草的生命力和地域占有能力都很强，这种生命力值得各种种子学习。"

他还谈起教育："自然教育和自然农法，其实两件事是一脉相承的……对土地不追求高产，就是不要过高寄望自己的孩子。不灭杂草保持环境多样性，就是接受孩子的缺点和不尽如人意的地方……用产量去评估它们，是错的。我们不可以这样来评价我们的孩子，而应该更关心它们是否健康，是否开心，是否还有什么需要。"

他写食物："城里人会觉得只吃应季菜品种单调……如果他们吃一天各种做法做的西红柿，脑子里也许就会想，'噫，怎么吃得下？'但那是因为他们没有吃到真正的美味啊。食物真实的味道是如此细腻丰富，无法形容。真正的食物是不会让人厌倦的，其中饱含自然界精华之气。"

当时我就想，这真是一个从地里长出来的有趣农民。

2008 年，老贾来到南汇，打算从现代农业技术开始。他买来第一瓶农药，就决定不干了。他闻到农药散发出来的刺鼻味道，不寒而栗："一年中，农民在自家土地上喷洒两三遍除草剂，喷施、撒播农药七八次，外加几十斤的化肥。想想这些，还能安稳地吃饭吗？"

他思考着，依靠农药、化肥保驾护航的农业真的安全吗？这种生产模式真的是进步的吗？来自自然界的农作物，却要依赖这么多非自然的因素，人类是超越了自然，还是进入了死胡同？

他决定搞有机农业。他丢掉农药，买来皂粉水除虫。当他卸下喷雾器，巡视"战场"，看到小虫子在水滴中挣扎扭动，周围挂着一片片尸体，刚才还充满活力的橘园，霎时一片死亡的寂静。他再次感到恐惧，对于这样的“屠杀”和死寂，用有机方法和农药有什么本质区别吗？

他恍然大悟，那些人为斩断自然联系的、嗜杀的有机技术和现代农业技术并没有本质区别。农业的问题不在土地，而在人的贪婪偏执和自迷。他决心回归传统农业智慧，学习自然农法。

所谓自然农法，即最大限度地遵循和依靠自然力来生产的农业方式。譬如日本的“秀明自然农法”，便主张无肥料、无农药，也不添加所谓的有机肥，而是视情况添加自然草、叶产生的堆肥，自家采种，以洁净的土、干净的水和适度的阳光三要素，加上生产者感谢和尊重自然的心，来培育作物。

“感谢和尊重自然”？跟“理想”一样，这事儿自己在心里默念就行，说出来，准保周围人要笑。

搞自然农法的老贾，成了村里的异类。很多农民立马跑来劝他：“不用农药，种不出来的。”村干部也来施压：“我们国家对水稻很重视，你包了地就得用农药，要对产量负责。”

倔强的老贾推说虫药还没买来，就是不打。农民们又劝他：“我们都打，你不打？虫都来你家田。”老贾笑笑：“那，试试吧。”

稻飞虱，果然连同中国式“内卷”一起来了！当大多数人都打农药时，谁不跟着打，原本平均承担的风险就都将归于一人，结果导致所有人都不得不打。只是产量并不会因为所有人打农药就增加，但最终的食品安全、环境破坏成本都传递给下一棒。管他呢！

铺天盖地的稻飞虱一下就干掉几十平方米的水稻。正当村里人要笑话他时，自然神奇的力量出现了，从各个角落飞来的几千只燕子犹如神兵天降，把那些虫子都吃了。这件事让老贾得意了很久：你看，大自然就是这么神奇，不用农药，也没造成虫害，别人只是不敢试。当然他不好说出口，被别人否定自己的思维和习惯，人们总会不高兴。

除了不杀虫，老贾懒得锄草、施肥。有人嘲笑他种的是“懒汉田”，他却写道：“嗯，这些水稻伴随着鸭舌草、蚱蜢、泽蛙在一起，耍得不亦乐乎。野是野了点，却有着很清晰的生活态度啊。因为它们清晰地告诉我，它们不喜欢那些鸡粪牛粪，它们乐在其中。”

其实老贾并不懒，人们都在给水稻下肥，他却在田边走来走去。他每天拔一株水稻起来，看它们究竟在干吗。水稻和土壤自有默契，他发现水稻虽然不动声色，甚至面黄肌瘦，但在泥地里默默长着根，他就守着，思考着，直到水稻自己返青，才果断下第一道肥。“水稻的根长扎实了，自身的免疫力齐全了，这第一道肥的效用彻底吃透了，能‘管’很久。”

老贾的菜地也是，时常野草丛生，长得太猛时就“随心”锄几下。他的秘诀在于起垄。他的地垄比别人要高得多，这样更加透气、防积水。周边的农民跑来看，也知道这个办法好，但全靠自己一锄头一锄头地刨，不打除草剂、施肥的话也增产不了多少。“这么辛苦，图个啥？”各自在心里骂对方一句，便互不干扰了。

但懒惰的何尝不是热衷使用农药、化肥的“现代农民”？

在老贾看来，自然农法其实更难，也更有趣。“现代农业技术像是西医，有步骤和参照物，可以有很强的系统性的方法。自然农业像是中医，更多的时候要求农作者去体悟和观察土壤气候、自然变化，当然也需要内心的修为。”

只是这样的话，热衷产量、速度、效率的现代人已经听不下去了。

三、论现代不平等的起源

我们聊着聊着，一位过来聚餐的新农人姑娘对男朋友生起气来。他们即将结婚，她希望男朋友能更积极、努力一点，给他们一个更好的生活环境：“我可不要住在老贾这种脏乱差的大棚里！”

我们听了哈哈大笑。老贾的大棚确实可以称为脏乱差。棚就是蔬菜大棚改的，进门是一张餐桌和几把椅子，锅碗瓢盆堆在靠边的简易碗柜里，由于大棚保暖，大冬天还有苍蝇四处乱飞。餐桌边儿的一个横杆上，挂着下地穿完还没洗的衣服。旁边就是沟渠，种着一些菜，中间还有一些生活垃圾。后边儿是用塑料膜搭起来的卧室，也是来不及收拾的乱糟糟的样子。

我说，我们要反对对乡村的偏见，但也要反对对乡村的浪漫化想象。网红视频中的那种浪漫的乡村可是商业团队运作的结果——真农民可没这大把精力、财力浪漫。

其实，这种浪漫化不光针对乡土，我们也要知道，多年来，社会对城市、工商业何尝不也有一种浪漫化的思维？仿佛城市总是繁华、丰富无比的，仿佛人人可以在那里享受美好生活。因此，改革开放初期还占人口比重 82.08% 的广袤乡村，现已全面空心化。

只是，身在城市的人们，你们都还好吗？不说环境、拥堵、过劳、亚健康、抑郁等城市病，这两年，席卷百业、万民的“内卷”，就令无数普通市民心力交瘁。而“内卷”的起源，正是以城市工商业为核心的经济发展模式本身。

从本质上来说，以城市工商业为核心的产业化、城市化以及所谓的现代化……都是能耗式发展模式，最终比的是资源、环境、资本、人力、市场空间等消耗能力。谁能以更低的成本抢占更多资源谁就能胜利，谁先耗尽相应资源谁就败下阵来。而即便熬下来的优胜者，也大多空耗心神、疲于奔命。长此以往，“劣汰者”愤懑，“优胜者”也不见得幸福，这“现代化”的意义又何在？

不管是周期性的经济危机，还是科技发展、产业升级、资本化过程，这种发展模式必然要把人不断挤出来。顶住压力未被挤出的群体，不上则下，也须耗尽气力，使劲占住地盘或往上爬。

如此，便和老贾面临的挑战一模一样——当所有人都在打农药保命，施化肥催长，你敢说不吗？但当所有人都滥打农药、猛施化肥，你能说大家就能活得更好吗？如此，谁又真的会寄希望于社会公正、公平？社会也终将与理想中的公正、公平渐行渐远。

出路何在？

或言高科技？但科技和资本是“上层建筑”，一般人玩不起。另外，科技的发展、资本的增密，必然加重对人的价值的排斥，加重中下层的“内卷”。唯科技论，显然不是答案。

或言加快城市化，“大国大城”？这显然还是城市工商业和精英主义式答案。一方面，是“自己”发展需要更多的人力资源、人口红利，通过“城市，让生活更美好”不断鼓动他人进城；另一方面，为了升级、提高竞争力和利润，不断挤出他人、甩“包袱”，一边甩一边还要让他们自甘“劣汰”。显然，人不可能拧着自己的头发离开地面，继续片面追求城市化，根本解决不了它本身带来的问题。

或言“要发展必然要有牺牲”？但牺牲多半向下或向外转移，又不牺牲到自己身上。当牺牲积累得越来越多，越来越靠近自己，逃无可逃的“内卷”便会自然发生。人类总是直到有了切肤之痛才去想着改变。

因此，现代工业和农业本质上是相通的——“现代工业技术”，以高科技为内核的“有机工业”，片面强调产量、速度、效率，往往是建立在对“作物”过度施肥催长、对“虫子”（风险）滥用农药管控，以及切断市场经济有机循环的基础上，并“不得不”以压迫、牺牲一批人的方式实现的。

这些事实显而易见！放眼全球，为了刺激经济，通过鼓吹“消费主义”、滥发货币、推动金融借贷“追肥”；一面自己引发风险，一面又千方百计通过过度监管、过度制衡（导致内耗）、滥用金融工具（如停贷，冻资）、挤压民企生存空间等过度“打药”来“控制”风险；为了到处找亮点、求高增长，各种炒作、做（骗）局、垄断、不产生实际价值的腾挪……借用更“高端”的科技和资源攫取工具，不断加剧着“内卷”、撕裂和“优”胜“劣”汰。

农业有“自然农法”，城市工商业也必然有其“自然经济法”——最大限度地遵循基本法则，依靠社会生产力发展水平来发展经济，不滥用“农药”“化肥”，不打断市场与社会发展的自然联系，以恢复洁净的土壤（市场环境）、水（金融工具）和阳光（政策），加上生产者感谢和尊重社会的心，才能有公平、健康的市场经济！

四、做自己的王

老贾的 7 亩地，除了生活、放置农具、活动用的大棚，实际用于生产的只有 5 亩。这 5 亩地，年收入有四五万元——每亩 1 万元的农业产值，利润 40%，只有两个“工作人员”，怕已是农业生产的天花板了。

这串数据，按说都够“放卫星”了，但算上夫妻二人的人力成本（哪怕进城打工，一年收入怎么着也有 15 万元），又迅速把人拉回地里。

关心老贾的朋友难免都要问：你这样值得吗？

这笔账，站在市场角度，无论怎样算都不值当。算来算去，出路只有规模化——你一亩地产值 1 万，100 亩地就是 100 万，1000 亩就是 1000 万……那就发财了！

事实上，国家通过鼓励流转、规模化经营，增加农业补贴，拉动农民收入尽量接近市场，但在劳动力、各种乡村资源由城市工商业定价的现实中，始终难以真正接近。所以“三农”问题光谈市场价值，怎么算都“不值当”，它必须谈有自主“定价权”的生活价值！

老贾亦如此。若要谈市场价值，他也不会从 200 亩干回 7 亩地了——规模化生产意味着投入、“剥削”、到处找大客户……这是生意而非生活，意味着“老板”定位、管理、社会关系、非有机……这便成了工业化系统。

除了热爱自己的乡村生活，在老贾看来，他如堂吉诃德般挑战的，便是这个“系统”：“系统控制了生活，人们失去了自己的自由。现代社会就是被工业化、规范化的方式控制的。”譬如“现代农业”，其实早已变成一种工业：你从准备种什么、选什么样的秧苗，到用什么化肥、打什么农药，再到最终卖给谁，都是由“系统”控制的；种地的农民也是“工人”，甚至还不如工人，他们压根说不清楚在为谁打工，跟谁要求涨工资；这样种出来的东西，也必然是工业品，不可能谈有机、生态，对健康也不一定好。

于此，今天的物质丰富，其实是一种“廉价的丰富”。我们没有从内心获得自信、感受，得到的东西不过是“系统”派发的，往往并不真实。因而人人自危，又因自危而“内卷”，因“内卷”而价值虚无。

所以老贾说：“农业重要的不是技术的好坏，而是创造一个系统。”

他创造了一个“自然农法”生

一棚一世界

产系统，自己留种，自己做农具，手动除草，偶尔有志愿者来帮忙，也带动着一些城市年轻人了解乡村。尽管还难以获得深层理解，收入只够维持生存，但他真正回到了“生活”——与大地和自然共生，未被人切断，不断产生真实、丰富感受的生活。

他还创造了自己的销售系统。他产量不高，只有十来个客户。但他要求，要想成为他的客户，都必须亲自来地里，走进他有些“脏乱差”的大棚房跟他交流。只有接受他的想法和做法他才会把菜卖给他们（遗憾的是，这些客户以外国人为主）。他还对客户说，我种什么你们就吃什么，无论什么菜，一斤 20 元不包邮。我不能保证花样，只能保证自己种的菜应季、自然、健康。

老贾很知足。在自己的地里：

1. 他获得了话语对等权，精神独立、不附庸，然后公平地交换；

2. 他诞生了自己的文化，而且是他依托于自己的生活创造出来的文化；

3. 他实现了经济的独立和在地化，也实现了属于自己的自治。

他做到了真正的自由、独立，他收获了理想的公正和公平。

他成为自己 7 亩地上的王！

27

你真的理解乡村振兴吗？

一、我的“乡村振兴观”

我来自赣西的乡下，村庄离我们县城 100 里，乏善可陈。这 100 里地，我走了 13 年，直到 13 岁进城念中学，又过了 4 年，不甘心地去了省城上大学。毕业后，在北上广都工作过。工作的前些年，喜欢瞎走，每在离职间隙就独自出去一两个月，加上一直以来的兴趣、工作，已走遍祖国大多数省份。

十多年过去了，喜马拉雅山里的这些孩子都应该长大了

从喜马拉雅山间粗粝的藏族小村，到天山深处的乌孜别克族村庄，从敲开乌珠穆沁草原深处普通牧民家的蒙古包，到一天走访几个云南边陲雨林间的民族……不知那里的人都还好吗？

若问最念，莫过于此。什么是乡村振兴？不只是大城市中的专家谈论的产业，也不只是城里人关心的节假日去哪玩的问题，更不是人们普遍质疑对市场经济规律的违背……天大地大，都大不过生活，那广袤大地上的人和生活，才是"振兴"的源起与目标。

从2005年国家提出的"社会主义新农村"建设，到始于浙江的"美丽乡村"建设，从2017年国家提出乡村振兴战略，到2019年我选择寻回初心、记述乡村、走访各种乡建者，乡村，其实一直都在热闹地孤寂着。罕有人真的关心：那广袤乡下的人，过得还好吗？需要的是什么？问题在哪里？以及，未来何去何从……

这些，才是我的"乡村振兴观"。

二、原则一

浙江建德市一个远离城市的山区农村

许多人一说到乡村就一脸沉重，就差脱口而出"哀其不幸，怒其不争"，其实大可不必。今时不同往日，今天的乡村，其实已经振兴了。

你去看大多数乡村，水泥/柏油路修好了，山更青水也更绿了；Wi-Fi覆盖了，电商可以进村进集市了；人们都住小楼房了（住不起的，国家也帮忙盖好了）。不想千里迢迢出去打工的，也可以在就近的工业园上班了。虽然收入还不算高，但只要不懒、不搞黄赌毒，自给自足甚至安居乐业，都不在话下。

伴随着经济的相对独立，群众的腰杆也更直了。有一回，我问一位因为耿直事业上并不得志的副镇长："你的工作就是天天下乡跟老头子老太婆吵架，有意思吗？"

她哈哈一笑，说道："挺好的啊，以前只听说过干部欺负群众，现在一个乡下老头子也敢指着县长的鼻子骂，这是时代的进步。"

什么是时代发展？这些，都是。国之大者，为国为民，不能说一部分人的利益、权威受损，觉得委屈，就不见这个国家整体性的、由下而上的变化（当然还有很多不足）。

当然，上述这些振兴，总体还是"硬件"。如果说 20 年来，乡村已经实现了上半场、"硬件"的振兴，**那么接下来的下半场，就应该是"软件"的振兴、人的振兴。这是第一个原则。**

三、原则二

长期以来，我们说起"小农"，就联想到劣根性、愚昧、落后，亦大可不必。今时不同往日，农民并不需要同情，甚至还有一定的"小农优越性"。

我经常拿我父亲做对比，他在老家找了份月薪 2000 元的工作，还算轻松，骑电瓶车 20 分钟就到单位，准时上下班，加班还要另算工资；住着 200 多平方米的小楼房（虽然有点老旧），门前屋后种着各种果树，够他夏秋两季不重样；想吃什么菜，随手在菜园子里拔，压根儿不用担心农药残留，鸡鸭也在院子里溜达着，绝对天然健康；兴之所至，抓个网去小溪、小河沟试试，收获一些小鱼小虾小泥鳅等，倒也不会空手而归；现今农民也能参加社保、新农合医保了，还有耕地转出去的租金、一点农业补贴……所以他的收入，绝不是 2000 元乘 12 这种简单算法。

反观城市上班族，各种收入在工资条上一清二楚，所有支出也全依赖这张工资条。所以父亲只要打麻将手气不太差，2000 块钱中一个月能存 1500 块，而收入是他十多倍的我们，在“魔都”却总是捉襟见肘、谨小慎微……

“魔都”月收入2万元的人，面对房贷、车贷、教育、各种日常生活支出，通常也感到紧巴巴。这2万元跟内地省城一万多元、县城五六千元、乡下三四千元的收入实际“获得感”并没有本质差别。如果你非要用2万这个数值来衡量，那乡村真是太不幸了。但实际生活告诉你，并不是这回事。

存在即是合理，大城市、小县城、乡村，各有悲欢，但也各得其所。人们进可“追求”大城市，求而不得，也大可退而结网。但如果心中只有他人给的定义和标准，临渊羡鱼、愤愤不平、满腹牢骚，于人于己，都是无益的。

人们都应该从这个绝对数值中走出来，去审视自己的相对价值。譬如乡村，应该看到自己独特的生活价值、文化价值，小农的灵活性、熟人社会的交易低成本等；城市也大可不必居高临下，乡村有大量城市欠缺、需要的东西，你想要，那就拿东西来换，而不是继续像征地一样，靠掠夺或洗脑。

乡村不需要同情，需要的是平等交换。把这个平等性建起来，才是根本上的振兴。这是第二个原则。

四、原则三

譬如法国大革命说“你不要自由，我强迫你自由”，又譬如著名的布尔什维克口号“以铁腕手段推动人类走向幸福”，我要反对的，即是这般旁观者式的“强力”振兴——我觉得你经济、思想都太落后，所以必须按我说的去“振兴”。

凭什么？

相比城市，精英阶层往往对乡村缺乏足够的感情和立场，许多政策就变成了一种“我需要你振兴”式的“强力振兴”。比如，广西玉林为建设百万人口大城市（或为了支撑房价、土地财政），政府组织、甚至下达指标，让乡镇居民、农民到城市看房、买房。

这样自私自利的“振兴”太多了：

为了你们的孩子能受到好的教育，都搬到城里来吧（一面加紧撤并乡村中小学）。

集中才是出路，也为了搞出建设用地指标，把你们的村子拆掉“复耕”，你们自己再补“点”钱来城里买房吧。

为了你们都能洗脚上岸，都来工业园上班吧——事实可能是政府招商政策里允诺解决招工问题。

为了保持中国制造业的竞争力，需要控制农民工工资标准，还有，什么是“交金（五险一金或三险一金）”？有份工作就不错了，还“要啥自行车”。

你看工厂都招不到工人了，所以你们不应该去送快递/外卖、开滴滴，而应该进厂……

啄木鸟吃虫子，客观上维护了森林的健康，但它的出发点，绝不是为了做“森林卫士”，而是为了活着。虽然结果是好的，但它拿着“森林卫士”的名片到处去制造虫子、四处乱啄，就是它的不对了。

万事万物自有它的规律，按照规律一点一点进步，即便缓慢，也好过拿着针管到处乱晃——一看你就有病，过来打一针。这是第三个原则。

五、原则四

乡村有病，城市自己就没病吗？

城市不光有病，光靠自己还很难治。从各种污染、拥挤等老城市病，到一些资源枯竭型城市的迅速衰败，从近年来的“躺平”“内卷”，再到疫情期间问题的集中爆发，城市带来聚集效应，也孕育着风险，看似组织严密，实则不堪一击，看似迅速发展，实则“棘轮效应”、能进不能退。

人们强调的药方，主要是科技创新。但无论是科技创新、智能化，还是资本增密，都不可避免地伴随着对人的价值的压制，以及对人

老家乡村一瞥，稻花香里说丰年

的不断挤出——越是大城市，就越是如此。

长期“内卷”的事实证明，真正能实现阶层跃升、掌握自己命运、跟随科技和资本一起升级的人，都太少了，所以“内卷”就是现代经济的必然。一面是“经济规律”和发展需求，一面是人的不断贬值，进退两难，这种城市、市场发展的深层次矛盾，不是一句简单的“科技创新”就能解决的。

大量被“劣汰”的人能去往何处？“内卷”下的人们去哪里实现“对美好生活的向往”？人们谨小慎微、忍辱负重为之奋斗的“现代化”生活，意义又在哪里？继续片面强调城市化、市场经济固有思维，只能将这些问题推向市场化的极端，比如，西方大城市化的贫民窟、暴力街区、循环性的平民破产、阶层割裂无法调和……

如果说污染、拥挤等城市病还可医，那么这些规律性、逻辑上的病，城市自己并不能医。

唯中国之所幸，是没有大量失地农民，城市买不起房、落不了户还可以回乡，而不必耗在城里搞破坏。

所幸我们的乡村依然有着青山绿水、乡愁，而且没有被少数人占了去，人们并没有失了那归家之路。

所幸每个中国人都有着广袤的“战略纵深”，大城市不好混还可以去二三四五六线或者去乡村，大家各有活法，大可不必自惭形秽。

所幸国家在效率面前，尽量在追求均衡发展——即便你退到山里，只要打开手机，也可与世界正常接轨，甚至只要愿意，做个网红博主、卖点山货，“高质量发展”也并非不可能。

所以，**救乡村就是救城市，乡村振兴，也是关乎我们每个人“退路”“出路”的振兴。少一点自我优越、自私自利，多一点彼此尊重、城乡融合、携手发展，方为出路。这是第四个原则。**

六、几个误区

要谈出路，首先要规避的是几个误区。

其一，如上文所述，不能“大国大城”式居高临下、旁观式地审视乡村。

无须过于美化城市，也无须藐视农民的生活智慧，我不搞“产业”，哪怕维持现状，自得其乐，就活不下去吗？我不想进城、就愿意留在乡下享“清福”，不行吗？我压根就买不起城里的房子，去了也只能赚最低工资，你凭什么让我抛弃还过得去的生活、去追寻前途未卜的“美好生活”？

事实上，条件太差、过于分散的乡村已被自然淘汰，或通过政府搬迁消失了。留下来的大多数乡村，不想或无力进城的农民，对他们多一些尊重和理解，站在他们的角度去补齐短板、搞好家园——比如恢复乡村中小学、合作医疗……都要比“为民做主”式的“振兴”更有益。

其二，乡村振兴，不应大谈产业化。

有产业基础的乡村，我概述为“一对王”（城郊＋景区范畴），“四个二”［工业化乡村（集中在沿海地区）＋高度城市化地区乡村（如上海、苏南）＋特色农产品乡村（如茶叶、水果特色产区）＋有集体积累的乡村（如华西村、南街村、大寨村等）］，这样的乡村显然还是少数，它们该如何振兴？它们自己最清楚，市场也很清楚，无须过多“指导”。

但许多学者和媒体关注、研究的，还是这些“明星”乡村。然后再拿着这些强产业基础的乡村的研究结论，来指导剩下的大多数缺乏产业基础的乡村，大概率会是“瞎指导”。

这些乡村谈产业，不应谈“大”，而应谈“小”——从小微处着手，发掘比较优势、建立差异化，并充分利用乡村交易成本低等优势，哪怕一次带动一户农民、一个村庄，再以点带面，都比大谈“产业”“规模”靠谱。

其三，经常有朋友问我，你天天研究乡村，那你告诉我，我去乡村的话怎么赚钱？

我的回答是，你如果抱着赚钱的目的下乡，多半要失望。因为目前乡村最大的问题，就在于缺乏成熟的商业模式——民宿、有机农业、农村电商、直播带货卖农产品，都还远远称不上“商业模式”。

“缓慢”，就是乡村的特（优）点（势），急功近利，往往适得其反。真要以数字衡量，乡村很难匹配百万年薪的高管、几十万年薪的金领、月入两万的大城市白领。相反，真正能在乡村待下来、发展起来的，多是认同乡村价值、喜爱乡村生活的人。他们一边生活，一边经营各种“产业”，反而可以拥有不亚于城市的“获得感”。

在当前体制和环境下，尤其对个体来说，只有看重“获得感”而非“数字”的人，或具有长期主义价值观的人，才适合深度参与乡村振兴。

其四，乡村振兴，不能孤立地谈发展，应当强调融合。

譬如，只谈城镇化，得出的结论就是上文所述的农民进城、进厂，但这些并不能改变农民收入低且停滞的问题。

又如，光谈农业，得出的结论就是规模化、产业化，事实上，适合规模化的地区，如东北平原、华北平原，早就实现产业化、机械化了，有条件进行土地整合的平原、丘陵地带，也早就实现园田化了。而且多数农民也早就脱离农业了，但还是振兴不了，接下来你还能谈什么？

再如文旅，不论政府主导的“万村景区化”“全域旅游”，还是地产商主导的特色小镇、田园综合体，抑或民间热衷的农家乐、民宿，大多都还算不上成功的商业模式，还能怎么办？

乡村要发展，要多谈融合。譬如城乡融合；譬如光搞“一产”“二产”或“三产”是不够的，必须“三产融合”、互相借力；譬如，农民光种地、光进厂打工收入都不高，那能不能发挥小农的灵活性，实现灵活就业与收入方式多样化的融合？

七、乡村振兴为何成为国家战略？

再来谈谈“战略”。乡村振兴作为“国家战略”，很多人就不理解，为什么是乡村振兴，而不是城市化、房地产、新能源之类的“显学”成为国家战略？

不先说清楚这个“为什么”，“违反市场规律”“不合理”之类的质疑就是主流舆论，就很难做好真正的社会动员。相关论述，笔者已经在许多文章中陆续分析过，在此谨做一个简要概述：

1. 乡村很重要。乡村有 5.8 亿农民，是中国的最大群体；乡村是中国发展的压舱石，是应对现代化风险的大后方。但多年来又积累了大量问题，必须振兴。

2. 乡村有价值。乡村不擅长发挥市场价值，但长于发挥生活和文化价值——乡村跟随城市谈市场，永远只能是附庸，要获得议价权，就应当谈生活和文化价值；而中国文化的根就在乡村，“归田园”，也是中国人骨子里的生活理想；所以，乡村迟早会迎来价值回归。

3. 如上文所述，乡村振兴是破解城市“现代化陷阱”的出路，“救”乡村，也就是在“救”城市。也可以将乡村振兴理解为给科技创新做“配套”，我国人口多，不把人安排好，不把基础配套、纵深做好，升级越迅速，风险就越大。

4. 中美之争，本质是东西方文明的碰撞、对世界发展话语权的争夺。要抢话语权，一方面，我们要继续发展硬实力；另一方面，我们还要系统地构建话语权——乡村振兴，与“人类命运共同体”“可持续发展”“共同富裕”一样，不只是经济方案，也是中国为全人类贡献的破解西方“现代化陷阱”的文明方案和强力表证！

我们不应习惯性地拿“战术”手段——比如产业化、规模化、算投入产出账，来解答“战略”，否则，得出的结论，要么是账没法算、违背市场规律，不想搞、存在抵触心理；要么是一叶障目，事倍功半，得不到认可、一肚子委屈，最终都要打起退堂鼓。

八、怎么办?

最后看“怎么办”。理解了“国家战略”，就应站在“大历史观”的角度，去重构新时期乡村振兴的新体系。

如何理解“新时期”？如果用一个词来简要概述，那就应该是转型升级。

美国之所以要对我们“卡脖子”、打压我们的高科技、发动贸易战，就是希望把我们禁锢在“世界工厂”的定位，服从“全球分工”，专心搞好制造业就

老家农村一瞥。绿水青山，真的可以是金山银山

行。凭什么？凭什么中国的定位就是服务好西方，凭什么我们不能转型升级，走向食物链上游？

正如美国看中国，许多“大国大城”式的社会精英，也是这么看乡村的——你留少部分人搞好农业、种好地就行，更多的还是出来打工、做廉价劳动力；同时，再把环境搞好一点，让我休息的时候去玩玩；乡村最重要的作用，就是服务好城市；你看，我这都是为你好……

同样要问一句，凭什么？凭什么乡村的价值只能是服务城市？凭什么农民只能待在社会最底层，种地、做农民工、进城买房？凭什么城市可以转型升级，乡村就不行？

所以，最好的振兴，是帮助农业—农村—农民同步转型升级，而非只能自己升级并把工业化、城市化、房地产之类的旧思维强行塞给乡村！

那么，如何转型升级？

1. 乡村和城市一样，最缺的也是科技、人才、金融，以及“组织创新”。真要实现乡村振兴，就应把知识、人才、金融等高质量市场要素（而不是淘汰要素）往乡村引导，而不是自私自利、有色眼镜式地差别对待。

2. 乡村振兴，不是“做空”乡村、把人往外赶、把“人均产值”数字拉起来就可以。相反，有人、有活力才是振兴（条件恶劣的乡村正在自然淘汰或通过政府搬迁消失）。要谈活力，首先得谈基础设施，而重要的基础设施，包括教育（以及医疗）设施。所以谈乡村振兴，不谈教育，不把教育（医疗）短板补足，就难以安人心，就都是空谈。

3. “知识化时代”要有新思维。而“知识化”、人才，显然不是在县城办个电商培训、技能培训班，再花点钱请农民来上课就够了。如前文所述，县域办大学，实现转型升级、人才的本地化、批量化生产，或是县域复兴、乡村振兴的更优解。

4. 乡村振兴应按照“县域—乡 / 集镇—乡村”的模式系统化推进，而非各自孤立发展。针对县域，国家已提出“以县城为重要载体的城镇化建设”新理念；针对乡村，基层政府也认识到，必须抓好集体经济和合作社两个抓手。但乡 / 集镇作为城乡“接合部”的作用，一直被忽略，建议通过整合、盘活乡 / 集镇闲置资产，以重新激发

乡 / 集镇的活力和城乡衔接作用。

当然，办法还需经过持续、深入探讨，也需要更多专家和社会的广泛参与。但“原则”“战略”和“为什么”，则是需要统一认识的，笔者正在撰写一本书详细阐释。

正如笔者写过的一句话——乡村，它不是包袱，而是一种“解放”。愿这种“解放”被更多人看见，愿这种“解放”走出根据地，早日燎原。